Bert Hellinger

Liebe auf den zweiten Blick

Bert Hellinger

Liebe auf den zweiten Blick

Lösungen für Paare

HERDER

FREIBURG · BASEL · WIEN

Originalausgabe

Gedruckt auf umweltfreundlichem,
chlorfrei gebleichtem Papier

Alle Rechte vorbehalten – Printed in Germany
© Verlag Herder Freiburg im Breisgau 2002
www.herder.de
Satz: Rudolf Kempf, Emmendingen
Herstellung: fgb · freiburger graphische betriebe 2002
www.fgb.de
ISBN 3-451-27798-0

Inhalt

Einführung

Der zweite Blick

Wenn ein Mann der Frau begegnet, zu der er sich in besonderer Weise hingezogen fühlt, und wenn eine Frau, wenn sie diesem Mann begegnet, sich in besonderer Weise zu ihm hingezogen fühlt, durchströmt beide ein bisher ungeahntes Glücksgefühl und ein Verlangen, das von ihnen ganz Besitz ergreift. Sie fühlen dieses Glücksgefühl und dieses Verlangen als Liebe. Wenn dann der Mann der Frau sagt: „Ich liebe dich", und wenn die Frau auch ihm sagt: „Ich liebe dich", verbinden sie sich und werden ein Paar.

Doch ist diese erste Liebe, die sie füreinander fühlen und die sie sich gestehen, stark genug, sie dauernd aneinander zu binden, auch wenn sich nach einiger Zeit vielleicht zeigt, wie die verschiedenen Wege, die sie bisher gingen, sich nur für eine Zeit auf diese innige Weise verbinden, vielleicht sogar für lange Zeit, wenn sie nicht nur ein Paar, sondern auch Eltern werden, und wenn diese Wege später doch vielleicht in jeweils andere Richtungen weisen? Denn was wissen Mann und Frau im Hochgefühl der ersten Liebe wirklich voneinander? Was wissen sie vom Dunkel ihrer Herkunft, ihrem besonderen Schicksal und ihrer besonderen Bestimmung? Wenn das bisher Verborgene ans Licht kommt, was hilft ihnen dann, damit ihre Liebe diese Wirklichkeit besteht und überdauert?

Es muss, so fühlen wir, zum ersten Bekenntnis „Ich liebe dich" noch etwas hinzukommen, das ein Paar für dieses Umfassendere vorbereitet und es in jene Weite und in jene Tiefe führt, die es über die erste Liebe hinauswachsen lässt. Ein Satz, der dieses Umfassendere einschließt und sie beide darauf vorbereitet, wäre: „Ich liebe dich und das, was mich und dich führt."

Was geschieht, wenn der Mann der Frau und die Frau dem Mann

diesen Satz sagt: „Ich liebe dich und das, was mich und dich führt?"
Sie schauen auf einmal nicht nur auf sich und ihr Verlangen, sie
schauen auf etwas, das sie übersteigt. Auch wenn sie noch lange
nicht erfassen können, was dieser Satz von ihnen an Besonderem
verlangt, was er ihnen an Besonderes schenkt und welches Schicksal später auf sie einzeln und gemeinsam zukommt, es ist ein Satz,
der nach der Liebe auf den ersten Blick die Liebe auf den zweiten
Blick vorbereitet und ermöglicht.

Das Familien-Stellen

Vieles von dem, was die Schicksalsbindungen einem Paar und ihren
Kindern abverlangen, kommt durch das Familien-Stellen ans Licht.

Beim Familien-Stellen wählt der Mann oder die Frau aus einer
Gruppe von Teilnehmern Stellvertreter für bestimmte Mitglieder ihrer Familie und stellt sie räumlich in Beziehung zueinander. Dabei
machen die Stellvertreter die Erfahrung, dass sie, sobald sie an ihrem
Platz stehen, fühlen wie die Personen, die sie vertreten. Das geschieht, ohne dass die Stellvertreter etwas von diesen Personen wissen. Dadurch kommt eine bisher verborgene Beziehung zu einem
anderen Mitglied der Familie ans Licht. Es zeigt sich also, dass die
Stellvertreter beim Familien-Stellen in etwas eintauchen, das sie mit
Abwesenden verbindet, und zwar nicht nur äußerlich oder an der
Oberfläche, sondern in Bereiche hinein, in der eine sie alle gemein-
sam steuernde Kraft erfahrbar wird. Ich nenne diese Kraft „große
Seele".

Auch die Person, die aufstellt, wird von dieser Kraft erfasst. Sobald sie die Familie gesammelt aufstellt, stellt sie sie in Verbindung
mit dieser Seele auf und sie wundert sich anschließend, was dadurch
ans Licht gekommen ist. Ich bringe dazu ein Beispiel.

Ein Mann hat seine Gegenwartsfamilie aufgestellt und sieht plötzlich, dass er ein Kind abseits und mit dem Blick nach außen aufgestellt hat. Dadurch kommt ans Licht, dass dieses Kind aus der Familie hinausstrebt. Der Leiter der Aufstellung fragte die Stellvertreterin
dieses Kindes, wie sie sich an diesem Platz fühlt. Sie sagte, sie fühle

sich dort gut. Das Gesamtbild der Aufstellung legte nahe, dass noch jemand anderer aus der Familie weggehen wollte. Daher bat der Leiter die Stellvertreterin der Frau, den Platz mit diesem Kind zu tauschen. Als er sie fragte, wie sie sich an diesem Platz fühlte, sagte sie ebenfalls, sie fühle sich dort gut. Aus wiederholten Erfahrungen bei vielen Familienaufstellungen lässt das vermuten, dass es die Frau ist, die gehen will, aus was für Gründen auch immer, und dass dieses Kind bereit ist, dieses Schicksal an Stelle seiner Mutter auf sich zu nehmen. Hier kam also durch die Aufstellung etwas ans Licht, das sowohl den Mann als auch die Frau als auch ihr Kind zutiefst beunruhigen und erschrecken musste.

Die Frage ist: Wie ist so etwas möglich? Woher kommt es, dass die Frau die Sehnsucht spürt zu gehen, ja sogar – denn das heißt es hier in letzter Konsequenz – dass sie tief in ihrer Seele die Sehnsucht spürt zu sterben. Die Antwort darauf gab ein Ereignis in der Herkunftsfamilie der Frau. Sie hatte eine Zwillingsschwester, die kurz nach der Geburt starb. Als eine Stellvertreterin für diese Zwillingsschwester vor die Frau gestellt wurde, zeigte sich, dass ihre Sehnsucht zu gehen zutiefst die Sehnsucht war, ihrer Zwillingsschwester in den Tod zu folgen, um mit ihr vereint zu sein.

Dieses Beispiel zeigt, was es bedeutet, wenn wir von schicksalhaften Verstrickungen sprechen und welche Folgen sie für eine Paarbeziehung mit sich bringen. Diese Verstrickungen sind schicksalhaft, weil sie außerhalb unseres Wollens, unserer Vorsicht und unseres Bewusstseins bleiben. Sie sind schicksalhaft, weil sie unser Leben auf eine Weise bestimmen, auf die wir keinen Einfluss haben, zumindest nicht so lange, wie wir uns ihrer nicht bewusst geworden sind. In diesem Fall war aber nicht nur die Frau schicksalhaft verstrickt, sondern auch ihr Kind und der Mann. Das Kind, weil es, ohne zu wissen, wieso, das Schicksal seiner Mutter an ihrer Stelle auf sich nehmen wollte, und der Mann, weil er, sollte die Beziehung zu seiner Frau aufgrund ihrer Schicksalsbindung scheitern, schicksalhaft und ohne die Möglichkeit, etwas zu wenden, davon betroffen gewesen wäre.

Das Familien-Stellen bringt aber nicht nur bisher Verborgenes ans Licht, es zeigt auch Wege zur Lösung. Den Weg zur Lösung aus einer Verstrickung zu zeigen und die Betroffenen auf diesen Weg zu führen, das ist beim Familien-Stellen das Entscheidende.

Doch so, wie die Liebe auf den ersten Blick nicht dauern kann, wenn ihr nicht die Liebe auf den zweiten Blick folgt, so kann auch beim Familien-Stellen die Lösung aus der Verstrickung nur gelingen, wenn die Betroffenen sich mit etwas Größerem verbinden. Das heißt, wenn sie bewusst etwas Früheres hinter sich lassen und sich einem Neuen öffnen, auch wenn es ihnen am Anfang Angst macht. Wissen und Einsicht allein helfen hier wenig. Es braucht dazu auch eine besondere Kraft.

Die Quelle dieser Kraft ist einerseits die Verbindung mit den Eltern und den Vorfahren und andererseits ein Sich-Einfügen in etwas Größeres. Die Verbindung mit den Eltern und, wo notwendig, auch die Versöhnung mit ihnen gelingt oft schon während des Familien-Stellens, und doch genügt das manchmal noch nicht.

Die andere Dimension

Das Sich-Einfügen in etwas Größeres und das In-Einklang-Kommen mit dem, was uns letztlich führt, kann nicht geübt oder von außen beeinflusst werden. Es gehört in einen Bereich, den wir als Gnade erfahren. Daher hat es auch eine spirituelle oder religiöse Dimension. Es entfaltet seine Wirkung vor allem dann, wenn wir an unsere Grenzen kommen. An der Grenze gelingt das Überschreiten am ehesten, doch auch hier nicht immer für alle. Wenn wir Zeuge werden, entweder bei uns oder bei anderen, dass eine Grenze nicht überschritten werden kann, dass also wir oder der Partner sich nicht aus einer Verstrickung lösen können, müssen wir das anerkennen, ohne etwas bewegen oder verändern zu wollen. Das wird dann in einer Paarbeziehung erfahren wie Sterben.

Es braucht auch hier den zweiten Blick, um sich dem stellen zu können. Ein Satz, der uns dabei hilft, wäre wieder: „Ich liebe mich und liebe dich mit allem, was dich und mich führt."

Zu diesem Buch

In diesem Buch werden wir Zeugen, was Liebe auf den zweiten Blick beinhaltet und bewirkt. Es dokumentiert einen dreitägigen Kurs für Paare im März 2001. 20 Paare und 2 Einzelpersonen berichteten vor etwa 300 Teilnehmern von ihren Problemen und suchten mit Hilfe des Familien-Stellens nach einer Lösung. Da dieser Kurs auf Video aufgezeichnet wurde, konnte er hier im Wortlaut wiedergegeben werden.[*] Auch werden die Bewegungen während der Aufstellungen genau beschrieben und graphisch dargestellt. So können Sie das Geschehen verfolgen, als wären Sie selbst mit dabei. Allerdings erfordert das beim Lesen eine besondere Aufmerksamkeit und Geduld. Da aber diese Paare uns die wesentliche Ordnungen für das Gelingen menschlicher Beziehungen vor Augen führen, können wir, wenn wir uns darauf einlassen, Einsichten und Erfahrungen gewinnen, die uns helfen, uns aus unseren Verstrickungen zu lösen und die Liebe auf den ersten Blick durch Liebe auf den zweiten Blick zu erweitern und zu vertiefen.

Bert Hellinger

[*] Dieses Video ist unter dem gleichen Titel wie dieses Buch erhältlich bei MOVEMENTS OF THE SOUL VIDEO PRODUCTIONS, c/o Harald Hohnen, Uhlandstr. 161, D-10919 Berlin: Bert Hellinger „Liebe auf den zweiten Blick. Lösungen für Paare", 5 VHS-Kassetten deutsch/spanisch, $9^1/_2$ Stunden.

Dank

Danken möchte ich Mireia Darder, Joan Garriga und Vincent Olivé vom Gestaltinstitut Barcelona, die diesen Kurs umsichtig und kompetent organisiert haben. Weiterhin danke ich Sylvia Gómez Pedra, meiner Übersetzerin, die mein Deutsch für die Teilnehmer ins Spanische und deren Spanisch für mich ins Deutsche fließend, gleichsam ohne nachdenken zu müssen, übertragen hat. Dann gilt mein besonderer Dank Harald Hohnen und Thomas Münzer, die diesen Kurs auf Video dokumentiert und herausgegeben haben. Stephanie Posnansky hat diesen Kurs transkribiert und mir damit die Arbeit sehr erleichtert.

ERSTER TAG

Die Paarbeziehung

HELLINGER Ich begrüßte euch herzlich zu diesem Seminar über Paarbeziehungen, und ich möchte zu Beginn etwas Allgemeines über Paarbeziehungen sagen.

Die Paarbeziehung ist das Größte und Wichtigste, was es gibt. Wir alle entstammen einer Paarbeziehung. In ihr wird das Leben weitergegeben. Sie ist die Voraussetzung für die Weitergabe des Lebens. Daher sind wir in der Paarbeziehung am innigsten mit dem verbunden, was die Welt weiterbringt und steuert. Diese Kraft wirkt in der Paarbeziehung auf besondere Weise. In ihr sind wir mit dieser Kraft verbunden.

Das, was die Paarbeziehung zusammenhält, ist in erster Linie der sexuelle Vollzug der Liebe. Er verbindet uns am innigsten mit dieser Kraft. Deswegen ist er auch etwas Geistiges. Man könnte auch sagen, er ist etwas Spirituelles und etwas Religiöses.

Manche werten den sexuellen Vollzug ab als Trieb oder als dem Geist entgegengesetzt. Es ist aber umgekehrt: Der Geist ist diesem Tiefsten sehr häufig entgegengesetzt. Deswegen arbeiten wir hier mit größtem Respekt für die Paarbeziehung und für das, was sie zusammenhält.

Die Paarbeziehung ist das, was uns am meisten formt. Durch die Paarbeziehung werden wir nämlich erzogen. In ihr geben wir Schritt für Schritt unsere Illusionen auf und sind gerade dadurch mit etwas Größerem verbunden.

Wie erreicht man diese Verbindung? Indem man der Welt zustimmt, wie sie ist. Indem man den Unterschieden zustimmt, wie sie sind. Indem wir also Abschied nehmen von der Vorstellung, es sei das eine richtig und etwas anderes sei falsch oder weniger gut. Also, wir entwickeln uns, indem wir das, was wir zuerst als sich entgegengesetzt betrachten, im Laufe der Zeit als zwar verschieden, aber dennoch als gleichwertig anerkennen.

Mann und Frau

Der Mann ist, wie manche Frauen sagen, leider anders als die Frauen, und die Frau ist, wie manche Männer sagen, leider anders als die Männer. Männer und Frauen sind in jeder Hinsicht verschieden. Weil sie so verschieden sind, fehlt ihnen etwas, was der andere hat oder ist. Dem Mann fehlt die Frau, und der Frau fehlt der Mann. Sie müssen also beide zugeben, dass sie unvollständig sind: Der Mann ist unvollständig und die Frau ist unvollständig. Vollständig werden sie durch die Paarbeziehung – aber nur, wenn sie anerkennen, dass der andere, obwohl verschieden, ebenbürtig und gleichwertig ist. Also, in der Paarbeziehung gibt der Mann die Vorstellung auf, er sei besser, und die Frau gibt die Vorstellung, als sei sie besser. In dem Augenblick werden beide demütig, sie anerkennen ihre Grenzen. Doch gerade indem sie gegenseitig ihre Grenzen anerkennen, können sie sich zu einem größeren Ganzen verbinden. Dann erleben sie die Paarbeziehung als erfüllend und erfüllt.

Wenn der Mann denkt, eigentlich müsste die Frau werden wie er, und wenn die Frau denkt, eigentlich müsste der Mann werden wie sie, bleibt ihnen die Erfüllung versagt. Wenn ein Mann meint, jetzt habe er die richtige Frau gefunden, oder wenn eine Frau meint, jetzt habe sie den richtigen Mann gefunden, was meinen sie wirklich, was sie dadurch gefunden haben? Etwas, das ihnen ähnlich ist. Damit können sie aber nicht die gleiche Fülle erreichen, wie jene, die staunen müssen: „Wirklich, der andere ist völlig anders", und die sich dem dann auch fügen und stellen.

Ich habe mir sagen lassen, die Unterschiede zwischen den Männern seien minimal, und die Unterschiede zwischen den Frauen seien auch minimal. Das Wesentliche ist bei allen Männern und bei allen Frauen gleich. In der Zustimmung dazu werden wir eher fähig für eine erfüllte Paarbeziehung, als wenn wir nach Ähnlichkeiten suchen. Zugleich liegt darin auch ein Verzicht. Doch mit diesem Verzicht wachsen wir auch.

Das war der erste Teil, sozusagen die einfachere Seite der Paarbeziehung.

Die Familie des Mannes und die Familie der Frau

Schwierig wird es, wenn der Mann erkennen muss, dass die Familie der Frau anders ist als seine Familie, und wenn die Frau erkennen muss, dass die Familie des Mannes anders ist als ihre Familie, und wenn beide anerkennen müssen, dass ihre Herkunftsfamilien, obwohl verschieden, ebenbürtig sind und gleich gut. Denn in dem Augenblick müssen beide von vielen Wertvorstellungen Abschied nehmen, die in ihrer Familie wichtig waren.

Dem steht aber eine mächtige innere Instanz entgegen. Diese Instanz ist das Gewissen. Wer seiner eigenen Familie anhängt und sie als Vorbild nimmt, der ist gewissenhaft. Wenn er nun die Familie des Partners, die von seiner verschieden ist, als ebenbürtig und gleich gut anerkennt, fühlt er sich oft der eigenen Familie gegenüber schuldig. Also, das Anerkennen der anderen Familie als ebenbürtig und gleichwertig verlangt, dass wir uns von Wertvorstellungen, die wir bisher als einzig richtig angesehen haben, verabschieden und so unser Gewissen erweitern und fortentwickeln.

Das wird besonders bedeutsam für die Kindererziehung. Wenn die Kindererziehung gelingen soll und sich die Kinder wirklich glücklich fühlen sollen, setzt das voraus, dass sie beide Familien ihrer Eltern, sowohl die des Vaters wie die der Mutter, als gleich gut anerkennen dürfen und dass in der Erziehung sowohl die Werte der einen Familie wie der anderen Familie gleichberechtigt nebeneinander gelten dürfen.

Das ist wieder ein großer Abschied, wenn der Mann darauf verzichtet, in der Erziehung die Werte seiner Familie gegen die seiner Frau durchzusetzen, und wenn die Frau darauf verzichtet, die Werte ihrer Familie gegen die des Mannes durchzusetzen. Wenn ihnen das gelingt, können sie den Kindern auf einer höheren Ebene etwas Umfassenderes vermitteln.

Die Schicksalsbindungen

Aber auch das ist noch verhältnismäßig einfach. Wirklich schwierig wird es, wenn der Mann auf einmal merkt, dass die Frau in die Schicksale ihrer Herkunftsfamilie verstrickt ist, ohne dass sie es weiß, und wenn die Frau erkennt, dass der Mann in die Schicksale seiner Herkunftsfamilie verstrickt ist, ohne dass er es weiß, und dass sie den anderen auch mit dieser Verstrickung annehmen und anerkennen müssen.

Vor einigen Jahren habe ich in Köln einen Paarkurs gegeben, bei dem herauskam, dass bei vielen Paaren einer der Partner die Beziehung und die Familie verlassen wollte, obwohl sich das Paar sehr geliebt hat. Dabei zeigte sich, dass die grundlegenden Verstrickungen, die wir beim Familien-Stellen mit Bezug auf die Herkunftsfamilie ans Licht bringen, auch in die Paarbeziehung hinein wirken und dass es erst dann eine Lösung für die Paarbeziehung gab, wenn diese Verstrickungen erkannt und gelöst worden waren. [*]

Zu diesen Verstrickungen gehört als Erstes, dass jemand einem Mitglied seiner Familie innerlich sagt: „Ich folge dir nach in den Tod." Wenn zum Beispiel in der Familie des einen Partners Vater oder Mutter früh starben, dann hat ein Kind das Bedürfnis, ihnen nachzufolgen. Das zeigt sich später auch in der Paarbeziehung, denn dieser Partner strebt dann vielleicht aus der Familie hinaus und will gehen.

Diese Verstrickung kann auch dazu führen, dass jemand in der Familie sagt: „Ich tue es an deiner Stelle." Wenn also in einer Familie jemand aus einer Verstrickung heraus einem anderen Familienmitglied sagt: „Ich folge dir nach in den Tod", dann sagt ihm ein anderes Familienmitglied: „Ich tue es an deiner Stelle." Oft tun das Kinder für ihre Eltern. Wenn ein Kind also sieht, dass einer seiner Eltern jemand anderem aus seiner Herkunftsfamilie nachfolgen will, sagt es innerlich: „Ich tue es für dich." Wenn dieses Kind dann geheiratet hat, spürt es immer noch diesen Drang. Dann sagt ihm vielleicht ein eigenes Kind das Gleiche: „Ich tue es an deiner Stelle."

---

[*] Dieser Kurs ist dokumentiert in dem Buch und dem Video „Wir gehen nach vorne. Ein Kurs für Paare in Krisen", Carl-Auer-Systeme Verlag, Heidelberg 2000

Das Umfeld

Also, wenn wir hier mit Paaren arbeiten, dann genügt es nicht, nur auf den Mann und die Frau zu schauen. Das, was sie über ihre Probleme sagen, ist in der Regel vordergründig. Wenn man sich nur damit befasst, gibt es oft keine Lösung. Man muss darüber hinaus erst noch auf das schauen, was in den Herkunftsfamilien passiert ist. Erst wenn man auch dort etwas Entscheidendes löst, kann man die Lösung für ihre Probleme auch in der Paarbeziehung finden. Also, das hier ist kein Buch, das sich nur mit den Paaren allein befasst, sondern immer auch mit dem größeren Umfeld. Es ist daher auch ein Buch über das Familien-Stellen im weiteren Sinn.

Victor und Maria[*]
„Jetzt ist auf mich Verlass"

HELLINGER Welches Paar hat den Mut anzufangen?
zu Victor und Maria Ihr? Okay, kommt hierher.
Um was geht es bei euch?
VICTOR Wir streiten oft über dieselben Sachen. Meine Frau arbeitet und ich nicht, und das ist das schlagende Argument, worum sich vieles dreht, weil meine Frau sich sehr verantwortlich fühlt für die Familie. Das wäre das Thema. Hinzu kommt, dass wir im Sommer aller Voraussicht nach Deutschland gehen werden. Ich werde dort anfangen zu arbeiten und meine Frau will aufhören zu arbeiten. Ich weiß, dass du sagst, dass das für ein Paar schwierige Momente sind. Ich denke auch, dass das für uns nicht einfach sein wird. Wir haben zwei Kinder, ich bin Deutscher, meine Frau ist Italienerin. Bis jetzt bin ich ihr in ihrer Karriere gefolgt. Sie ist Lehrerin im Ausland. Wir haben drei Jahre in Südamerika gelebt und jetzt sind wir im dritten Jahr hier in Barcelona.
HELLINGER *zur Gruppe* Ich habe das nicht verstanden.
zu Victor Also um was geht es?

Victor zögert eine Weile und reicht dann das Mikrofon an seine Frau.

MARIA Für mich ist das Thema, dass wir seit sechseinhalb Jahren verheiratet sind. In dieser ganzen Zeit habe nur ich gearbeitet und das Geld nach Hause gebracht. Das hat mich sehr verantwortlich für alles gemacht, für die ganze Familie. Andererseits hat mir das auch eine Macht verliehen, von der ich sehe, dass sie nicht wirklich gut ist. Es gibt da etwas, was bei dieser Art von Macht nicht funktioniert. Was ich auch merke, ist, dass es in der väterlichen Linie meiner Familie zwei genau gleiche Fälle gibt.

---

[*] Alle Namen wurden verändert.

HELLINGER Ich möchte erst einmal bei dem bleiben, was hier ist.

Geben und Nehmen in der Paarbeziehung

HELLINGER *zur Gruppe* Das konkrete Thema hier ist der Ausgleich von Geben und Nehmen. Eine Paarbeziehung gelingt, wenn Geben und Nehmen ausgeglichen sind. Das Modell für den Ausgleich von Geben und Nehmen in einer Paarbeziehung ist der sexuelle Vollzug. Im sexuellen Vollzug gibt jeder und nimmt jeder, sowohl als auch. Wenn beim sexuellen Vollzug der eine begehrt, er also der ist, der will, und der andere gewährt, also er der ist, der gibt, dann ist die Paarbeziehung bereits im Keim gefährdet. Es müssen beide gleichermaßen begehren und gewähren, geben und nehmen.

Derjenige, der begehrt, ist in einer unterlegenen Position, denn er tritt als der Bedürftige auf. Wenn der andere nicht bedürftig ist, sondern nur gewährt, dann tritt er als der Gebende auf, als der Größere. Doch dann ist im Grunde die Paarbeziehung beendet. Also, auf dieser Ebene muss der volle Ausgleich zuerst gewährleistet sein. Beide müssen anerkennen, dass sie bedürftig sind, und beide müssen anerkennen, dass sie dem Partner etwas Besonderes geben können. Dann wird es ein wirklicher Vollzug der Liebe.

Auf dieser Grundlage und nach diesem Modell muss sich auch der andere Austausch von Geben und Nehmen bei dem Paar vollziehen. Wenn der eine sagt: „Ich habe ein so weites Herz, es fließt vor Liebe über" und er den Partner mit seiner Liebe überschüttet, fühlt er sich groß: „Ich liebe." Doch was ist mit dem anderen? „Ach, er soll es nur mal nehmen." Der andere hat dann gar keine Chance, etwas Ebenbürtiges zurückzugeben und das einzubringen, was auch er zu schenken hat, weil der andere mit seinem so genannten großen Herzen sagt: „Ich habe genug." Doch bald wird der, der mit dieser Liebe überschüttet wird, dem anderen böse und will nichts mehr von ihm haben.

In einer Paarbeziehung darf jeder nur so viel geben, als der andere auch nehmen und zurückgeben kann. Jeder kann immer nur ein wenig nehmen, niemals alles. Daher gibt man nur so viel, wie der andere nehmen kann. Das ist wieder ein großer Verzicht, der das Paar erzieht.

Der Austausch bei einem Paar ergibt sich einerseits aus dem Bedürfnis nach Ausgleich, andererseits aber auch aus der Liebe zum anderen. In der Paarbeziehung verbindet sich das Bedürfnis nach Ausgleich mit der Liebe. Was heißt das konkret? Sobald der eine vom anderen etwas bekommen oder genommen hat, fühlt er sich verpflichtet, und dann gibt er dem anderen auch etwas, aber nicht nur das Gleiche oder gleich viel. Weil er ihn liebt, gibt er ihm ein bisschen mehr. So ist das halt in der Paarbeziehung. Wenn man sich liebt, gibt man ein bisschen mehr, aber nur ein bisschen. Sonst wird es wieder gefährlich. Der andere nimmt es, fühlt sich auch verpflichtet und gibt dem anderen etwas zurück. Auch hier wieder ein bisschen mehr, weil er ihn liebt.

Diese vielen „bisschen" führen am Ende zur Fülle. Man fängt also bescheiden an und steigert das Geben und Nehmen Schritt für Schritt. So wächst das Glück in einer Paarbeziehung. Das hat aber einen großen „Nachteil". Je mehr Mann und Frau sich gegenseitig geben, desto schwerer kommen sie auseinander. Denn das gegenseitige Geben und Nehmen verbindet. Wer daher eine gewisse Unabhängigkeit sucht, wer denkt, vielleicht ist dieser Partner doch noch nicht der oder die Richtige, vielleicht gibt es noch etwas anderes oder Besseres, der darf nur wenig nehmen und wenig geben. Dann behält er die Freiheit, eine gewisse Freiheit, den Partner zu wechseln.

Aber wenn er einen neuen Partner gefunden hat, ist er genauso unfrei wie vorher. Dann hält er vielleicht Ausschau nach dem Nächsten, gibt auch dem neuen Partner nur ein bisschen und nimmt ein bisschen, in der Hoffnung, noch einen dritten Partner zu finden. Aber der dritte Partner merkt sofort: Auf den ist kein Verlass. Dann gibt ihm der neue Partner auch ihm nur ein bisschen, und am Ende haben sie die ganz große Freiheit – beide bleiben allein. Aber was hat man davon?

Es gibt noch mehr dazu zu sagen, aber das spare ich mir für später.

HELLINGER *zu Victor* Warum hast du noch nicht gearbeitet?

VICTOR Ich habe mein Studium fertig gemacht, als ich sie schon kannte, und wir hatten auch schon ein Kind. Als ich dann fertig war, war ich in Südamerika, und es war da nicht so einfach, etwas auf die Beine zu stellen. Danach sind wir nach Barcelona gezogen und ich habe den Master gemacht bzw. ich bin dabei, den Master zu machen. Wir haben die beiden Kinder und meine Frau arbeitet.

HELLINGER Und wer hat bezahlt?

VICTOR Meine Frau.

HELLINGER Das ist natürlich das Ende der Paarbeziehung.

zur Gruppe Da gibt es ein solches Gefälle von Geben und Nehmen, dass er das niemals aufholen kann.

Wer zuviel bekommen hat, geht

Wenn in einer Paarbeziehung der eine mit seiner Ausbildung noch nicht fertig ist, und der andere Partner bezahlt dafür, kann das in der Regel nicht mehr ausgeglichen werden. Daher kann man beobachten, dass derjenige, der so viel bekommen hat, oft die Paarbeziehung verlässt, denn ohne Ausgleich keine Paarbeziehung, das ist ein eisernes Gesetz.

Das Gleiche gilt, wenn jemand einen anderen aus Mitleid heiratet: Der, für den der eine so großes Mitleid hat, geht weg, denn er kann das nie ausgleichen. Wenn jemand einen Behinderten heiratet, kann man oft sehen, dass der behinderte Partner immer mehr Ansprüche stellt und nicht anerkennt, was es heißt, dass der andere ihn geheiratet hat. Das geht leicht auseinander. Man muss wissen: Der Ausgleich von Geben und Nehmen ist die Grundlage der Paarbeziehung.

HELLINGER *nach einer Weile zu Victor* Was sollen wir jetzt machen?

VICTOR Ich habe befürchtet, dass du das sagst.

HELLINGER Du hast es auch gewusst.

VICTOR Ich kenne deine Arbeit, und bei diesem Thema habe ich jedesmal an meine eigene Familie gedacht.

HELLINGER *zur Gruppe* Er bekommt schließlich seinen Master und verliert seine Familie. Das ist der Preis dafür. Hätte er sein Studium aufgegeben und eine Arbeit angenommen in voller Verantwortung für Frau und Kind, wäre er groß. Jetzt ist er klein.

HELLINGER *nach einer Weile zu Victor und Maria* Eigentlich müsste ich jetzt aufhören, aber ich stelle eure Situation mal auf. Schauen wir, ob wir Glück haben. Einverstanden?

Beide nicken. Maria wischt sich die Tränen von den Augen.

HELLINGER Okay.
zu Maria Du stellst auf: ihn, dich und die Kinder.

Bild 1

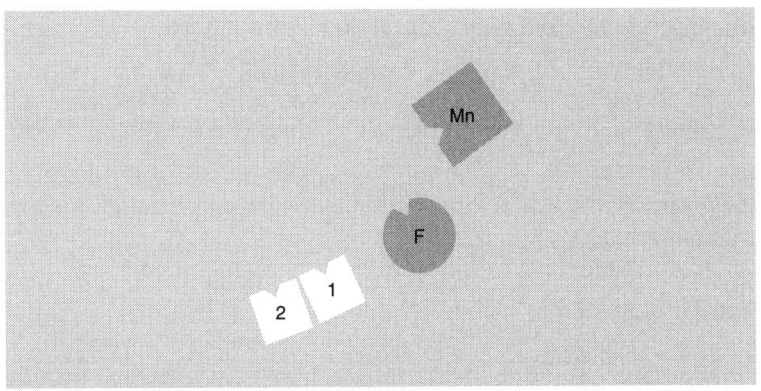

Mn	**Mann (= Victor)**
F	**Frau (= Maria)**
1	Erstes Kind, Sohn
2	Zweites Kind, Sohn

Nach einer Weile rücken die Kinder zusammen und legen von hinten die Arme umeinander. Dann versucht der Stellvertreter des Mannes, sich zwischen die Frau und die Kinder zu stellen. Er legt den Arm um die Frau und versucht, alle in einem engen Kreis miteinander zu verbinden.

Bild 2

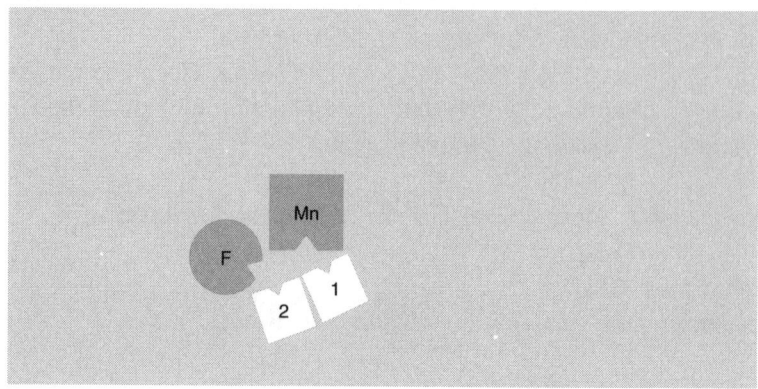

HELLINGER *zur Gruppe* Das, was der Stellvertreter des Mannes hier gemacht hat, ist das Gegenteil von Bewegungen der Seele. Er meint, er könne eine Wirkung erzielen durch Manipulation.

zu den Stellvertretern Stellt euch wieder so hin wie vorher, und jetzt nicht bewegen.

Hellinger tauscht den Stellvertreter für den Mann aus, weil er sieht, dass dieser nicht gesammelt ist.

Bild 3

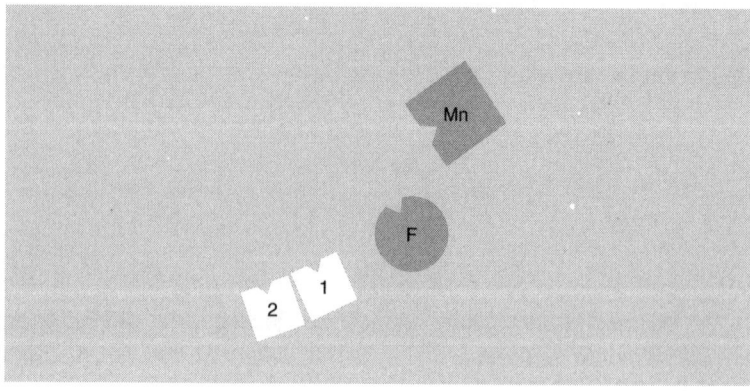

Nach einer Weile stellt Hellinger den Mann abseits.

Bild 4

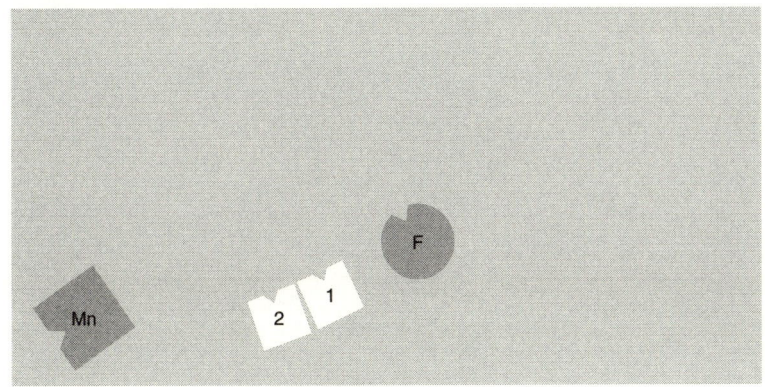

HELLINGER *zum Mann* Wie geht es dir da?
STELLVERTRETER DES MANNES Schwierig. Ich bin sehr traurig und etwas erleichtert.
HELLINGER *zur Frau* Was ist bei dir jetzt?
STELLVERTRETERIN DER FRAU Bei mir ist es dasselbe, traurig und gleichzeitig angenehm.
HELLINGER *zum ältesten Sohn* Bei dir?
ERSTES KIND Ich glaube, dass ich meinen Bruder schütze. Ich fühle mich wohl, ich möchte auch mit meiner Mutter sein.
ZWEITES KIND Ich fühle mich hier, bei meinem Bruder, gut, aber meine Eltern kommen mir sehr weit weg vor.

Hellinger stellt die Frau den Kindern gegenüber.

Bild 5

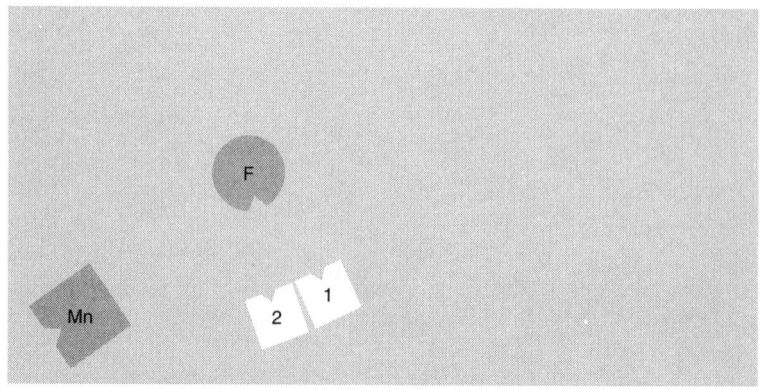

HELLINGER *zur Frau* Wie ist es jetzt?

STELLVERTRETERIN DER FRAU Ich friere und bin nervös.

HELLINGER *zum ältesten Sohn* Bei dir jetzt?

ERSTES KIND Ich hätte meinen Vater gerne an der Seite der Mutter.

ZWEITES KIND Mir geht es etwas besser, weil ich sie jetzt sehe und mir gegenüber habe.

HELLINGER *zur Gruppe* Die Kinder wollen natürlich immer beide Eltern zusammen haben.

Hellinger stellt die Frau etwas weiter zurück.

HELLINGER *zum Mann* Hat sich was bei dir verändert?

STELLVERTRETER DES MANNES Es geht mir zu schnell, etwas zieht mich nach dort hinten.

HELLINGER Ich stelle dich mal der Frau gegenüber.

Bild 6

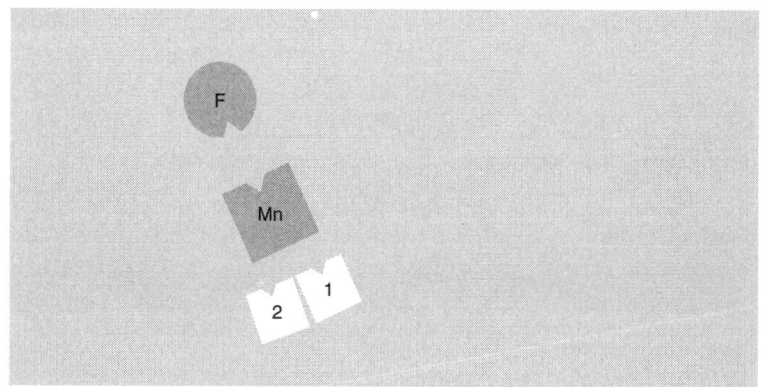

HELLINGER *zum Mann* Verneige dich vor ihr, so wie du spürst, dass es richtig ist.

STELLVERTRETER DES MANNES *nickt* Das ist es, was ich selbst vorher wollte.

Er verneigt sich vor der Frau tief und lang. Die Stellvertreterin der Frau nickt. Maria weint. Nach einer Weile richtet Hellinger den Stellvertreter des Mannes wieder auf.

HELLINGER *zur Frau* Was ist bei dir?

STELLVERTRETERIN DER FRAU Ich möchte mich auch verbeugen.

HELLINGER Nein, das darfst du nicht.

zur Gruppe Es ist ganz wichtig, dass sie das nicht macht. Wenn sie das machen würde, wäre das Mitleid. Sie muss zu ihrer Größe stehen. Es hat Größe, was sie in der Familie geleistet hat.

HELLINGER *zur Frau* Wie ist das, wenn ich das sage?

STELLVERTRETERIN DER FRAU Ich nehme es an.

HELLINGER *zum Mann* Bei dir jetzt?

STELLVERTRETER DES MANNES Ich liebe sie.

Die Stellvertreterin der Frau lacht und strahlt über das ganze Gesicht. Maria hat aufgehört zu weinen. Sie streckt sich und richtet sich auf.

HELLINGER Jetzt probiere ich etwas aus.

Hellinger stellt den Mann neben die Frau.

Bild 7

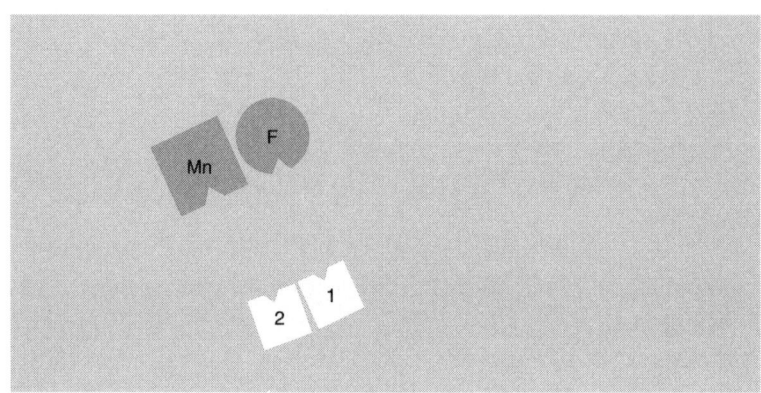

Beide schauen sich freundlich an.

HELLINGER *zur Gruppe* Jetzt ist er groß geworden, jetzt ist er der Mann.

Der Mann nickt und schaut zu seinen Kindern. Dann legt er den Arm um seine Frau. Diese legt den Kopf an seine Brust. Dann umarmen sie sich liebevoll. Die beiden Kinder halten sich bei der Hand.

HELLINGER *zu den Kindern* Wie geht es euch?
ERSTES KIND Ich möchte dort hingehen.
HELLINGER Nein, ihr müsst da stehen bleiben.
ZWEITES KIND Mein Vater hat seine Größe wiedergewonnen.
HELLINGER *zur Gruppe* Kinder dürfen sich da nicht einmischen. Das dort passiert von alleine.
HELLINGER *zu Maria* Wie geht es dir?
MARIA Das ist das, was ich möchte.
HELLINGER *zu Victor* Bei dir?
VICTOR Ich fühle mich sehr traurig. *Er seufzt.*

HELLINGER *zur Gruppe* Auf ihn kommen wichtige Entscheidungen zu. Ich mache jetzt eine Übung, separat von dieser Aufstellung. *zu den Stellvertretern in der Aufstellung* Ihr bleibt so stehen.

Hellinger wählt einen Stellvertreter für das Master-Studium und eine Stellvertreterin für die Familie und stellt sie einander gegenüber. Dann wählt er einen Stellvertreter für Victor und stellt ihn dazu.

Bild 8

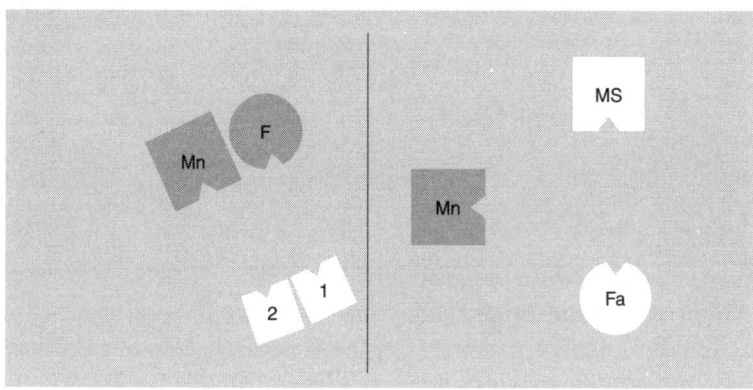

MS Das Master-Studium
Fa Familie
Mn Mann (= Victor)

HELLINGER *zu den Vertretern des Master Studiums und der Familie* Ihr beiden bleibt stehen.

Der Stellvertreter von Victor schaut abwechselnd zum Master-Studium und zur Familie. Dann macht er eine resignierende Bewegung mit der linken Hand.

HELLINGER *zu den Vertretern des Master-Studiums und der Familie* Ihr könnt euch jetzt bewegen, wenn ihr wollt, so wie es aus der Seele kommt. Aber ganz langsam.

Die Stellvertreterin der Familie schaut zum Mann und dreht sich ihm zu. Nach einer Weile geht der Vertreter des Master-Studiums zur Stellvertreterin der Familie und stellt sich neben sie.

Bild 9

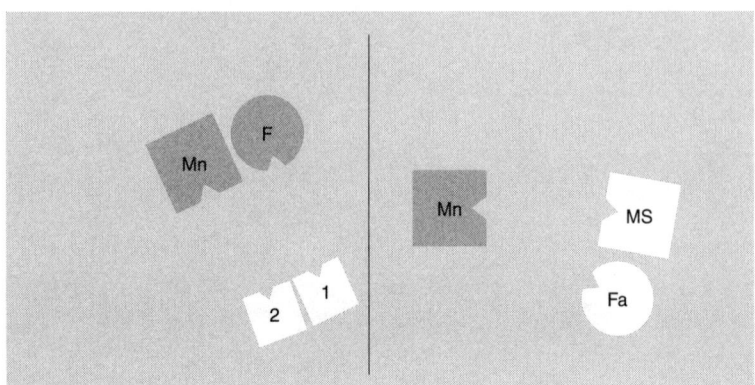

Nach einer Weile dreht sich der Vertreter des Master-Studiums zur Vertreterin der Familie. Beide schauen sich an. Dann legt er den Arm um sie und beide schauen zum Mann. Dazwischen schaut der Vertreter des Master-Studiums auch immer wieder zur Familie.

Der Mann ist lange unschlüssig. Dann tritt er einen Schritt nach vorn. Er legt seine linke Hand an die Brust, lässt sie wieder sinken und seufzt tief. Wieder nach einer Weile macht er einen weiteren Schritt nach vorn, schüttelt mit dem Kopf, schaut intensiv auf das Master-Studium, macht noch einen Schritt nach vorn, schaut kurz zur Familie und dann wieder zum Master-Studium. Er schaut kurz nach hinten, schaut noch einmal auf das Master-Studium, stellt sich dann neben die Familie und legt den Arm um sie. Auch die Familie legt den Arm um ihn, das Master-Studium umarmt sie beide und streichelt mit der Hand über den Kopf des Mannes. Dann legt der Mann seinen Kopf auf die Schulter der Familie. So verweilen sie eine Weile und wiegen sich leicht.

Bild 10

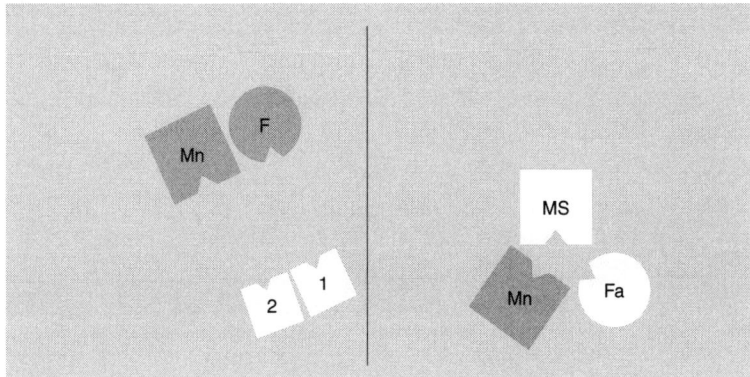

Nach einer Weile zieht sich das Master-Studium zurück. Der Mann und die Familie umarmen sich innig wie ein Paar. So verbleiben sie lange.

Bild 11

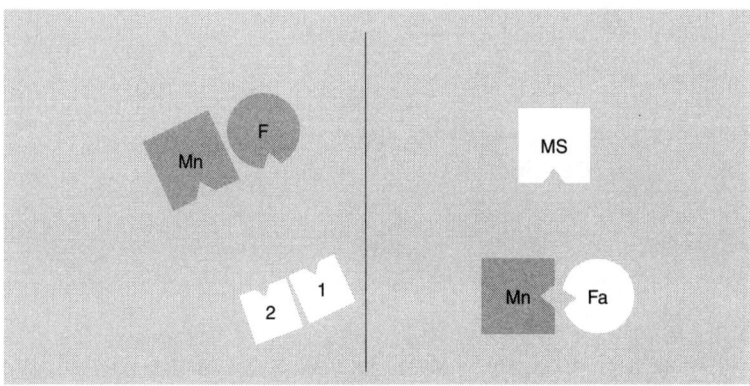

HELLINGER *zu diesen Stellvertretern* Okay, ich danke euch.
zu Victor und Maria Jetzt stellt ihr euch in der ersten Aufstellung an euren Platz.

Bild 12

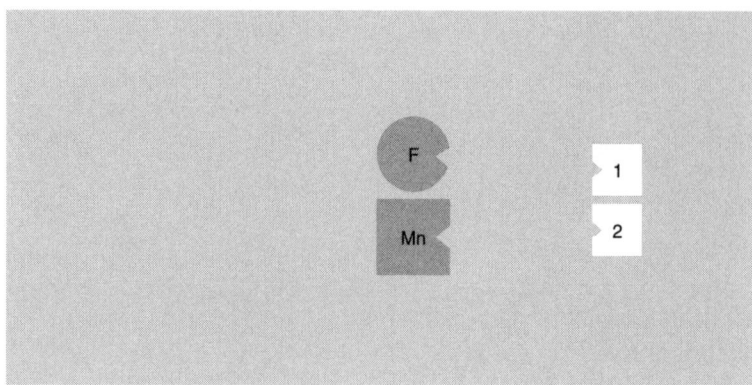

Als sie an ihrem Platz stehen, legen beide von hinten den Arm umeinander und halten sich vorn bei den Händen. Maria weint.

HELLINGER *zu Victor* Jetzt schau die Frau an.

Beide stellen sich einander gegenüber.

Bild 13

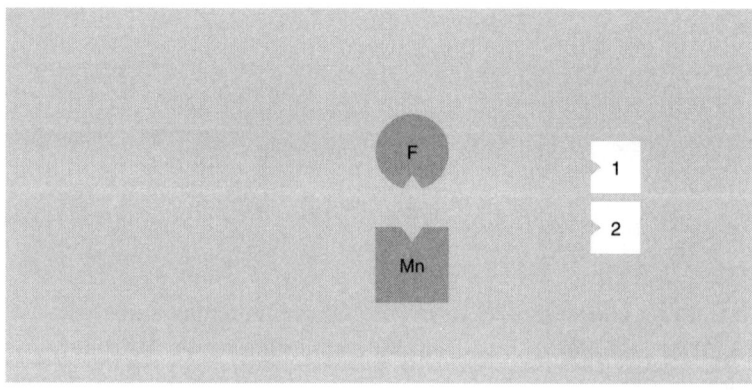

HELLINGER *zu Victor* Sag ihr: „Jetzt ist auf mich Verlass."
VICTOR Jetzt ist auf mich Verlass.

*Maria nickt, beginnt zu weinen, neigt den Kopf und dann den Ober-
körper. Dann legt sie beide Hände vor ihre Brust. Victor legt den Arm
auf ihre Schulter und richtet sie dann auf, sodass sie ihm in die Augen schaut.*

HELLINGER Sag es ihr noch einmal.
VICTOR Jetzt ist auf mich Verlass.

Maria schaut ihm in die Augen und atmet tief.

HELLINGER *zu Victor* Geh in die Kraft.
zu Maria Und du auch, geh in die Kraft.

Beide reichen sich jetzt die Hände.

HELLINGER Mit Kraft, macht alles mit Kraft.
zu Victor Keine Schwäche. Geh aus der Schwäche. Sag es ganz klar:
„Jetzt ist auf mich Verlass."
VICTOR Jetzt ist auf mich Verlass.
HELLINGER *zur Gruppe* Das hat gut geklungen.

Maria nickt.

HELLINGER *zu Maria* Sag ihm: „Ich halte durch."
MARIA Ich halte durch.
HELLINGER *nach einer Weile* Jetzt stellt ihr euch wieder nebeneinander.

Bild 14

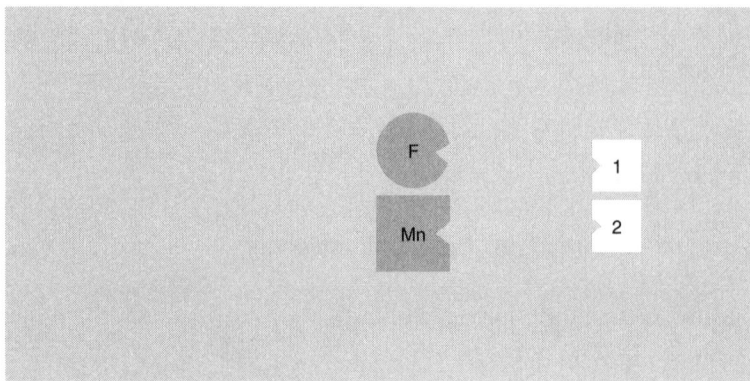

HELLINGER *zur Gruppe* Weil ich den Mann vorhin so hart angefasst habe, mache ich noch etwas Besonderes für die beiden.

Hellinger wählt Stellvertreterinnen für Marias Mutter, für ihre Groß-mütter, ihre Urgroßmütter und noch für eine weitere Urahnin und stellt sie hinter Maria. Dann wählt er Stellvertreter für den Vater von Victor, für seine Großväter, seine Urgroßväter und noch für einen wei-teren Urahn und stellt sie hinter Victor. Die Stellvertreter der Ahnen stellen sich hinter Victor und Maria und legen ihre Hände auf die Personen vor ihnen.

Bild 15

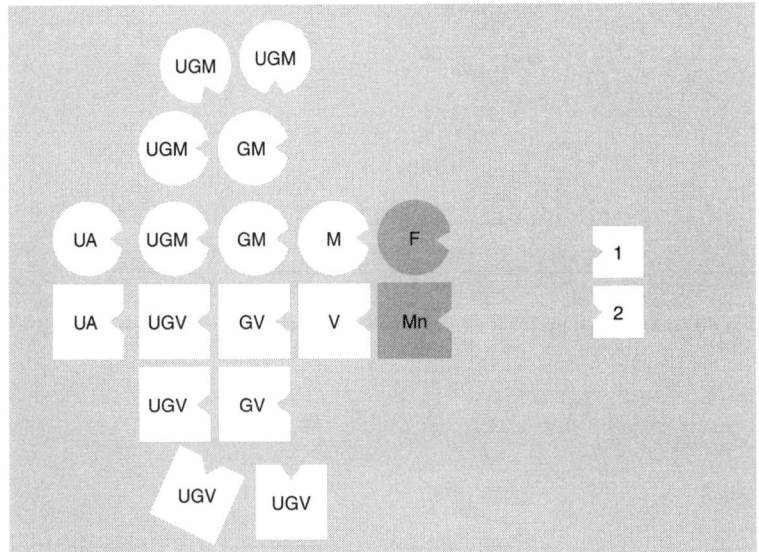

V	Vater
GV	Großvater
UGV	Urgroßvater
UA	Urahn
M	Mutter
GM	Großmutter
UGM	Urgroßmutter
UA	Urahnin

HELLINGER *nach einer Weile zu Victor und Maria* Dreht euch um und schaut zurück. Die haben alle das Leben vor euch gemeistert. Und so meistert ihr das auch, mit der Kraft von ihnen.

Victor geht auf seinen Vater zu und umarmt ihn. Seine Ahnen drängen nach vorn und umarmen ihn von allen Seiten. Dann geht Maria auf ihre Mutter zu und umarmt sie. Auch ihre Ahnen drängen nach vorn und umarmen sie von allen Seiten. Die Frauen beginnen eine wiegende Bewegung.

Bild 16

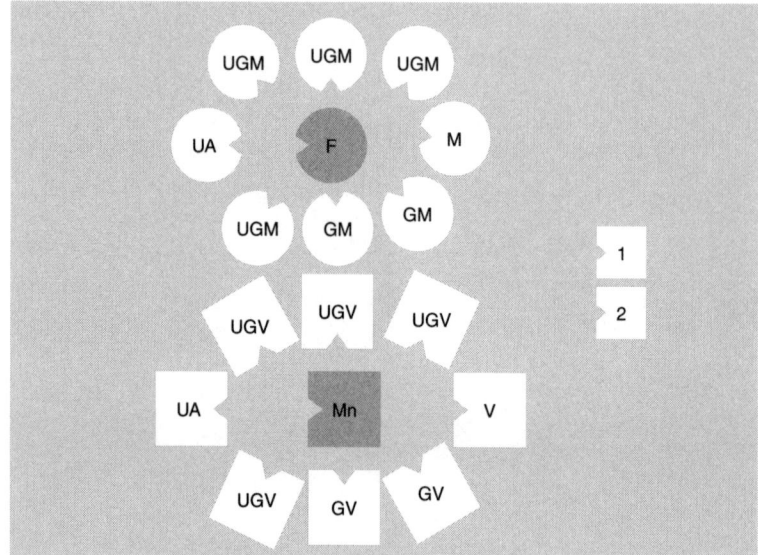

HELLINGER *nach einer Weile zu Victor und Maria* Jetzt dreht euch wieder um, stellt euch nebeneinander und schaut euch an.

Bild 17

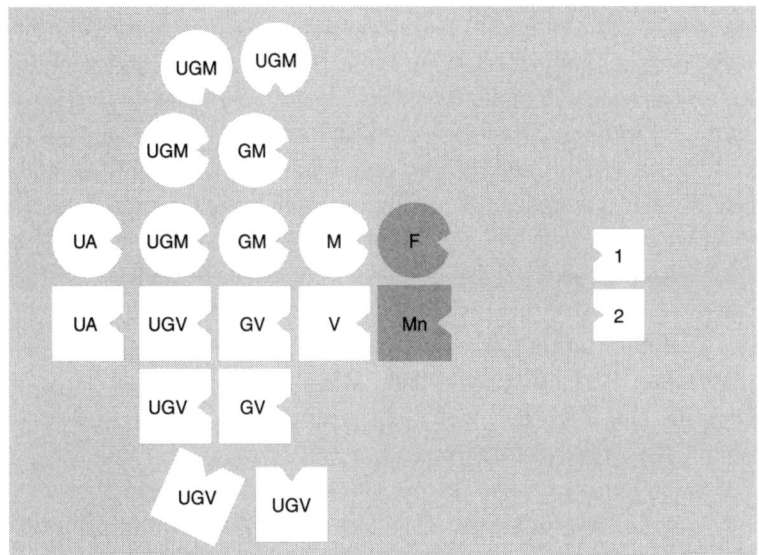

HELLINGER *zu Victor und Maria* Wie ist das jetzt?

VICTOR Gut.

MARIA Mir ist es wichtig, dass er Kraft hat.

HELLINGER Genau.

zur Gruppe Frauen wollen starke Männer. Nur gewisse Feministinnen wollen schwache Männer haben.

HELLINGER *zum ältesten Sohn* Wie geht es dir?

ERSTES KIND Ich bin zufrieden und mir geht es sehr gut.

ZWEITES KIND Ich habe das Gefühl, dass ich klein sein darf.

HELLINGER Genau.

zu Victor und Maria Das war's.

Beide bedanken sich bei Hellinger.

Die Vorgehensweise

HELLINGER *zur Gruppe* In dieser Aufstellung konnten wir sehr viel über Paarbeziehungen erfahren. Dabei habe ich auch einige wichtige Vorgehensweisen demonstriert. Das begann schon mit meiner Frage nach dem Anliegen. Habt ihr verstanden, was der Mann dazu gesagt hat? Wer in seinen Aussagen so vage und allgemein bleibt, ist nicht bei der Sache. Wäre ich darauf eingestiegen, hätten wir nicht zu diesem Ergebnis kommen können. Erst danach kam das eigentliche Thema ans Licht: Die Frau gibt und er nimmt. Was ich vorher dazu gesagt habe, dass so etwas nicht geht, stimmt. Eigentlich geht das nicht. Der Therapeut muss das wissen und er muss auch wagen, es auszusprechen. Erst danach war beim Mann und bei der Frau der volle Ernst da. Dann wurde nicht mehr gespielt. Beide waren mit ihrer Wirklichkeit voll konfrontiert.

Danach konnte ich die Familie aufstellen und suchen, ob es doch noch eine Lösung für sie gab. Dabei hat sich etwas Wichtiges gezeigt. Als er sich vor seiner Frau verneigt hat, als er gewürdigt hat, was sie für ihn getan hat, hatte das ein solches Gewicht, dass es das, was er von ihr bekommen und genommen hat, ausglich. Diese Demut und Anerkennung gab der Frau ihre Würde zurück. Als er das gemacht hatte, wurde er groß. Erst über diese Demut wurde er groß.

Danach habe ich ihn auf die rechte Seite der Frau gestellt. Wenn der Mann rechts steht, fühlt sich die Frau beschützt. Sie weiß, jetzt kann sie sich auf ihn verlassen. Sie verliert dadurch nichts von ihrer Größe. Im Gegenteil. Doch der Mann nimmt jetzt seine volle Verantwortung wahr. Wenn der Mann auf der linken Seite der Frau steht, hat er eine gewisse Narrenfreiheit. Die Frau übernimmt dann oft die Verantwortung auch für ihn. Aber dann ist er klein.

Es gibt natürlich viele Aufstellungen, bei denen die Frau rechts stehen muss, aber aus anderen Gründen. Das wird im Laufe dieses Kurses noch deutlich werden.

Ich habe auch eine Zwischenaufstellung gemacht, um zu sehen, ob und wie der Konflikt zwischen dem Beruf hier und der Familie dort gelöst werden kann. Ich hatte dem Mann nicht zugetraut, dass er bereit ist, das Studium aufzugeben. Es hat sich gezeigt, welche

Anstrengung und welche Entscheidung es ihm abverlangte, um es wirklich zu tun. Was später im Einzelnen getan werden muss und kann, wird sich noch zeigen. Hier wurde dem Paar nur der volle Ernst vor Augen geführt.

Und dann hat man gesehen, dass das Paar für sich allein zu schwach ist, um die hier gewonnenen Einsichten auch umzusetzen. Wenn sie aber ihre Ahnen hinter sich wissen, die alle das Leben auch unter großen Herausforderungen gemeistert haben, gewinnen sie Kraft. Das, was dieses Paar als sein besonderes Problem angeschaut hat, erscheint, damit verglichen, als geringfügig und klein.

zu Victor und Maria Mit euren Ahnen im Rücken schafft ihr das auch.

STELLVERTRETER VON VICTOR Ich wollte noch etwas nachtragen. Ich habe mich zuerst wie gelähmt gefühlt. Die Entscheidung für die Familie hätte nicht von mir allein kommen können. Es blieb eigentlich nur der Weg zum Master. Erst als die Frau mich angelächelt hat, gab es wie eine Art Erlaubnis, noch mal zu ihr zu kommen.

HELLINGER *zu Victor und Maria* Das war noch wichtig für euch.

Luis und Rosa
„Jetzt darfst du mich haben als deine Frau"

HELLINGER Wer möchte arbeiten?
zu Luis und Rosa Ich nehme euch.
zur Gruppe nach einer Weile Wenn man dieses Paar anschaut, wer leidet? Die Frau leidet. Deswegen beginne ich mit ihr.
zu Rosa Um was geht es?
ROSA Mein Mann lebt in La Coruña, das ist ganz oben im Norden Spaniens, und ich lebe mit meinen Kindern in Cádiz, ganz unten im Süden. Er hat vor kurzem eine Arbeit gefunden, und wir denken daran, ob ich mit den Kindern nachkommen soll. Auch macht mir mein ältester Sohn Sorgen, denn er hat einen verstopften Tränenkanal. Obwohl wir ihn schon operieren ließen, wird es nicht besser.
HELLINGER Wie viele Kinder habt ihr?
ROSA Zwei.
HELLINGER Warum ist der Mann nicht in Cádiz geblieben?
LUIS Ich bin von Cádiz weg, weil meine Frau mich rausgeschmissen hat. Mein ältester Sohn von zwei Jahren hat zu mir gesagt: „Papa, geh weg." Als sie schwanger geworden ist, habe ich beschlossen, dass ich mich mehr um das Haus kümmere. Ich habe das Haus in Ordnung gebracht, gestrichen, den Garten in Ordnung gebracht. Ich war bei der Geburt dabei und habe, als mein Sohn vier Monate alt war, das Baby übernommen, weil hier der Mutterschutz immer nur ganz kurz ist. Ich war, bis mein Sohn zwei Jahre alt war, zu Hause. Dann wurde die Situation unhaltbar.
HELLINGER *zur Gruppe* Man darf jemanden nicht zu lange reden lassen, sonst geht die Energie weg. Das Wesentliche haben wir am Anfang gehört: dass die Frau ihn rausgeschmissen hat. Das genügt für die Arbeit. Was er sonst noch gesagt hat, ist nicht so wichtig. Die Frage ist jetzt: Was ist die hier angemessene Vorgehensweise?
zu Rosa Er sieht ja nicht wie ein Verbrecher aus, oder?

ROSA *schaut zu ihrem Mann* Nein, das ist er auch nicht.

HELLINGER Genau. Also ist es doch merkwürdig, dass du ihn rausschmeißen willst.

zur Gruppe In so einem Fall vermute ich, dass etwas in ihrer Herkunftsfamilie in Ordnung gebracht werden muss. Das Problem hat also weniger mit der Beziehung der beiden als Paar zu tun, sondern es wirkt etwas aus ihrer Ursprungsfamilie herein. Deswegen fange ich mit der Herkunftsfamilie der Frau an.

zu Rosa Also, was ist da passiert?

ROSA In Bezug auf das, worüber wir gerade gesprochen haben, ist es so, dass meine Mutter meinen Vater immer abgewertet hat und auch seine Familie.

HELLINGER Ist etwas Besonderes in den Familien passiert, zum Beispiel früher Tod oder Unfall oder Verbrechen?

ROSA Meine Mutter hatte einen Onkel, der tragisch gestorben ist. Er ist praktisch gepfählt worden.

HELLINGER Wieso?

ROSA Es war ein Unfall, mehr weiß ich nicht. Ein Cousin meines Vaters hat sich umgebracht. Man sagt, es wurde ihm ein Raub vorgeworfen, den er nicht begangen hat. In meiner näheren Familie, die ich selbst noch gekannt habe, ist ein Schwager meiner Mutter bei einem Autounfall ums Leben gekommen.

HELLINGER *zur Gruppe* Was wirklich wichtig ist, wissen wir durch diese Informationen noch nicht. Deswegen fange ich einfach mal an, die Familie aufzustellen. Wir sehen dann vielleicht aus den Reaktionen der Stellvertreter, auf was da zu achten ist. Über diese Reaktionen gewinnen wir die wichtigen Informationen.

HELLINGER *zu Rosa* Wie viele Kinder wart ihr zu Hause?

ROSA Drei Schwestern.

HELLINGER War jemand von den Eltern vorher in einer festen Bindung?

ROSA Soviel ich weiß, nein.

HELLINGER Also, wir brauchen den Vater, die Mutter und die drei Kinder. Du bist das wievielte Kind?

ROSA Die Älteste.

Bild 1

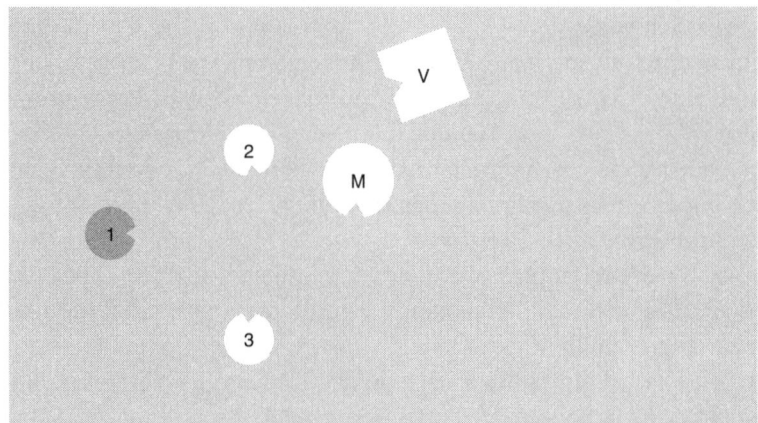

V   Vater
M   Mutter
1   **Erstes Kind, Tochter (= Rosa)**
2   Zweites Kind, Tochter
3   Drittes Kind, Tochter

HELLINGER *zur Gruppe* Wenn wir diese Aufstellung anschauen, sehen wir: Der Vater ist hinausgeworfen. Wir finden also dort die gleiche Situation, die sie hier für ihre Gegenwartsfamilie geschildert hat. Der Vater ist ausgeschlossen. Auch die Frau muss ihren Mann rausschmeißen, dann fühlt sie sich mit ihrer Familie verbunden. Wenn sie ihn behält, hat sie ihr ganzes Leben lang ein schlechtes Gewissen. Dabei ist der Mann völlig unschuldig.

zu Rosa Weißt du, was das ist, was du mit ihm machst? Es ist kriminell – mit gutem Gewissen. So ist das. So etwas nennt man eine Verstrickung.

zur Gruppe Jetzt müssen wir erst etwas in dieser Familie in Ordnung bringen, damit sie ihren Mann mit gutem Gewissen behalten kann.

zu Rosa Einverstanden?

ROSA Ja, natürlich.

HELLINGER *zum Mann* Bist du auch einverstanden?

LUIS Ja.

Er senkt den Kopf und ist bewegt.

HELLINGER *zur Gruppe* Jetzt fühlt er sich von mir gewürdigt.
zu den Stellvertretern, als sie sich bewegen wollen Nicht bewegen.
zur Gruppe Bei so einer Aufstellung darf man nicht nach den Bewegungen der Seele gehen, das heißt, dass man den einzelnen Stellvertretern erlaubt, sich zu bewegen wie sie wollen. Das führt ganz leicht zu Verwirrungen. Hier übernimmt der Therapeut die Führung.
HELLINGER *zu Rosa* Was ist in der Familie deiner Mutter passiert?
ROSA Was? Ereignisse? Was soll passiert sein?
HELLINGER Was war mit ihrer Mutter, ihrem Vater, ihren Geschwistern?
ROSA Meine Mutter hat auch meinen Großvater herabgewürdigt und auch seine Familie herabgesetzt.
HELLINGER *zur Gruppe* Die Personen die jetzt helfen könnten, wären ihre Eltern. Die stelle ich jetzt dazu.

Hellinger wählt die Stellvertreter aus und stellt sie dazu.

Bild 2

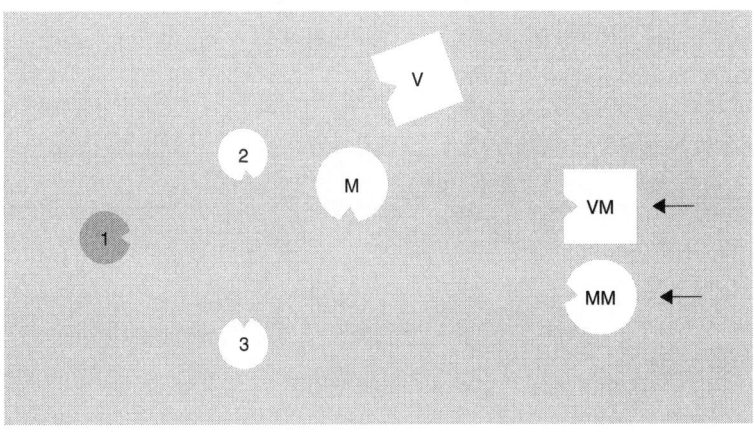

VM Vater der Mutter
MM Mutter der Mutter

HELLINGER *nach einer Weile zur Gruppe* Dem Vater der Mutter geht es schlecht.

zur Mutter Jetzt kniest du dich vor ihn hin, bis auf den Boden, verneigst dich ganz tief und streckst die Hände nach vorn.

nach einer Weile zu ihrem Vater Nichts machen, nur stehen bleiben.

Bild 3

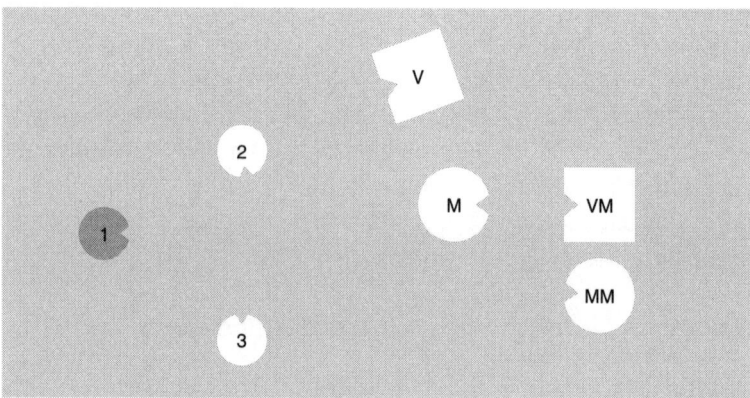

Nach einer Weile wählt Hellinger eine Stellvertreterin für die Mutter des Vaters der Mutter und stellt sie hinter ihn.

Bild 4

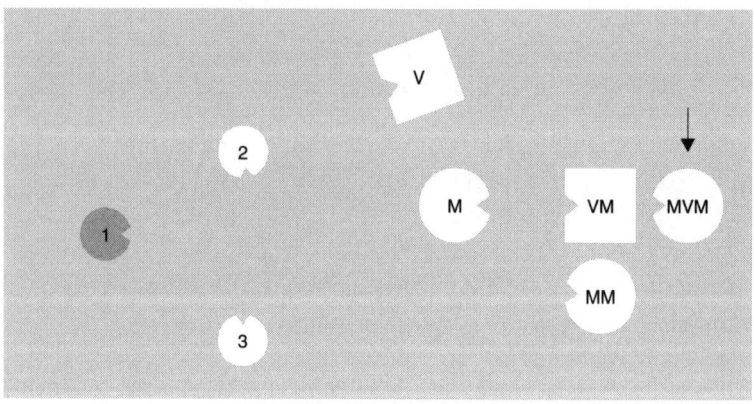

MVM   Mutter des Vaters der Mutter

HELLINGER *nach einer Weile zur Gruppe* Ihm hat die Mutter gefehlt, das sieht man. Durch seine Mutter hinter ihm hat er Kraft gewonnen.

Nach einer Weile stellt Hellinger die Mutter des Vaters der Mutter rechts neben ihn.

Bild 5

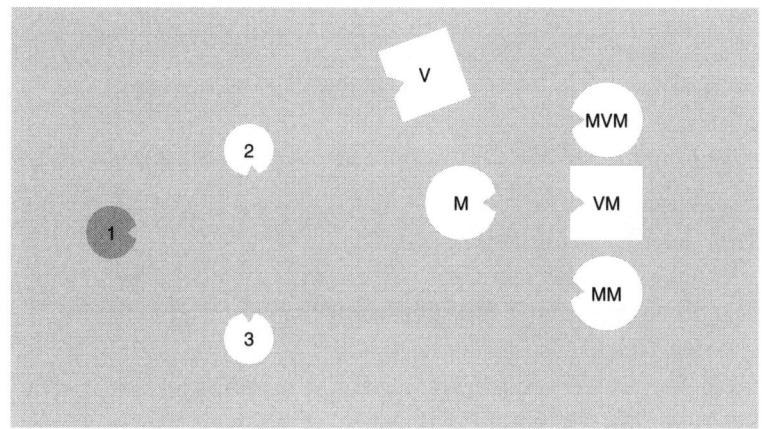

Der Vater der Mutter schluchzt.

HELLINGER *zur Gruppe* Schön zu sehen, welche Wirkung das für den Mann hat.
HELLINGER *zu seiner Mutter* Wie geht es dir neben dem Sohn?
MUTTER DES VATERS DER MUTTER Ich fühle mich zärtlich.
HELLINGER *zur Mutter* Jetzt richte dich auf, bleib aber noch auf den Knien und schau das an.
HELLINGER *nach einer Weile zur Mutter der Mutter* Wie geht es dir?
MUTTER DER MUTTER Ich bin sehr bewegt und besorgt um ihn.
HELLINGER *zur Mutter* Jetzt kannst du aufstehen.
nach einer Weile Ja, geh hin zu ihm.
Sie geht zu ihrem Vater und umarmt ihn. Ihr Vater hält sie zärtlich und streichelt ihr über den Kopf. So verbleiben sie längere Zeit.

Bild 6

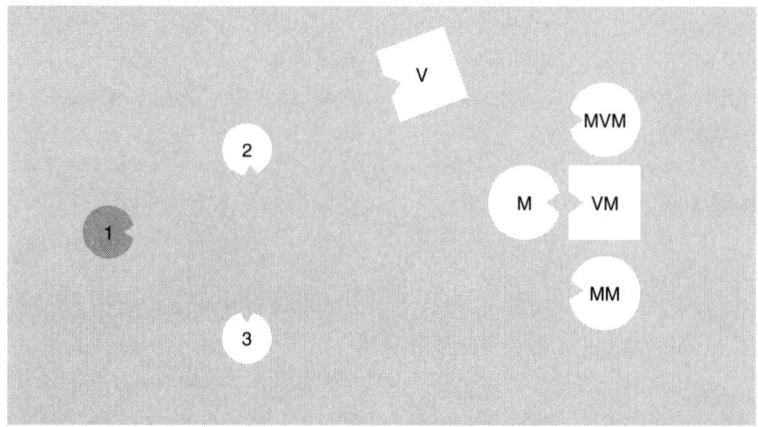

Nach einer Weile löst Hellinger die Umarmung.

HELLINGER zur Mutter Wie geht es dir?
MUTTER Gut.

Hellinger stellt das Lösungsbild auf.

Bild 7

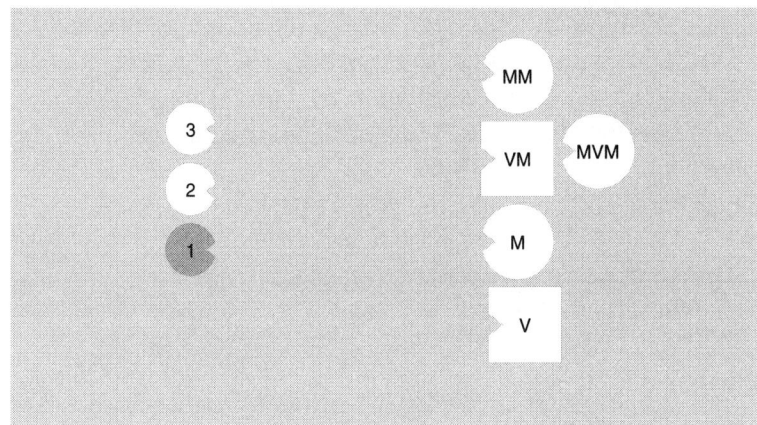

Vater und Mutter fassen sich bei den Händen. Das zweite und das dritte Kind legen von hinten ihre Arme umeinander.

HELLINGER *zu den Kindern* Ich stelle euch hier herüber, in den Bannkreis des Vaters.

Bild 8

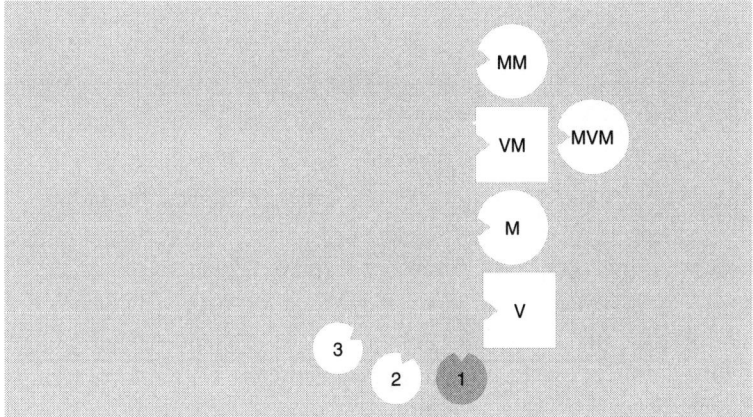

HELLINGER *zur Gruppe* Dem Mann geht es jetzt prächtig.
zur Stellvertreterin von Rosa Was ist bei dir?
ERSTES KIND Mir geht es nicht gut, ich fühle mich nicht wohl. Ich fühle eine Spaltung zwischen meinen Schwestern und dem Rest der Familie.
HELLINGER Jetzt kniest du dich vor deinen Vater und verneigst dich ganz tief.
zu den andere Kindern Ihr kommt ein bisschen weiter weg.

Die anderen Kinder stellen sich etwas weiter weg, halten sich aber weiterhin von hinten fest umschlungen.

Bild 9

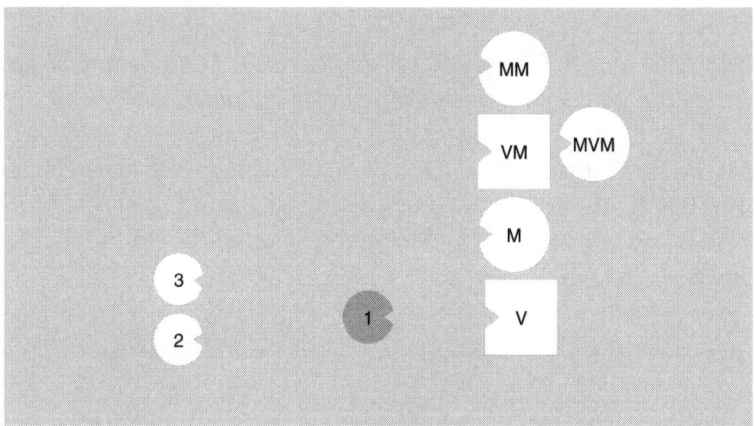

Die Stellvertreterin von Rosa legt ihre Arme vor ihre Brust, geht in die Knie und verneigt sich tief vor ihrem Vater. So verweilt sie lange.

HELLINGER *zur Rosa* Was ist in der Familie des Vaters passiert?
ROSA Mein Vater ist der einzige Sohn neben drei Schwestern. Ich glaube, dass sich mein Vater immer dafür verantwortlich gefühlt hat, seine Familie im weiteren Sinn voranzubringen, für sie zu sorgen. Er hat ein Haus oder eine Wohnung für seine Eltern gekauft und auch für seine kleinere Schwester.

Die Stellvertreterin von Rosa richtet sich auf, bleibt aber noch auf den Knien.

Nach einer Weile wählt Hellinger Stellvertreter für den Vater des Vaters und für seine Mutter und stellt sie in seinen Blick.

Bild 10

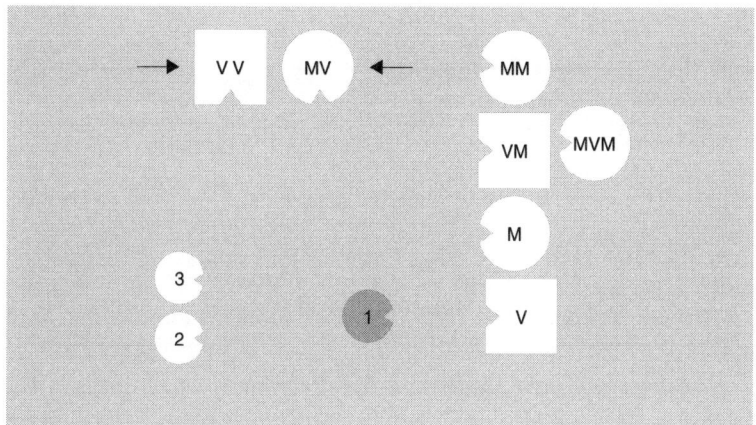

VV Vater des Vaters
MV Mutter des Vaters

HELLINGER *zum Vater* Sag ihnen: „Ich gehe jetzt zu meiner Frau und zu meinen Kindern."
VATER Ich gehe jetzt zu meiner Frau und zu meinen Kindern.
HELLINGER „Jetzt verlasse ich Vater und Mutter und gehe zu meiner Frau und zu meinen Kindern."
VATER Jetzt verlasse ich Vater und Mutter und gehe zu meiner Frau und zu meinen Kindern.

Nach einer Weile nimmt der Mann sein Frau bei der Hand, löst sie von ihren Eltern und geht mit ihr auf seine Kinder zu. Die Stellvertreterin von Rosa fällt ihm um den Hals. Dann umarmen sich alle innig.

Bild 11

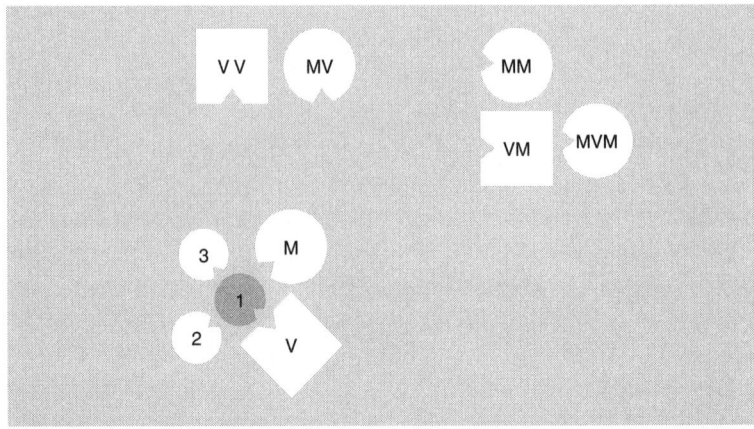

Luis hat seine Hand auf den Rücken seiner Frau gelegt. Sie wischt sich die Tränen von den Augen. Er fasst nach ihrer Hand, lässt sie dann aber wieder los.

Hellinger stellt den Mann und die Frau etwas weiter zurück. Die Stellvertreterin von Rosa stellt er links neben ihren Vater. Die anderen Stellvertreter lässt er sich setzen. Dann stellt er Rosa und ihren Mann selbst in die Aufstellung. Er wählt noch Stellvertreter für die beiden Kinder und stellt sie ihren Eltern gegenüber.

Bild 12

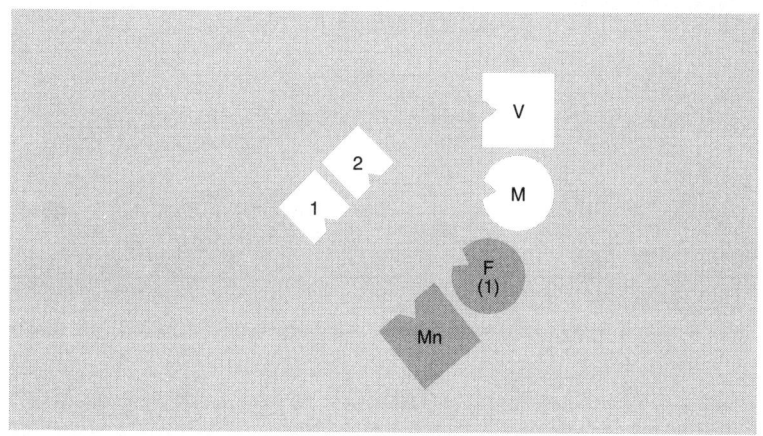

F Frau (= Rosa), vorher 1
Mn Mann (= Luis)
1 Erstes Kind, Sohn
2 Zweites Kind, Sohn

HELLINGER *nach einer Weile zu Rosa* Schau deinen Mann an und sag ihm: „Es tut mir Leid."
ROSA Es tut mir Leid.
HELLINGER „Jetzt tut es mir Leid."
ROSA Jetzt tut es mir Leid.

Sie geht auf ihn zu und beide umarmen sich innig.

HELLINGER *nach einer Weile zu Rosa* Jetzt schaust du die Kinder an und sagst ihnen: „Euer Vater ist der Beste."
ROSA Euer Vater ist der Beste.
HELLINGER „Für mich ist er der Beste."
ROSA Für mich ist er der Beste.
HELLINGER *zu Luis* Und du sagst den Kindern: „Hier habt ihr nichts zu melden."
LUIS Hier habt ihr nichts zu melden.

HELLINGER „Ihr seid hier die Kleinen."

LUIS Ihr seid hier die Kleinen.

HELLINGER *zu den Kindern* Wie ist das?

ERSTES KIND Besser.

ZWEITES KIND Besser, aber auch etwas Unruhe.

HELLINGER Knie dich vor deinen Vater und verneige dich tief.

Er kniet sich vor seinen Vater, verneigt sich bis zum Boden, streckt seine Arme nach ihm aus mit den Handflächen nach oben.

Bild 13

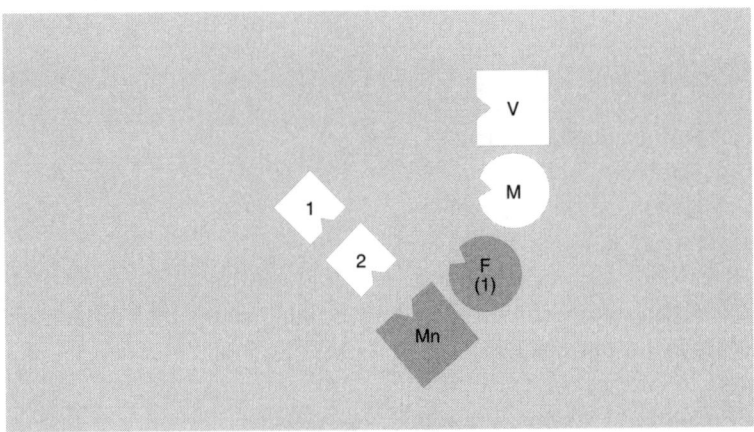

HELLINGER *nach einer Weile* Richte dich wieder auf und sag ihm: „Bitte schau auf mich als deinen Sohn."

ZWEITES KIND Bitte schau auf mich als deinen Sohn.

HELLINGER *zu Luis* Geh hin und hol ihn hoch.

Luis geht zu seinem Sohn, zieht ihn zu sich hoch und beide umarmen sich fest. Dann tritt der Sohn wieder neben seinen Bruder.

Bild 14

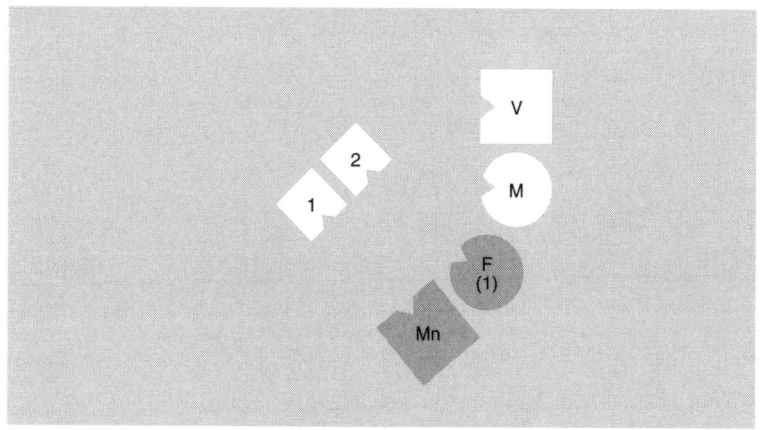

HELLINGER *zu diesem Sohn* Wie geht es dir jetzt?

ZWEITES KIND Besser. Es fehlt noch etwas, aber es geht mir besser. Ich kann auch die Mutter nicht ruhig anschauen, da ist auch noch etwas offen.

HELLINGER *zu Rosa* Sag deinem Mann: „Ich bleibe."

ROSA Ich bleibe.

HELLINGER „Jetzt ist auf mich Verlass."

ROSA Jetzt ist auf mich Verlass.

HELLINGER „Jetzt darfst du mich haben als deine Frau."

ROSA Jetzt darfst du mich haben als deine Frau.

HELLINGER „Und ich nehme dich als meinen Mann."

ROSA Und ich nehme dich als meinen Mann.

HELLINGER Jetzt hat sie es gesagt.

ZWEITES KIND *nickt heftig mit dem Kopf* Das beruhigt mich sehr.

HELLINGER *zum ältesten Kind* Bei dir jetzt?

ERSTES KIND Ich bin sehr bewegt und gleichzeitig auch erleichtert und beruhigt.

Hellinger lässt die Eltern die Seiten wechseln und bittet die Eltern der Mutter, in den Hintergrund zu treten.

Bild 15

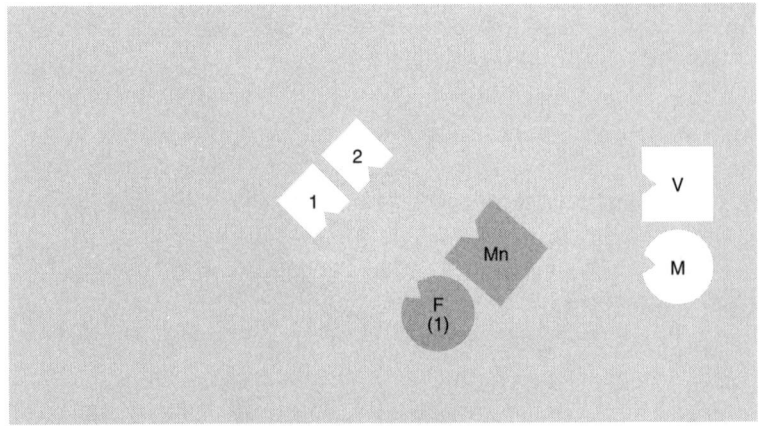

Das zweite Kind nickt heftig bejahend mit dem Kopf.

HELLINGER *zu Luis und Rosa* Okay, wir haben es.

Der Vorrang des Neuen

HELLINGER *zur Gruppe* Hätten wir nur mit dem Paar alleine gear-beitet, hätten wir keine Lösung gefunden. Wir mussten zuerst etwas in der Herkunftsfamilie der Frau lösen. Nachdem die Frau gesehen hat, was dort ablief, bekam sie von dort die Erlaubnis, zum Mann zu stehen. Als ihr Vater sich von seiner Familie verabschiedet hat, hatte sie auch die Erlaubnis, sich von ihrer Herkunftsfamilie zu verab-schieden und sich ihrem Mann zuzuwenden.

ROSA Es war für mich sehr wichtig zu sehen, dass mein Vater sich von seiner Familie verabschiedet hat.

HELLINGER *zur Gruppe* Ohne die volle Trennung von der Herkunfts-familie ist die Paarbeziehung belastet. Um diesen Schritt kommt niemand herum. Das hat zugleich etwas zu tun mit Schuld und Un-schuld. Man fühlt sich schuldig, wenn man sich von der Herkunfts-familie verabschiedet und sich dem neuen Partner zuwendet, obwohl

56

ja die Eltern immer noch präsent sind und auch präsent bleiben dürfen. Aber man darf ihnen nicht erlauben, in die Paarbeziehung hineinzuregieren, auch nicht durch ihr schlechtes Vorbild.

zu Rosa Das neue System hat immer Vorrang vor dem früheren. Also die Gegenwartsfamilie hat Vorrang vor der Herkunftsfamilie. Wenn du dich jetzt von der Herkunftsfamilie trennst, musst du dich auch von einem Modell verabschieden, dem Modell, dass der Mann weg muss. Übrigens, wenn ein Mann sich geachtet fühlt, wird er unglaublich schön.

Rosa lacht und schaut zu ihrem Mann.

HELLINGER Okay? Gut, das war's dann. Alles Gute euch.

Eltern sind groß und Kinder klein

HELLINGER *zur Gruppe* Bei dieser Aufstellung war zu beachten, dass die, die nicht geachtet waren, denen, die anmaßend waren, nichts erleichtern dürfen. Wenn ein anmaßendes Kind vor ihnen liegt, haben gute Eltern das Bedürfnis, ihm entgegenzukommen. Auch manche Therapeuten haben das Bedürfnis, einem Klienten entgegenzukommen, ohne dass sie von ihm verlangen, was wirklich notwendig ist. Ein Vater, der verachtet wurde, bleibt stehen, er geht nicht auf das Kind zu. Dann weiß das Kind, dass es Ernst ist.

Sehr oft hat ein Kind, das seinen Vater verachtet hat, das Recht auf seinen Vater verspielt. Wenn der Vater ihm entgegenkommt, wird das zugedeckt. Wenn er aber sagt, im Grunde ist es so, dass du mich verspielt hast, dann steht er voll zu seiner Würde und mutet dem Kind zu, dass es sie achtet. Erst wenn sie voll geachtet ist, kann das Kind als kleines Kind zum großen Vater gehen.

Es ist wichtig, dass in der Familie die Eltern groß sind und groß bleiben. Kinder haben nicht die gleichen Rechte wie ihre Eltern und auch nicht die gleichen Ansprüche. Kinder müssen klein bleiben. Nur so werden sie groß. Kinder, die sich groß aufspielen, bleiben ihr Leben lang klein. Aufgeblasen, aber klein.

Liebe und Ordnung

HELLINGER *zur Gruppe* Ich möchte etwas sagen über Liebe und Ordnung. Was ist größer und was ist wichtiger, die Liebe oder die Ordnung? Was kommt zuerst? Viele meinen, wenn sie nur genug lieben, dann kommt alles in Ordnung. Viele Eltern denken, wenn sie ihre Kinder nur genug lieben, dann entwickeln sie sich genau so, wie sie das wollen. Die meisten Eltern, die das denken, werden enttäuscht. Liebe allein genügt offensichtlich nicht.

Die Liebe muss sich einfügen in eine Ordnung. Die Ordnung ist der Liebe vorgegeben. Das ist auch sonst so in der Natur: Ein Baum entwickelt sich nach einer inneren Ordnung. Man kann sie nicht ändern. Nur innerhalb dieser Ordnung kann er sich entfalten. So ist es auch mit der Liebe und den mitmenschlichen Beziehungen: Sie können sich nur innerhalb einer Ordnung entfalten, und diese Ordnung ist vorgegeben.

Wenn wir etwas wissen über die Ordnungen der Liebe, dann hat unsere Liebe und hat eine Beziehung die größte Chance, sich voll zu entfalten. Einige Ordnungen der Liebe habe ich heute Morgen bereits beschrieben. Eine davon war, dass das, was unterschiedlich ist, gleichen Wert hat. Mann und Frau sind verschieden, aber ebenbürtig. Wenn das vom Paar anerkannt wird, hat ihre Liebe eine größere Chance.

Die zweite Ordnung ist, dass Geben und Nehmen ausgeglichen sein müssen. Wenn der eine mehr geben muss als der andere, ist die Beziehung gestört. Es braucht dieses Gleichgewicht. Mit Bezug auf das Gleichgewicht ist noch etwas zu beachten. Heute Morgen habe ich davon gesprochen, wie das Bedürfnis nach Ausgleich zusammengehen muss mit der Liebe und wie dadurch der Austausch wächst.

Dieses Bedürfnis nach Ausgleich besteht auch im Negativen. Wenn der eine Partner dem anderen etwas antut, hat der andere das Bedürfnis, ihm auch etwas anzutun. Er fühlt sich verletzt in seiner Würde und deswegen glaubt er, das Recht zu haben, den anderen auch in seiner Würde zu verletzen. Dieses Bedürfnis ist unwiderstehlich.

Viele, die ein Unrecht erlitten haben, fühlen sich also im Recht, dem anderen etwas anzutun. Es kommt also hier zum Bedürfnis nach Ausgleich noch etwas hinzu, das Gefühl: Ich habe jetzt besondere Rechte, durch das Unrecht, das mir angetan wurde, habe ich besondere Rechte. Dann tut man dem anderen nicht nur das Gleiche an, was er einem selbst angetan hat, sondern man tut ihm etwas mehr des Schlimmen an. Weil aber jetzt der eine dem anderen etwas mehr des Schlimmen angetan hat, fühlt auch dieser sich im Recht, dem anderen etwas Schlimmes anzutun, und weil er sich im Recht fühlt, tut er ihm sogar etwas mehr davon an. So steigert sich in einer Beziehung der Austausch im Schlimmen, und statt des Glücks wächst in einer solchen Beziehung das Unglück.

Man kann die Qualität einer Beziehung daran erkennen, ob der Austausch hauptsächlich im Guten geschieht oder hauptsächlich im Schlimmen. Und was wäre die Lösung? Gibt es hier überhaupt noch eine Lösung? Man wechselt vom Austausch im Schlimmen wieder zum Austausch im Guten. Und wie soll man das machen?

Es gibt dafür ein Geheimnis: Man rächt sich am anderen mit Liebe. Das heißt, man tut ihm auch etwas Schlimmes an, aber ein bisschen weniger. Dann hört der Austausch im Schlimmen auf und beide können wieder mit dem guten Geben beginnen. Das ist ein wichtiger Aspekt der Ordnungen der Liebe. Wenn man das weiß, kann man in Familien vieles wieder zum Guten wenden.

So viel für jetzt.Es gibt noch mehr daüber zu sagen, aber davon später.

Juan und Isabel
Das Schicksal

HELLINGER Wir arbeiten weiter. Wer möchte aufstellen?
zu Juan und Isabel Ich arbeite mit euch beiden. Wir haben ja gestern schon, beim Supervisionsseminar, miteinander gearbeitet.
HELLINGER *zu Isabel* Wie geht es dir heute?
ISABEL Gut, sehr entspannt.
HELLINGER Schön, das freut mich.
zu Juan Und was ist bei dir?
JUAN Ich fühle großen Schmerz.
HELLINGER *nach einer Nachdenkpause* Ich stelle dir eine Frage: Hilft ihr dein Schmerz oder belastet er sie? Überlege erst mal.
JUAN *nach einer Weile* Er ist für sie eine Last.
HELLINGER Ja, er ist eine Last.
zur Gruppe Für die, die gestern nicht dabei waren: Sie ist schwer krank, und der Mann leidet mit ihr.
zu Juan und Isabel Ich erzähle eine Geschichte:

Liebe im Angesicht von Abschied

Vor zwei Jahren hatte ich in einem Kurs ein altes Ehepaar. Der Mann hatte Krebs mit Metastasen und beide waren über 70. Sie wollten mit mir ihre Familie aufstellen. Ich habe sie zu mir nach vorn gerufen und sich neben mich setzen lassen, zuerst den Mann und neben ihn die Frau. Dann habe ich ihnen gesagt: „Jede Beziehung endet, sie ist nur auf Zeit, und es kommt die Zeit, da man voneinander Abschied nehmen muss. Im Lauf der Beziehung üben wir uns ein in diesen Abschied. Jede Krise in einer Paarbeziehung zwingt uns, von etwas Abschied zu nehmen. Überhaupt ist die Paarbeziehung immer eine Beziehung im Angesicht von Sterben. Das ganze Unternehmen Paarbeziehung gibt es ja nur, weil es den Tod gibt. Die Eltern bekommen Kinder, damit das Leben weitergeht, wenn sie selbst sterben. Ihre Liebe ist immer eine Liebe im Angesicht von Abschied, und der ist schmerzlich.

Aber in diesem Abschied liegt etwas Besonderes verborgen. Wenn wir sehen, dass eine Beziehung nur eine Beziehung auf Zeit ist, dann wird die Zeit, die geschenkt ist, kostbar. Wo das erkannt und anerkannt wird, erreicht die Beziehung eine besondere Tiefe.

Ich habe also diesem Ehepaar gesagt: Jetzt ist die Zeit des Abschieds gekommen. Die Frau weinte sehr. Ich habe sie dann aufgefordert, dem Mann in die Augen zu schauen und ihm zu sagen: „Ich bleibe, solange ich darf. Ich liebe dich, solange ich darf. Ich sorge für dich, solange ich darf." Und der Mann hat seiner Frau in die Augen geschaut und ihr gesagt: „Ich bleibe bei dir, solange ich darf." Auf einmal sahen wir eine unglaubliche Liebe zwischen den beiden, eine Tiefe von Liebe, wie man sie sonst nicht findet.

zu Juan So kannst du deine Trauer verwandeln in eine ganz besondere Liebe. Deine Frau fühlt auch Schmerz, wenn sie deinen Schmerz sieht. Wenn ihr beide euch sagt: „Ich bleibe bei dir, solange ich darf. Ich liebe dich, solange ich darf", dann verneigt ihr euch vor etwas Größerem, das über die Liebe und das Leben hinausgeht, und eure Liebe wird besonders kostbar. *wie schön, das fühlt sich gut, sehr gut an.*

HELLINGER Schaut euch jetzt mal an.

Beide schauen sich in die Augen und nehmen sich bei den Händen. Dann umarmen sie sich. Isabel weint.

HELLINGER *nach einer Weile* Jetzt steht auf und stellt euch nebeneinander.

Bild 1

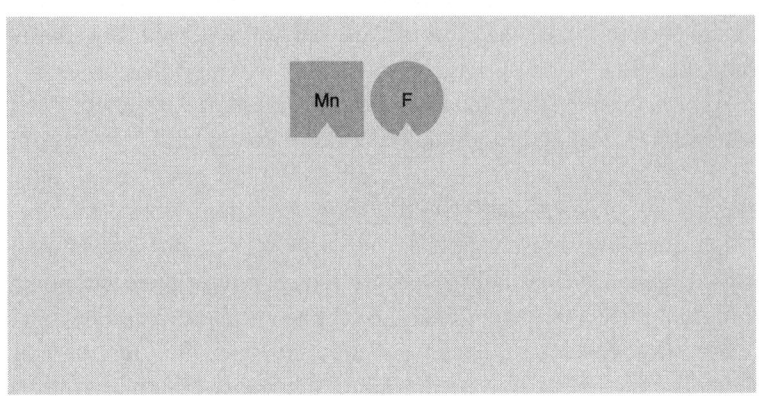

Mn Mann (= Juan)
F   Frau (= Isabel)

Sie stellen sich nebeneinander und halten sich bei den Händen. Hellinger wählt einen Stellvertreter für das Schicksal und stellt ihn vor sie.

Bild 2

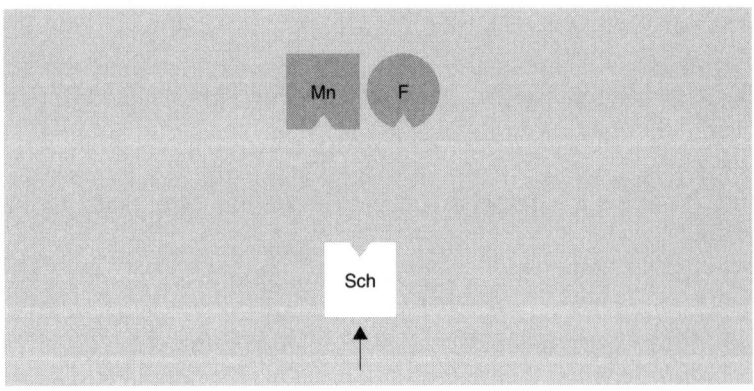

Sch Das Schicksal

HELLINGER *zu Juan und Isabel* Das ist das Schicksal, was immer das im Einzelnen bedeutet, das Schicksal, wie es jedem bestimmt ist.
zu Isabel Wie es dir bestimmt ist, wie es ihm bestimmt ist. Habt ihr Kinder?

Beide nicken

HELLINGER Und wie es den Kindern bestimmt ist. Wie es allen bestimmt ist. Schaut es einfach an.
nach einer Weile Verneigt euch vor ihm ganz leicht, ganz leicht.

Beide verneigen sich, der Mann schluchzt.

HELLINGER *zum Stellvertreter des Schicksals* Jetzt gehe hin und umarme sie beide.

Bild 3

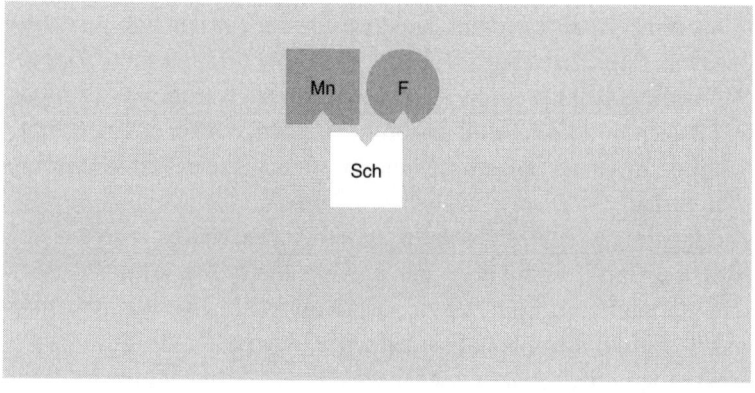

Alle drei umarmen sich. Juan und Isabel legen ihren Kopf auf die Schultern des Schicksals. Dann lässt der Mann den rechten Arm sinken. Als Hellinger nach einer Weile die Umarmung löst, wischen sie sich die Tränen von den Augen.

HELLINGER Da lasse ich es jetzt. Euch alles Liebe.

Juan und Isabel verneigen sich leicht vor Hellinger und gehen zurück an ihren Platz.

(Fortsetzung Isabel auf Seite 123.)

Der Gast

HELLINGER *zur Gruppe* Ich erzähle euch eine Geschichte.

Irgendwo, weit weg von hier, dort, wo einmal der Wilde Westen war, wandert einer mit dem Rucksack auf dem Rücken durch weites, menschenleeres Land. Nach stundenlangem Marsch – die Sonne steht schon hoch und sein Durst wird groß –, sieht er am Horizont ein Farmhaus. „Gott sei Dank!", denkt er, „endlich wieder mal ein Mensch in dieser Einsamkeit. Bei ihm kehre ich ein, bitte ihn um etwas zu trinken, und vielleicht setzen wir uns noch auf die Veranda und unterhalten uns, bevor ich wieder weiterziehe." Und er malt sich aus, wie schön es sein wird.

Als er aber näher kommt, sieht er, wie der Farmer sich im Garten vor dem Haus zu schaffen macht, und ihn befallen erste Zweifel. „Wahrscheinlich hat er viel zu tun, und wenn ich sage, was ich möchte, falle ich ihm lästig; und er könnte meinen, ich sei unverschämt." Als er dann an die Gartentüre kommt, winkt er dem Farmer nur und geht vorbei.

Der Farmer seinerseits sah ihn schon von Ferne und er freute sich. „Gott sei Dank! Endlich wieder mal ein Mensch in dieser Einsamkeit. Hoffentlich kommt der zu mir. Dann werden wir zusammen etwas trinken, und vielleicht setzen wir uns noch auf die Veranda und unterhalten uns, bevor er wieder weiterzieht." Und er ging ins Haus, um schon Getränke kaltzustellen.

Als er den Fremden aber näherkommen sah, begann auch er zu zweifeln. „Er hat es sicher eilig, und wenn ich sage, was ich möchte, falle ich ihm lästig; und er könnte meinen, ich dränge mich ihm auf. Doch vielleicht ist er durstig und will von sich aus zu mir kommen. Am besten ist, ich gehe in den Garten vor dem Haus und tue so, als ob ich mir zu schaffen mache. Dort muss er mich ja sehen, und wenn er wirklich zu mir will, wird er es schon sagen." Als dann der andere nur herüberwinkte und seines Weges weiterzog, sagte er: „Wie schade!"

Der Fremde aber wandert weiter. Die Sonne steigt noch höher, und sein Durst wird größer, und es dauert Stunden, bis er am Horizont ein anderes Farmhaus sieht. Er sagt sich: „Diesmal kehre ich bei dem Farmer ein, ob ich ihm lästig falle oder nicht. Ich habe solchen Durst, ich brauche etwas zu trinken."

Doch auch der Farmer sah ihn schon von Ferne und dachte: „Der kommt doch hoffentlich nicht zu mir. Das fehlte mir gerade noch. Ich habe viel zu tun und kann mich nicht auch noch um andere Leute kümmern." Und er machte mit der Arbeit weiter, ohne aufzublicken.

Der Fremde aber sah ihn auf dem Feld, ging auf ihn zu und sagte: „Ich habe großen Durst. Bitte gib mir zu trinken." Der Farmer dachte: „Abweisen darf ich ihn jetzt nicht. Schließlich bin auch ich ein Mensch." Er führte ihn zu seinem Haus und brachte ihm zu trinken.

Der Fremde sagte: „Ich habe deinen Garten angeschaut. Man sieht, hier war ein Wissender am Werk, der Pflanzen liebt und weiß, was sie brauchen." Der Farmer freute sich und sagte: „Ich sehe, auch du verstehst etwas davon." Er setzte sich, und sie unterhielten sich lange.

Dann stand der Fremde auf und sagte: „Jetzt ist es Zeit für mich zu gehen." Der Farmer aber wehrte ab. „Schau", sagte er, „die Sonne steht schon tief. Bleib diese Nacht bei mir. Dann setzen wir uns noch auf die Veranda und unterhalten uns, bevor du morgen weiterziehst." Und der Fremde stimmte zu.

Am Abend saßen sie auf der Veranda, und das weite Land lag wie verklärt im späten Licht. Als es dann dunkel war, begann der Fremde zu erzählen, wie sich für ihn die Welt verändert habe, seitdem er innewurde, dass ihn auf Schritt und Tritt ein anderer begleite. Erst habe er es nicht geglaubt, dass einer dauernd mit ihm ging. Dass, wenn er stehenblieb, der andere stand, und wenn er aufbrach, der andere sich mit erhob. Und er brauchte Zeit, bis er begriff, wer dieser sein Begleiter sei.

„Mein ständiger Begleiter", sagte er, „das ist mein Tod. Ich habe mich so sehr an ihn gewöhnt, dass ich ihn nicht mehr missen will. Er ist mein treuester, mein bester Freund. Wenn ich nicht weiß, was richtig ist und wie es weitergehen soll, dann halte ich ein Weilchen still und bitte ihn um eine Antwort. Ich setze mich ihm aus als Ganzes, gleichsam mit meiner größten Fläche; weiß, er ist dort, und ich bin hier. Und ohne dass ich mich an Wünsche hänge, warte ich, bis mir von ihm zu mir ein Hinweis kommt. Wenn ich gesammelt bin und mich ihm mutig stelle, kommt mir nach einer Zeit von ihm zu mir ein Wort, wie wenn ein Blitz, was dunkel war, erhellt – und ich bin klar."

Dem Farmer war die Rede fremd, und er blickte lange schweigend in die Nacht. Dann sah auch er, wer ihn begleitet, seinen Tod – und er verbeugte sich vor ihm. Ihm war, als sei, was ihm von seinem Leben blieb, verwandelt. Kostbar wie Liebe, die um Abschied weiß, und wie die Liebe bis zum Rande voll.

Am nächsten Morgen aßen sie zusammen, und der Farmer sagte: „Auch wenn du gehst, bleibt mir ein Freund." Dann traten sie ins Freie und reichten sich die Hand. Der Fremde ging seines Weges, und der Farmer auf sein Feld.

Carlos und Mercedes
Die Melodie der Liebe

HELLINGER Ich mache weiter mit einer nächsten Arbeit. Welches Paar möchte arbeiten?

HELLINGER *zu Carlos und Mercedes* Hallo. Was ist das Anliegen?

MERCEDES Wir haben ein sexuelles Problem.

HELLINGER *zu Carlos* Möchtest du auch etwas dazu sagen?

CARLOS Ja, ich möchte dieses Problem teilen und darüber sprechen.

HELLINGER Ich mache das nicht, ich habe zu große Achtung davor. Das würde ich nur im kleinen Kreis machen, aber nicht hier.

Beide nicken zustimmend.

HELLINGER Aber ich kann vielleicht einen Versuch machen. Soll ich?

Beide nicken.

Hellinger stellt Mercedes in die Mitte und hinter sie Stellvertreterinnen für ihre Mutter, ihre Großmütter und ihre Urgroßmütter.

Bild 1

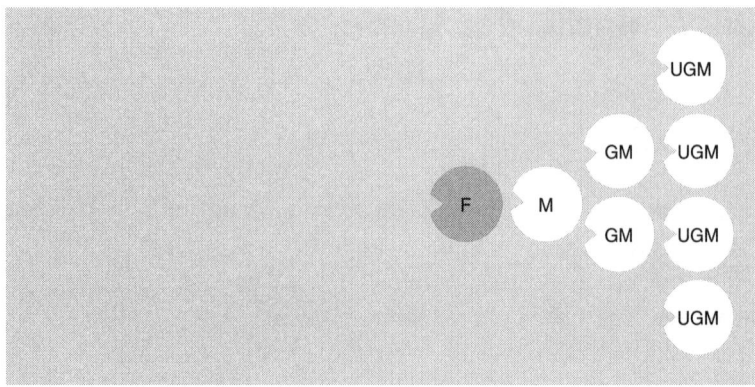

F	**Frau (= Mercedes)**
M	Mutter
GM	Großmutter
UGM	Urgroßmutter

Die Frauen hinter Mercedes legen ihre Hände auf die Frauen vor ihnen. So verbleiben sie längere Zeit.

HELLINGER *nach einer Weile zu Mercedes* Jetzt dreh dich um und schau sie alle an.

Bild 2

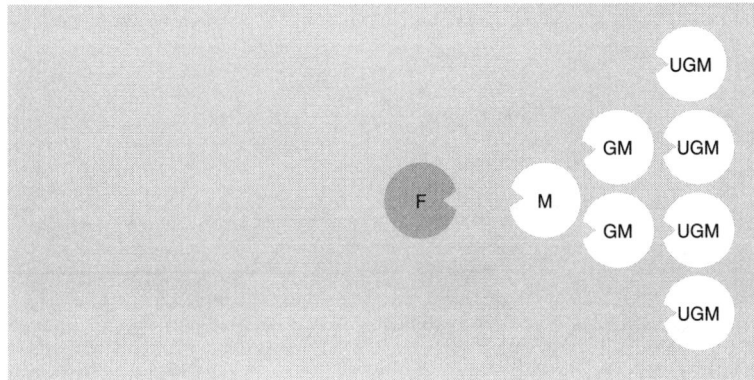

<small>HELLINGER</small> *zu Mercedes* Das sind lauter Frauen, die mit Männern umgehen konnten.

Nach einer Weile führt Hellinger Mercedes zu ihrer Mutter. Beide reichen sich die Hände. Dann bittet Hellinger die anderen Frauen, einen Kreis um sie zu bilden.

Bild 3

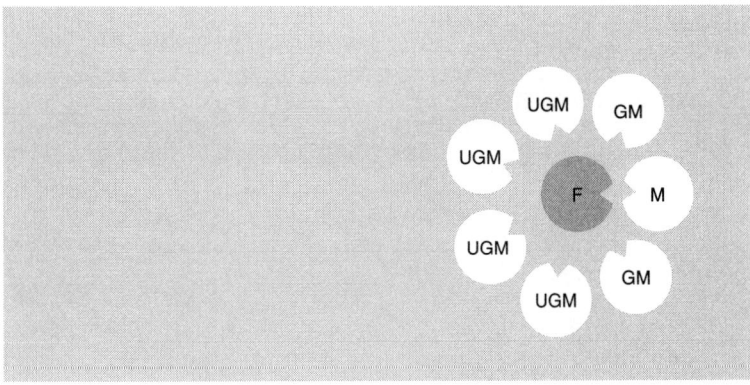

Die Frauen bilden einen engen Kreis um Mercedes und legen von hinten die Arme umeinander.

Inzwischen stellt Hellinger Carlos in die Mitte und hinter ihn sei-
nen Vater, seine Großväter und seine Urgroßväter

Bild 4

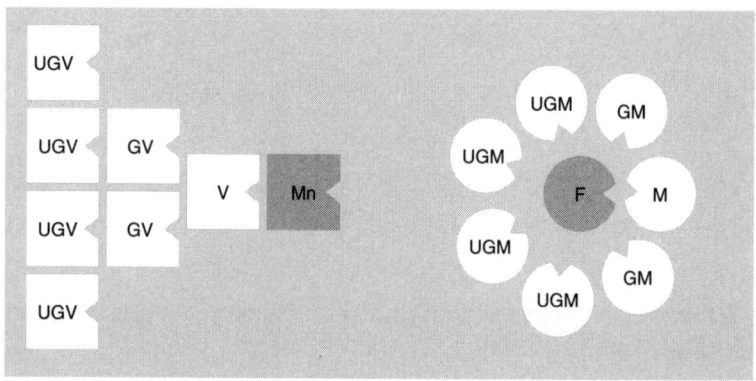

Mn	Mann (= Carlos)
V	Vater
GV	Großvater
UGV	Urgroßvater

Die Männer hinter Carlos legen ihre Hände auf die Männer vor ihnen.
So verbleiben sie längere Zeit.

HELLINGER *nach einer Weile zu Carlos* Jetzt dreh dich um und schau
sie alle an.

Bild 5

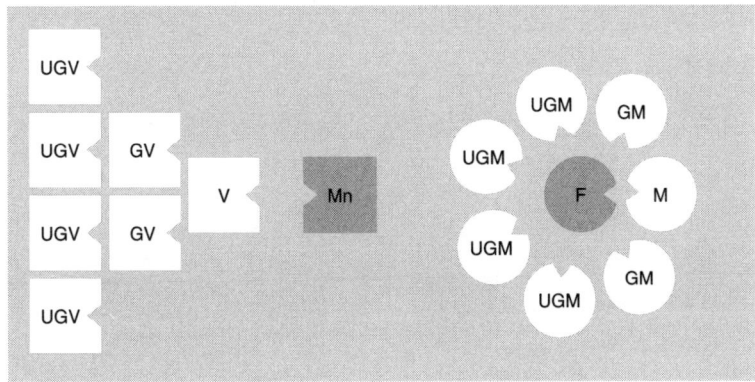

Carlos schaut sie lange an. Dann führt Hellinger ihn zu seinem Vater.
Beide umarmen sich innig.

HELLINGER *zu den Männern hinter Carlos* Geht näher heran und
macht einen Kreis.

Bild 6

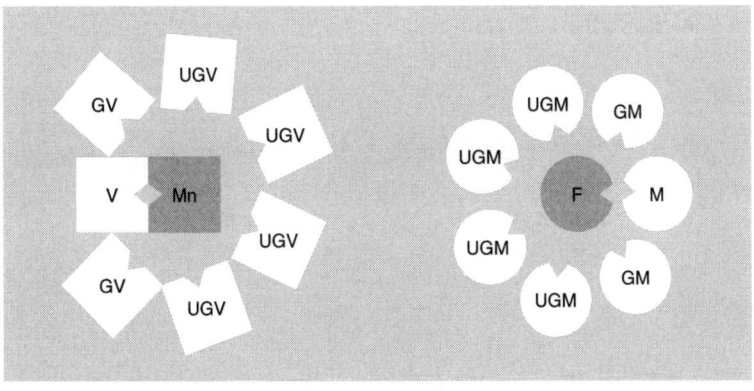

HELLINGER *nach einer Weile zu Mercedes* Schau all die Frauen an.
zu den anderen Frauen Jetzt stellt euch wieder hinter sie, wie am
Anfang.

zu Carlos und den anderen Männern Und ihr stellt euch wieder so hin wie am Anfang.

Bild 7

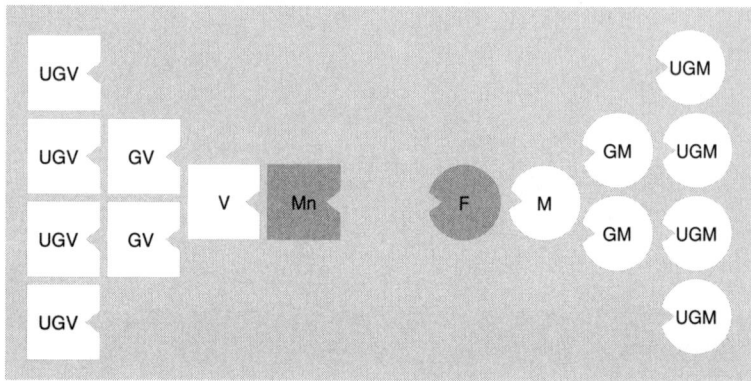

HELLINGER *nach einer Weile zu den Stellvertretern der Mütter und Väter* Jetzt schiebt ihr die beiden zueinander.

Die Ahnen schieben den Mann und die Frau zueinander. Diese umarmen sich und schauen sich dann in die Augen. Dabei wiegen sie sich leicht.

Bild 8

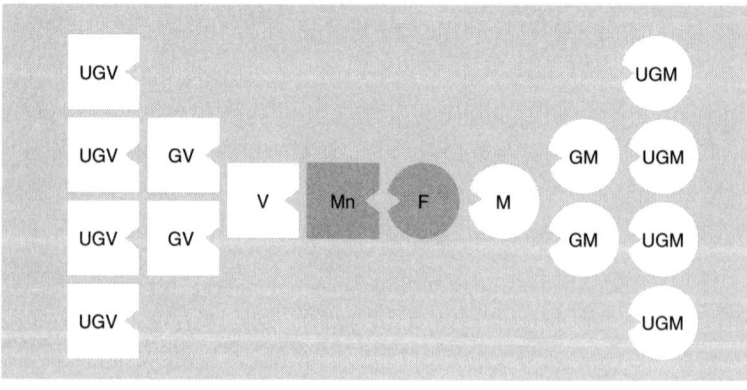

HELLINGER *nach einer Weile* Die Frau müsste jetzt dem Mann sagen (sie soll es aber nicht laut sagen): „Jetzt nehme ich dich zu meinem Mann, und du darfst mich haben als deine Frau." Und der Mann sagt ihr: „Ich nehme dich als meine Frau, und du darfst mich haben als deinen Mann." Dann schwingt in der Seele eine Melodie, wie ein Basso continuo. Die Melodie ist: „Ich nehme dich, ich nehme dich, ich nehme dich, und gebe mich, und gebe mich, und gebe mich." Das ist die Melodie der Liebe.

Carlos und Mercedes schauen sich lange in die Augen.

HELLINGER *nach einer Weile* Okay, das war's.

Carlos und Mercedes berühren sich an der Stirn. Dann wenden sie sich zu Hellinger und verneigen sich vor ihm.

HELLINGER *zur Gruppe* Ich möchte euch noch ein Geheimnis über die Liebe sagen. Die Liebe gedeiht, wenn sich die Partner gegenseitig etwas Wichtiges zugestehen: Jeder hat das Recht auf ein paar Sünden.

Alfonso und Esther
Täter und Opfer

ALFONSO Ich habe eine Frage in Bezug auf die Einführung, die du heute nachmittag gegeben hast, als es darum ging, dass einem Partner Unrecht zugefügt wird. Was ist, wenn in einer Paarbeziehung jeder der beiden Partner von einer anderen politischen Seite kommt? Ich rede vom Zweiten Weltkrieg, wo die eine Seite der anderen Unrecht zugefügt hat. Gibt es da irgendeine Lösung?

HELLINGER *zu Alfonso* Komm mal hierher. Hast du einen konkreten Fall im Auge?

ALFONSO Ja.

HELLINGER Was ist das?

ALFONSO Mein Großvater mütterlicherseits hat während des Zweiten Weltkriegs Juden an die Nazis ausgeliefert, und ich habe zwei Kinder mit einer Jüdin. Vom ersten Tag an, als ich sie kennen lernte, bis heute, 23 Jahre später, ist zwischen uns ein Krieg. Wir sind aber jetzt kein Paar mehr.

HELLINGER Soll ich es angehen?

ALFONSO Ja.

HELLINGER Habe ich die Erlaubnis des Großvaters, es anzugehen?

ALFONSO Ja.

HELLINGER Habe ich die Erlaubnis deiner Frau, es anzugehen?

ALFONSO Sie ist hier.

HELLINGER *zu Esther* Komm hierher.

Esther kommt nach vorne, umarmt Alfonso und küsst ihn. Dann setzt sie sich neben ihn.

HELLINGER *zu Alfonso* Wie viele Juden hat dein Großvater ausgeliefert?

ALFONSO Eine Gruppe, ich weiß nicht wie viele.

HELLINGER Ungefähr?

ALFONSO Es könnten vielleicht sechs gewesen sein.

HELLINGER Wo war das, in welchem Land?

ALFONSO Es war an der Grenze zwischen Spanien und Frankreich.

Hellinger wählt fünf Stellvertreter für die jüdischen Opfer, drei Frauen und zwei Männer, und stellt sie nebeneinander. Dann wählt er einen Stellvertreter für den Großvater und fragt ihn, ob er bereits ist, diese schwere Aufgabe zu übernehmen. Als er zustimmt, stellt er ihn den Opfern gegenüber.

Bild 1

GV Großvater, Vater der Mutter
O1 Erstes jüdisches Opfer, Frau
O2 Zweites jüdisches Opfer, Frau
O3 Drittes jüdisches Opfer, Frau
O4 Viertes jüdisches Opfer, Mann
O5 Fünftes jüdisches Opfer, Mann

Der Großvater und die Opfer stehen sich lange unbeweglich gegenüber. Dann sinken einige der Opfer zu Boden. Der Großvater streckt zögernd seine linke Hand nach ihnen aus, lässt sie aber sofort wieder sinken.

Dann geht das zweite Opfer ganz langsam auf ihn zu und schaut sich dabei manchmal nach hinten um. Als sie etwa einen Meter vor ihm steht, breitet sie beide Arme aus. Der Großvater geht einen kleinen Schritt auf sie zu und beginnt, sich langsam vor ihr zu verneigen. Sie lässt ihre Arme sinken und legt sie vor ihre Brust. Sie streichelt ihm mit beiden Händen das Haar, während er tief verneigt vor ihr steht. Dann geht sie näher, bis sein Kopf an ihrer Brust ruht und legt die Arme auf seinen Rücken. Er legt seine Arme an ihre Seite. Sie streichelt seinen Kopf, und er geht langsam in die Knie. Er verneigt sich ganz langsam, bis sein Kopf den Boden berührt. Das Opfer tritt einen kleinen Schritt zurück, und er streckt die Arme nach vorn aus, dabei berührt er ihre Füße. Nach einer Weile richtet er sich langsam auf und schaut ihr in die Augen. Sie streckt die Hände nach ihm aus, fasst seine Hände und zieht ihn langsam hoch. Als sie sich gegenüberstehen, schauen sie sich in die Augen. Sie halten sich noch bei den Händen, dann geht das Opfer auf ihn zu und sie umarmen sich lange. Nach einer Weile streckt der Großvater seine linke Hand nach den anderen Opfern aus. Das zweite Opfer wendet sich mit ihm den andern Opfern zu. Dabei halten sie sich noch von hinten umfasst. Dann gehen beide auf die anderen Opfer zu, die inzwischen alle auf dem Boden liegen.

Bild 2

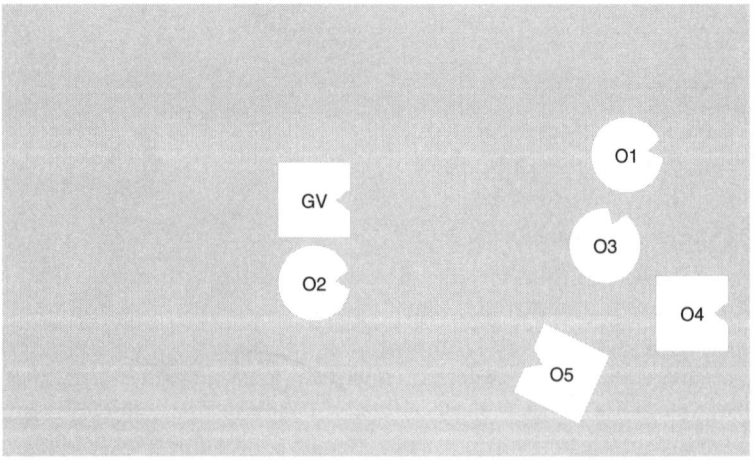

(N.B.: Wenn Personen auf dem Boden liegen, zeigt die Richtung der Kerbe in die Richtung des Kopfes.)

Das erste Opfer schlägt abwechselnd mit beiden Fäusten auf den Boden. Das fünfte Opfer hat sich aufgekniet und verneigt sich daraufhin bis auf den Boden. Der Großvater geht zum ersten Opfer, schaut es lange an, geht dann in die Knie, verneigt sich tief und beginnt laut zu schluchzen. Daraufhin hört das erste Opfer auf, mit den Fäusten auf den Boden zu schlagen. Es legt eine Hand auf den Arm des Großvaters. Dann legt es die Arme auf die Brust und schließt die Augen. Inzwischen hat sich auch das zweite Opfer auf den Boden gelegt. Das fünfte Opfer hat sich aufgerichtet und schaut hinüber zum Großvater.

Bild 3

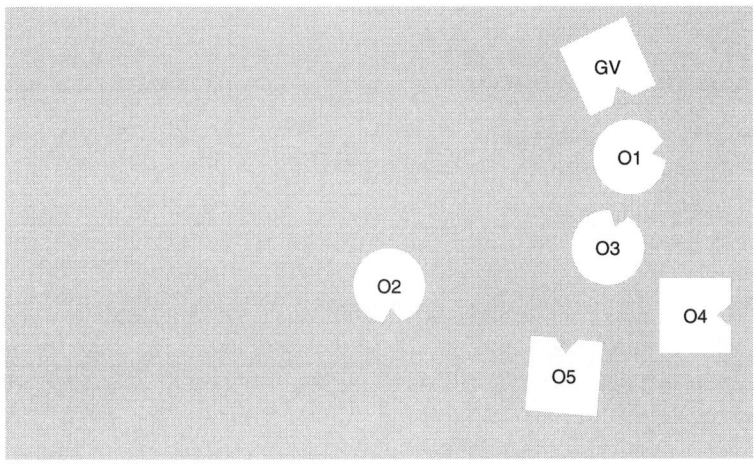

Hellinger führt Alfonso, der laut schluchzt, in die Konstellation und stellt Esther neben ihn.

HELLINGER *zu Esther* Wie viele Kinder habt ihr?
ESTHER Zwei.
HELLINGER Mädchen oder Jungen?
ESTHER Mädchen.

Hellinger wählt zwei Stellvertreterinnen für die Kinder und stellt sie neben die Eltern.

Bild 4

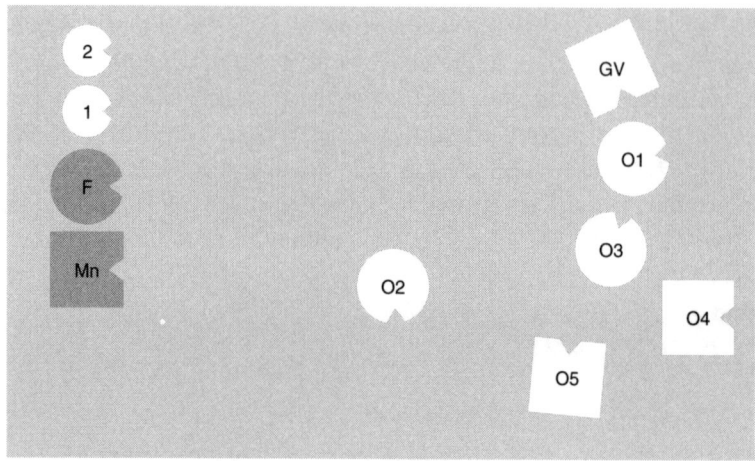

Mn   **Mann (= Alfonso)**
F   **Frau (= Esther)**
1   Erstes Kind, Tochter
2   Zweites Kind, Tochter

Hellinger führt Esther neben den Großvater ihres Mannes. Sie kniet sich neben ihn und verneigt sich mit ihm vor dem ersten Opfer. Beide fassen sich bei der Hand. Dann legt sie den Arm um ihn und streichelt seinen Kopf. Der Großvater legt sich nun flach auf den Boden. Die dritten, vierten und fünften Opfer haben sich inzwischen aufgesetzt. Das zweite Kind weint. Auch Alfonso weint.

Bild 5

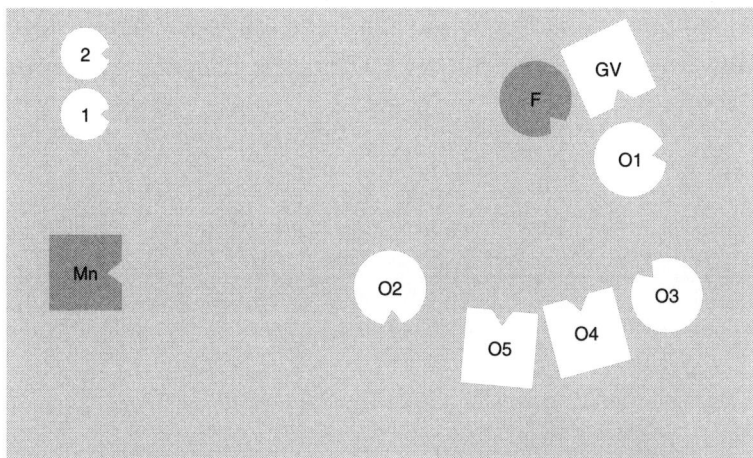

Der Großvater legt sich links neben das erste Opfer. Die dritten, vierten und fünften Opfer sind aufgestanden. Dann führt Hellinger Esther vor Alfonso.

Bild 6

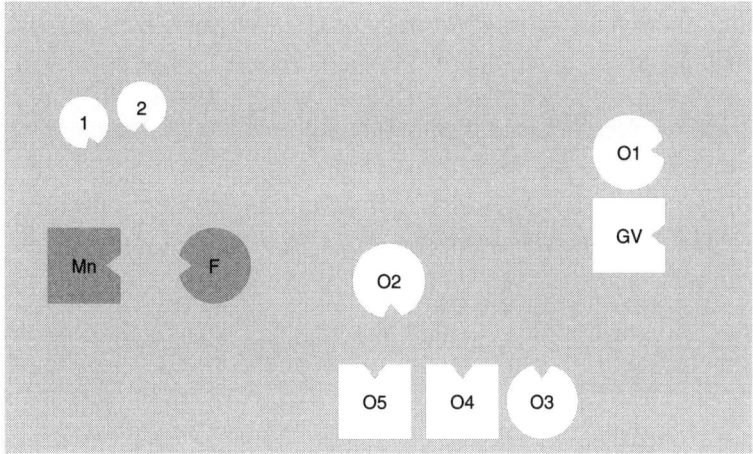

Alfonso faltet weinend die Hände und verneigt sich vor ihr. Er geht langsam in die Knie, verneigt sich bis auf den Boden und weint laut. So verbleibt er lange. Die Kinder halten sich von hinten umfasst. Nach einer Weile geht Esther zu den Kindern und führt sie mit sich vor Alfonso.

Bild 7

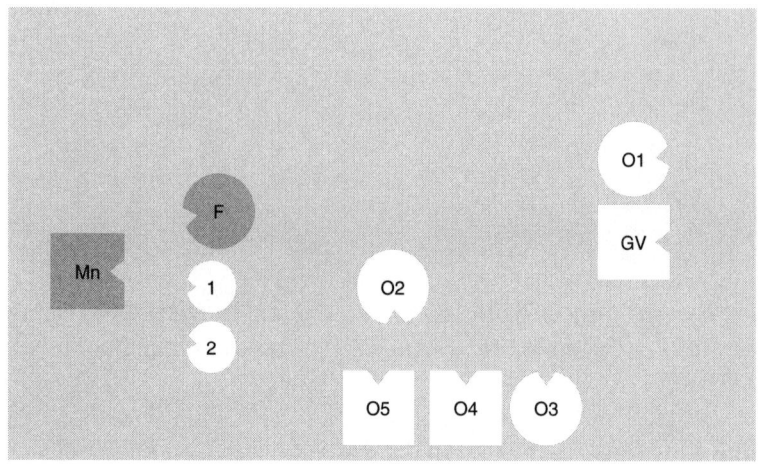

HELLINGER *nach einer Weile zu Alfonso* Jetzt richte dich auf, und steh auf.

Er steht auf und schaut auf seine Frau und seine Kinder. Diese schauen sich gegenseitig an.

HELLINGER *nach einer Weile zu Esther* Sag ihnen: „Hier war ich der Täter."
ESTHER Hier war ich der Täter.
HELLINGER Sag deinem Mann: „Und du warst das Opfer."
ESTHER Und du warst das Opfer.

Alfonso atmet tief.

80

HELLINGER *zu Alfonso* Stark bleiben.

HELLINGER *zur Gruppe* Das ist die seltsame Umkehr. Wenn ein Täter nicht geachtet wird, wird er gerade von denen vertreten, die meinen, sie vertreten die Opfer. Deswegen gibt es in vielen jüdischen Familien ein Kind, das die Täter vertreten muss.

auf Esther weisend Sie ist so ein Kind, das die Täter vertritt. Und er vertritt die Opfer.

zu den Kindern Jetzt stellt ihr euch mal zur Seite.

Bild 8

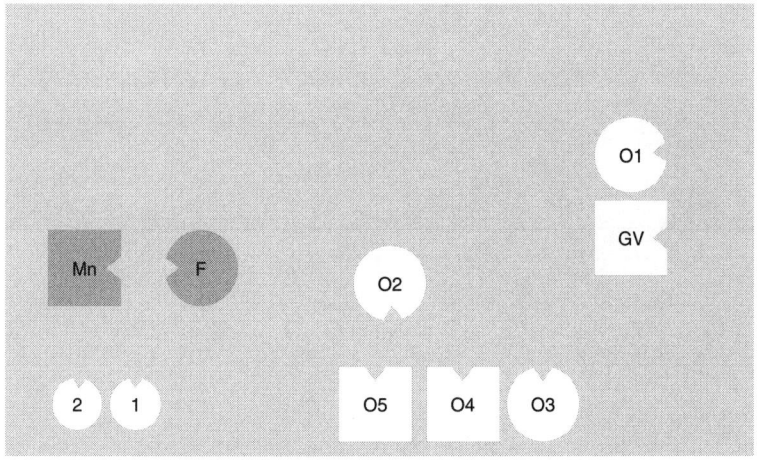

Alfonso und Esther stehen sich gegenüber und reichen sich die Hände.

HELLINGER *nach einer Weile zu Alfonso* Sie wird nur weich, wenn du sie so liebst, wie vorher dieses eine Opfer den Täter geliebt hat.

Sie halten sich weiterhin bei den Händen. Dann geht Alfonso auf Esther zu und umarmt sie. Esther aber bleibt hart. Sie löst sich sofort aus der Umarmung und will etwas zu Hellinger sagen.

HELLINGER Noch nicht, später.

Hellinger führt Esther zum Großvater von Alfonso.

HELLINGER *zu Esther* Du gehörst dahin. Leg dich neben den Großvater.

zu Alfonso Du drehst dich um.

zu den Kindern Und ihr stellt euch neben euren Vater.

Bild 9

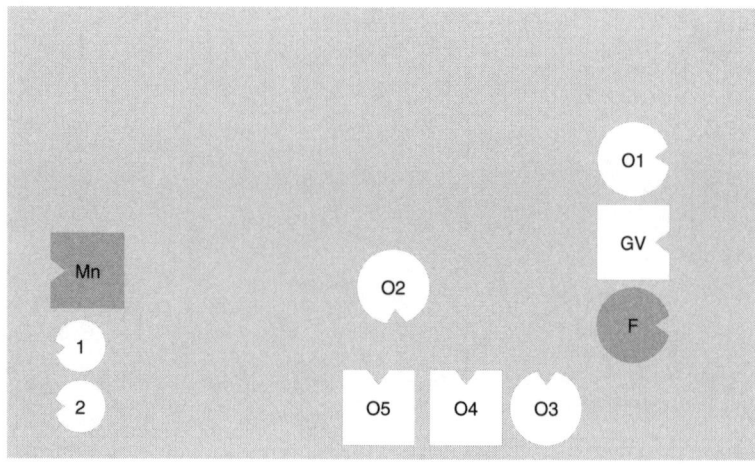

HELLINGER *nach einer Weile zur Gruppe* Ich möchte dazu noch etwas erklären: Die wirklichen Opfer und die wirklichen Täter finden
zueinander. Die, die keine Opfer waren, sich aber die Rechte anma-
ßen, die nur die Opfer haben können, die sind unversöhnlich und
werden zu Tätern. Das ist die merkwürdige Umkehr. Wir konnten sie
hier sehen.

HELLINGER *zu einigen der Opfer* Wie geht es euch, wenn sie da liegt?

DRITTES OPFER Besser, aber mein Blick richtet sich auf sie.

HELLINGER Was ist, wenn du auf sie schaust?

DRITTES OPFER Es ist das Bedürfnis da, dass sie in ihrem Herzen
Frieden schließt.

HELLINGER *zum vierten Opfer* Was ist bei dir, wenn du sie anschaust?

VIERTES OPFER Ich sehe, dass sie leidet.

FÜNFTES OPFER Ich würde gerne näher gehen.
HELLINGER Tu das.

*Er geht und kniet sich zu ihr. Auch das dritte und vierte Opfer knien
sich zu ihr und legen ihre Hände auf sie.*

Bild 10

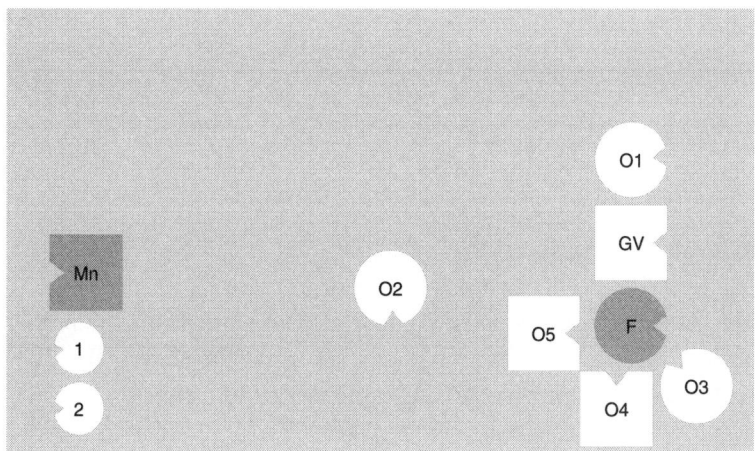

HELLINGER *nach einer Weile zur Gruppe* Diese Toten haben keinen
Frieden, weil sie dazwischen liegt. Sie haben alle die Augen offen.
Das ist kein Platz, der ihr gemäß ist. Sie stört den Frieden der Toten.
Ich unterbreche es hier.
HELLINGER *zu Esther* Wie geht es dir jetzt?
ESTHER Mit wem ich mich identifiziert fühlte, war mit ihr *(dem zwei-
ten Opfer)*. Ich verstehe nicht, was du über den Täter gesagt hast.
HELLINGER Warte noch ein bisschen. *Er legt seine Finger an ihr Brust-
bein.* Gib deiner Seele eine Chance.
ESTHER Ich habe vor einem Jahr bei dir aufgestellt, ich identifiziere
mich mit den Opfern.
HELLINGER Du identifizierst dich mit den Tätern, das ist der Irrtum.
Du meinst, du vertrittst die Opfer, handelst aber wie ein Täter. Das
ist die bittere Wahrheit.
ESTHER Aber die Wirklichkeit ist eine andere.

HELLINGER Ich schaue auf das, was hier abgelaufen ist. Was sonst ist, weiß ich nicht. Hier war es ganz klar, es war völlig klar.

zum Stellvertreter des Großvaters Steh auf. Ich mache jetzt mit dir noch eine Übung, die dir hilft, aus der Identifizierung herauszukommen. Stell dir vor, dass der wirkliche Großvater vor dir steht, und verneige dich ganz leicht vor ihm, ganz leicht.

als er sich verneigt hat Und jetzt drehst du dich weg und bist wieder du selbst.

Der Stellvertreter lacht.

HELLINGER Okay, danke.

Rückmeldungen

HELLINGER *zur Gruppe* Ich möchte jetzt noch einmal zurückkommen auf die letzte Aufstellung. Ich glaube, es ist wichtig zu erfahren, was in den einzelnen Stellvertretern vorgegangen ist.

zum ersten Opfer Was ist bei dir gewesen?

ERSTES OPFER Ich habe mich am Anfang sehr wütend gefühlt. Da war viel Zorn und Spannung, und ich habe mich vergewaltigt gefühlt. Was danach passiert ist, weiß ich nicht. Ich habe mich dann entspannt. Ich habe loslassen können und bin im Frieden geblieben.

ZWEITES OPFER Als ich ihn zuerst gesehen habe, habe ich eine große Wut gespürt. Ich musste irgendwie die Gruppe verteidigen. Trotzdem habe ich das Bedürfnis gespürt, auf ihn zuzugehen. Als nur noch zwei oder drei Schritte fehlten, habe ich für ihn große Liebe verspürt, viel Liebe.

DRITTES OPFER Ich habe mich gefoltert gefühlt. Die Beine haben gezittert und ich bin hingefallen. Das Herz hat richtig geklopft. Danach habe ich Frieden gefühlt. Als wir dann aufgestanden sind – ich hatte das Bedürfnis wieder aufzustehen. Dann war mein Blick ganz fix auf sie gerichtet *(auf Esther)* mit dem starken Bedürfnis, dass sie Frieden finden möge, damit auch wir Frieden haben können.

VIERTES OPFER Ich habe ihn am Anfang fix angestarrt. Langsam habe ich die Wirklichkeit annehmen und mich fallen lassen können.

Ich habe sehr viel Angst gespürt und war sehr einsam. Ich war die ganze Zeit sehr unruhig und hatte das Bedürfnis, mit anderen beisammen zu sein.

FÜNFTES OPFER Mich hat der Hass überrascht, den ich plötzlich im Blick gespürt habe. Ich war wie angewurzelt mit ganz viel Hass. Die Schmerzen, die ich im Hals, im Nacken und ich ganzen Körper hatte, haben mich dazu gezwungen, mich zu krümmen. Ich versuchte, eine Position zu finden, die mir nicht weh tat. Plötzlich habe ich gesehen, die einzige Position, in der ich mich ohne Schmerzen fühlen konnte, war, mich ihm zu ergeben. Was ich auch noch gefühlt habe, war, dass ich einen großen Widerstand hatte, mich endgültig zu ergeben. Ich habe die Unterstützung eines anderen Menschen gebraucht, um das tun zu können. Von ihm habe ich dann Kraft bekommen. Die letzte Geste war dann, diese Last abzuwerfen und mich zu befreien.

STELLVERTRETER DES GROSSVATERS Am Anfang spürte ich große Verachtung. Ich habe sie unterlegen gesehen, klein. Als das eine Opfer auf mich zugekommen ist, war mein erster Impuls, sie zur Seite zu schieben. Aber ich konnte es nicht. Es war wie eine Konfrontation. Ihre Liebe hat mich schließlich in den Schmerz fallen lassen. Das war die tiefste Verzweiflung, die ich bisher in meinem Leben gespürt habe. Ich hatte das Bedürfnis, mich vor ihr hinzuknien. Dann habe ich auf die anderen Opfer geschaut. Ich spürte eine große Trauer und einen großen Schmerz, vor allem auf sie hin. Dabei bin ich noch tiefer in den Schmerz und in die Verzweiflung hinein gefallen. Ich hatte einen großen Respekt vor den Opfern, ich konnte mich ihnen kaum nähern, ich brauchte dazu die Erlaubnis des Opfers, das auf mich zugekommen war. Mit dieser Erlaubnis, mit diesem Schub, konnte ich schließlich auf das andere Opfer zugehen. Es war ganz klar, ich musste mich vor ihr niederwerfen mit viel Schmerz und Trauer. Das war sehr hart. Dann konnte ich auf die anderen zugehen, aber auch nur mit sehr viel Schmerz. Ich hatte sehr viele Bilder. Ich kann sie nicht wirklich einordnen, aber es sind Bilder des Leidens. Zum Schluss konnte ich mich endlich neben das eine Opfer legen, aber mein Geist war noch unruhig. Ich habe den Frieden, den vollständigen Frieden, nicht finden können. Das alles war sehr hart.

HELLINGER *zum zweiten Kind* Was war bei dir?

ZWEITES KIND Ich habe mich mit meiner Schwester ausgeschlossen gefühlt. Dann hat es mich sehr bewegt, als der Urgroßvater zu den Opfern gegangen ist. Ich habe ein starkes Mitgefühl mit Urgroßvater und den Opfern gehabt. Als die Mutter dem Vater gegenüberstand, habe ich große Hoffnung gehabt, dass sie nachgibt. Ich hatte das Gefühl, dass sie einen Schlüssel in der Hand hat. Doch sie war einfach versteinert. Dadurch habe ich mich mit meiner Schwester auch nicht angenommen gefühlt. Ich habe das Bedürfnis gehabt, ihr zu sagen: „Wir sind auch seine Kinder." Als wir uns dann umgedreht haben, habe ich große Erleichterung gespürt, aber es war trotzdem alles unvollständig. Nicht direkt so, dass mir die Mutter gefehlt hat, aber es war einfach unvollständig.

ERSTES KIND Für mich war es das Gefühl, dass das alles zu viel für mich ist, zu groß. Ich musste unbedingt zu meiner Schwester, damit sie mich beschützt. Ich hatte auch das Bedürfnis, dass meine Eltern mir sagen, was ich tun soll, denn das war alles zu groß für mich. Am Ende habe ich aber auch gefühlt, dass mein Vater unschuldig war. Er war nicht schuldig.

HELLINGER *zu diesen Stellvertretern* Danke.

Was Opfer und Täter versöhnt

HELLINGER *zur Gruppe* Ich möchte noch ausführlicher über diese Aufstellung sprechen und über das, was durch sie ans Licht kommt.

Das Erste, was ans Licht kommt, ist: Mit dem Tod ist das Sterben noch nicht vorbei. Das Sterben ist ein langer Prozess, und es dauert für einige sehr lange, bis sie zum Frieden kommen. Am längsten dauert es für die Täter, das konnte man hier sehen. Der Täter war von allen am ärmsten dran. Wenn man das Ganze im Blick hat, war er das Opfer, das am meisten gelitten hat und am meisten leiden muss. Der Täter kommt erst zum Frieden, wenn er neben den toten Opfern liegt. Aber er kann dort nicht von sich aus hin. Nur wenn die Opfer ihm bei sich einen Platz geben, kann er zu ihnen hin.

zur Stellvertreterin des zweiten Opfers Das war hier wunderbar dargestellt, als du auf ihn zugegangen bist. Erst als du ihn geliebt hast, konnte er nachgeben. Erst in dem Augenblick wurde er ein Mensch, ein Mensch wie alle anderen.

zur Gruppe Stellt euch vor, was wir Menschen antun, von denen wir sagen, sie seien Täter. In Deutschland bezieht sich das zum Beispiel auf die SS und in Spanien auf den Bürgerkrieg von der einen Partei gegenüber der anderen. Auch da gibt es viele Vorwürfe. Die Mitglieder der einen Partei werden als Täter angeschaut, werden verachtet. Man gesteht ihnen nicht zu, dass auch sie Menschen waren und zugleich auch Opfer. Nicht nur Täter, sondern auch Opfer.

Dieser Vorgang, also dieses Anschauen des anderen als Mensch, ist erst möglich, wenn wir von der Unterscheidung zwischen gut und böse Abstand genommen haben. Unter dem Einfluss unseres Gewissens unterscheiden wir zwischen Guten und Bösen und zwischen Schuld und Unschuld. Diese Unterscheidung ist wichtig in einem ganz bestimmten engen Kontext. Sie ist wichtig für ein Kind, weil es unter dem Einfluss seines Gewissens wahrnehmen kann, was es tun oder lassen muss, damit es mit zur Familie gehören darf.

Gut ist für das Kind und für das Gewissen alles, was uns mit der Familie verbindet. Und böse oder schlecht ist für das Kind und für das Gewissen alles, was die Zugehörigkeit zur Familie gefährdet. In dieser Hinsicht ist die Unterscheidung von gut und böse wichtig.

Aber, wie ihr wisst, jede Familie ist anders, und jede Gruppe ist anders. Wenn ich das Beispiel des spanischen Bürgerkriegs nehme, dann hat jede Seite mit gutem Gewissen die andere bekämpft. Die Täter auf der einen Seite hatten ein gutes Gewissen, wenn sie die anderen umgebracht haben, und die Täter auf der anderen Seite hatten ein gutes Gewissen, wenn sie die anderen umgebracht haben. Alles mit gutem Gewissen. Alle schlimmen Taten werden mit gutem Gewissen vollbracht. Deswegen sind die Gewissenhaften oft die gefährlichsten. Man kann sie für alles gebrauchen.

Aber jeder ist eingebunden in sein System. Solange die Einzelnen in diesem Sinne ihrem Gewissen folgen, hört der Krieg nicht auf.

Was ist hier die Lösung? Wir müssen jenseits der Unterscheidung von gut und böse auf etwas anderes schauen. Ich sage das mal ganz brutal: Kein Mensch kann einen anderen umbringen, als hätte er den

Tod des anderen in seiner Hand. Wenn er jemanden umbringt, ist er nur der Henker von etwas anderem, das hinter ihm wirkt. Er ist ein ausführendes Organ. Erst wenn wir das anschauen, was dahinter wirkt, können wir die Unterscheidung von gut und böse aufgeben.

Das Licht

Ich mache in einer Gruppe manchmal eine Übung, um das in die Seele zu senken.

Jemand, der sich gerecht fühlt oder sich berechtigt fühlt, die so genannten Bösen zu bestrafen und zu bekämpfen, einer, der meint, er sei aufgerufen, die Welt zu verbessern, geht ins Reich der Toten. Ein Nachkomme der Opfer des Holocaust zum Beispiel, der sich auf diese Weise im Recht fühlt, sieht im Reich der Toten die sechs Millionen Opfer des Holocaust. Er stellt sich in ihre Mitte, schaut nach vorn, nach rechts, nach links, nach hinten, sieht die sechs Millionen ermordeten Opfer. Und am Rande der sechs Millionen Opfer sieht er ihre Mörder, auch sie alle tot. Da ist kein Unterschied mehr zwischen den einen und den anderen.

Dann stehen sie alle auf, die Ermordeten und ihre Mörder, und wenden sich zum Horizont. Dort, unterhalb des Horizonts, scheint ein Licht auf. Sie sehen nur den Schein. Dann verneigen sie sich vor diesem Licht und bleiben vor ihm in Andacht still. Auch der, der dorthin zu diesen Toten ging, verneigt sich mit ihnen.

Dann lässt er die Toten in ihrer Andacht, wendet sich um, kommt zurück ans Licht, schaut auf die Erde, wie sie ist, und ist dann klein geworden zwischen allen anderen Menschen.

Das wäre ein Bild, das uns hilft, aus der Unterscheidung von gut und böse auszusteigen, um mit etwas Größerem in Verbindung zu kommen.

Das, was uns zu diesem Größeren hinführt, ist die große Seele, eine Seele, an der wir alle gleichermaßen Anteil haben und die alle gleichermaßen trägt, Gute und Böse.

Hier, in dieser Arbeit, zeigt sich, wenn wir Ehrfurcht haben, diese Seele in den Bewegungen, durch die sie den Einzelnen leitet, und durch die sie uns vor Augen führt, was wirklich zählt. Das konnten wir hier sehen.

Die Klarheit

HELLINGER *zur Gruppe* Ich möchte noch eine Erfahrung mitteilen, die ich in der Arbeit mit Psychose-Patienten gemacht habe. Vor allem bei Schizophrenie kann man sehen, dass Schizophrenie oft entsteht, weil jemand gleichzeitig mit einem Opfer identifiziert ist und mit einem Täter. Ich kann mir vorstellen, dass in dieser Familie die Kinder in Gefahr sind, verwirrt zu werden, weil etwas für sie nicht zusammengeht. Wie man damit umgeht, möchte ich hier demonstrieren.

Hellinger wählt jemand für ein Kind und nimmt dafür die Stellvertreterin des ersten Kindes aus der Aufstellung. Dann wählt er den Stellvertreter des Großvaters als Vertreter für einen Täter und die Stellvertreterin des ersten Opfers als Vertreter für ein Opfer, weil sie dem Täter am meisten böse war. Dann stellt er sie auf.

Bild 11

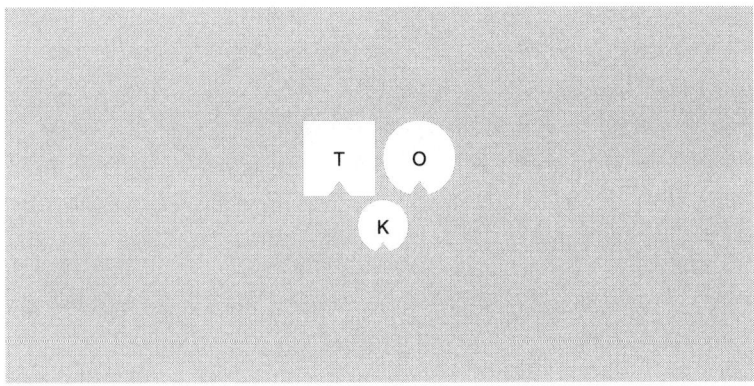

T   Täter
O   Opfer
K   Kind

Hellinger bittet das Kind, sich mit dem Rücken an den Täter und das Opfer zu lehnen und sie beide in sich zu einer Einheit zusammenzufließen zu lassen. Das Kind hält die linke untere Handfläche über die obere rechte Handfläche, kann sie aber nicht zusammenbringen.

HELLINGER *zur Gruppe* Die Hände zeigen genau die innere Bewegung. Sie kommen nicht zusammen.
zum Kind Die Übung geht so: Du drehst dich jetzt um und legst die Arme um beide.

Bild 12

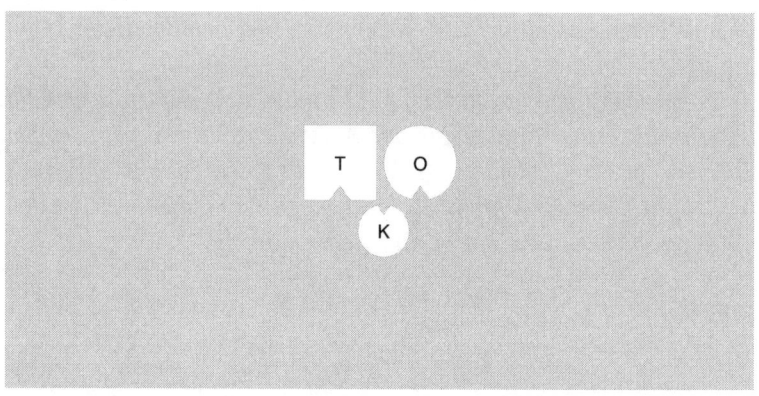

Das Kind legt die Arme um beide. Das Opfer legt seinen Arm um das Kind, nach einigem Zögern macht das auch der Täter. Dann legt der Täter einen Arm auch um das Opfer. So verbleiben sie für eine Weile. Dann fasst das Kind das Opfer und den Täter jeweils am Oberarm, als wolle es sie noch näher zusammenführen.

HELLINGER *zum Kind* Nimm jetzt beide in dein Herz, sowohl den Täter wie das Opfer, beide mit gleicher Liebe. Tief atmen.
nach einer Weile Jetzt drehst du dich um und lehnst dich mit dem Rücken an beide an.

Bild 13

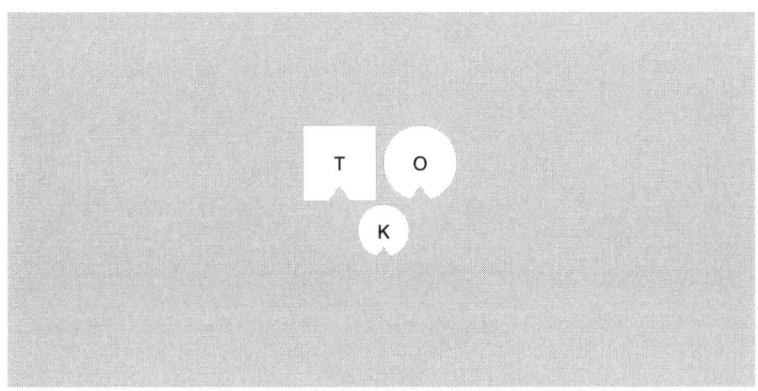

*Das Kind dreht sich um und hält nach rückwärts mit seinen Händen
Kontakt zu den Händen des Opfers und des Täters.*

HELLINGER *zum Kind* Tief atmen.
nach einer Weile Jetzt gehst du etwas nach vorn.
zum Täter und zum Opfer Und ihr schaut euch an.

HELLINGER *nach einer Weile zum Kind* Jetzt schaust du noch mal zurück, drehst dich um und gehst noch weiter nach vorne.

Als sie nach vorne geht, umarmen sich Opfer und Täter.

Bild 14

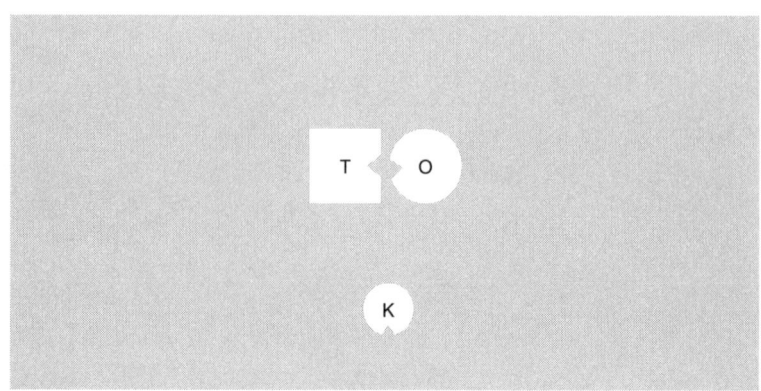

HELLINGER *zum Kind* Wie geht es dir?
KIND Besser.
HELLINGER Okay, danke.

HELLINGER *zur Gruppe* Das ist eine wichtige Übung im Umgang mit Schizophrenie. Ich möchte die Feinheiten, auf die es hier ankommt, noch genauer erklären.

Erst werden Opfer und Täter nebeneinander gestellt, und die verwirrte Person lehnt sich mit dem Rücken an sie an. Dann beobachtet man die Wirkung. Danach dreht sich diese Person um, legt die Arme um beide und gibt ihnen gleichermaßen einen Platz im Herzen, sowohl dem Opfer wie dem Täter, sodass sie in ihr zu einer Einheit zusammenfließen. Dann dreht sie sich wieder um und lehnt sich mit dem Rücken an beide. Jetzt hat sie sie hinter sich, aber so, dass sie in ihrem Herzen bereits eins geworden sind. Dann geht sie einige Schritte nach vorn.

Es ist es wichtig, dass auch der Täter und das Opfer sich anschauen, sodass sie in Liebe zueinander finden. Das gelingt ihnen in der Regel, man konnte das hier sehen. Es war durch die Aufstellung von vorher schon vorbereitet, deswegen war es hier auch leichter. Dann dreht sich die verwirrte Person noch einmal um und sieht, was sich zwischen Täter und Opfer an Versöhnung abspielt. Dann kann sie sich umdrehen und beide hinter sich lassen. Das wäre es, auf was man bei dieser Übung achten muss.

zu Esther Für dich wäre das eine gute Übung.

ESTHER Ich glaube, ich habe sie schon gemacht.

HELLINGER Äußerlich. Ich will dir noch was sagen: Meine Beobachtung ist, wenn jemand mit den Opfern auf der einen Seite identifiziert ist und sich daraus sozusagen das Recht nimmt, auf andere böse zu sein, dann wird er meistens auch selber schuldig wie ein Täter. Das wäre noch von dir anzuschauen, ganz persönlich, bis du zum Frieden kommst.

nach einer Weile Ich sehe, das ist schön in deine Seele rein gegangen.

Pablo und Elena
Die Gewalt

HELLINGER Welches Paar möchte arbeiten?

Pablo und Elena setzen sich neben Hellinger.

HELLINGER Ich freue mich jetzt auf etwas Gewöhnliches.
HELLINGER *zu Pablo* Um was geht es?
PABLO Ich weiß nicht, ob das normaler ist. Ich bin ziemlich gewalttätig und werde sehr böse. Ich gehe sehr leicht über meine Grenzen.
HELLINGER Ach, so einer bist du?
PABLO So sieht es aus.
HELLINGER Ich nehme dich mal mit.

Hellinger stellt ihn in die Mitte.

HELLINGER *zur Gruppe* Wer ist gewalttätig? Wie wird ein Mann gewalttätig? – Wenn er für seine Mutter kämpft.
zu Pablo Stimmt das?
PABLO Ja.
HELLINGER Sollen wir dich mal reduzieren?
Pablo lacht Dich zu einem gewöhnlichen Mann machen?
Pablo nickt Okay, dann wählen wir jemanden aus für deine Mutter.

Hellinger wählt eine Stellvertreterin für Pablos Mutter und stellt sie ihm gegenüber.

Bild 1

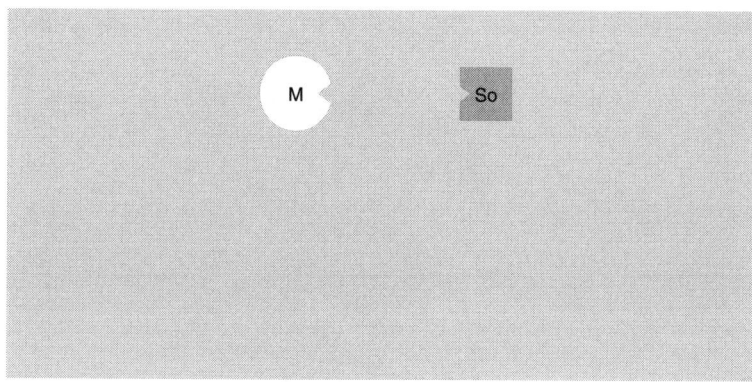

M   Mutter
So   **Sohn (= Pablo)**

Hellinger wählt einen Stellvertreter für Pablos Vater und stellt ihn seiner Mutter gegenüber.

Bild 2

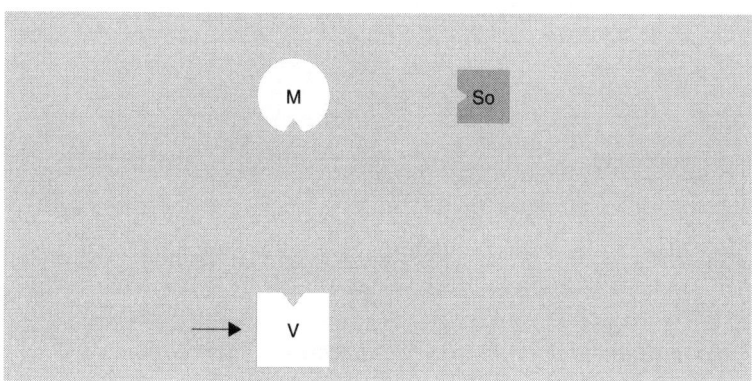

V   Vater

Die Mutter schaut zum Sohn und dann zum Mann. Als Pablo sich zu seinem Vater dreht, führt Hellinger ihn zwischen die Mutter und ihn.

Bild 3

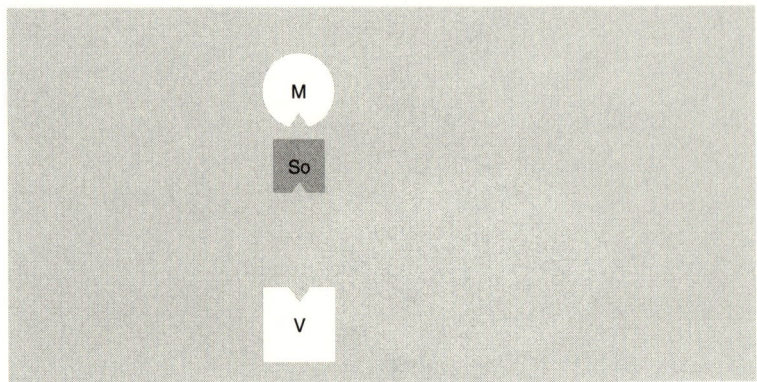

Hellinger führt Pablo vor seinen Vater.

Bild 4

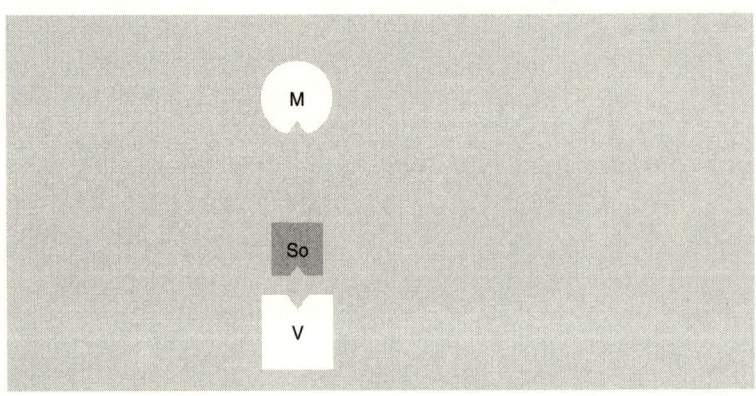

Pablo wird unruhig und stellt sich dann neben seinen Vater.

Bild 5

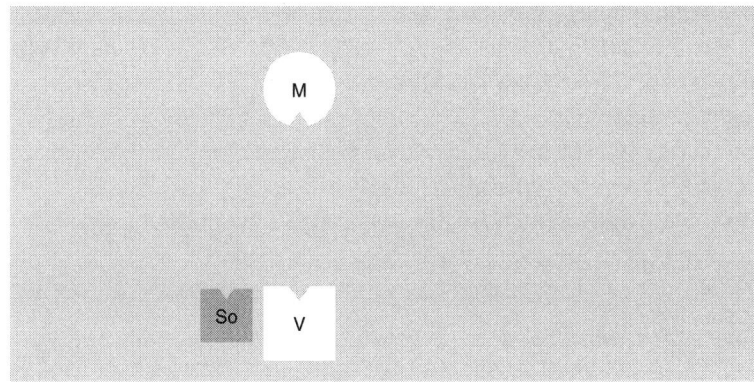

HELLINGER Ach so?
nach einer Weile zu Pablo Sag deiner Mutter: „Er ist größer."
PABLO Er ist größer.

Pablo legt seinen Arm um seinen Vater, als wolle er ihn beschützen.

HELLINGER Nein, nein.
zur Gruppe Jetzt hat er den Großen gespielt.
zu Pablo Setz dich mit dem Rücken vor deinen Vater.

Bild 6

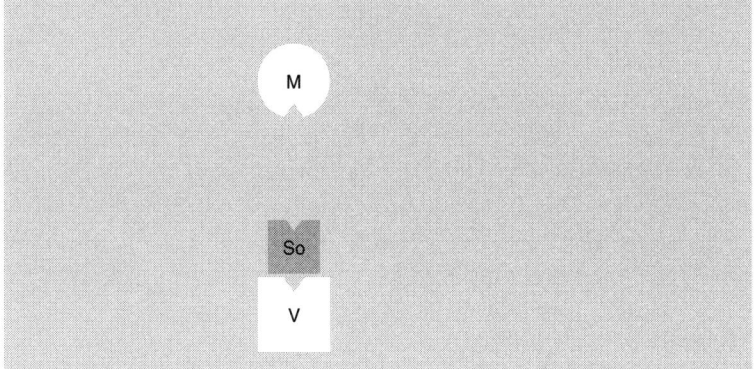

HELLINGER *zur Gruppe* Jetzt ist er Kind.

zu Pablo Wie geht es dir da unten?

PABLO Ziemlich gut, fröhlich.

HELLINGER Wie geht es der Mutter?

MUTTER Gut.

HELLINGER Sag ihm: „Du bist doch der Kleine."

MUTTER Du bist doch der Kleine. *Sie lacht.*

HELLINGER *zu Pablo* Okay, das war's. Das war die Heilung von der Gewalttätigkeit, eine ganz einfache.

Pablo und die Stellvertreter setzen sich wieder.

HELLINGER *zu Pablo* Jetzt kommt der nächste Schritt. Soll ich das machen?

PABLO Ja.

HELLINGER *zu Elena* Ist es für dich auch okay, wenn ich den nächsten Schritt mache?

ELENA Ja.

Hellinger stellt Pablo und Elena einander gegenüber.

Bild 7

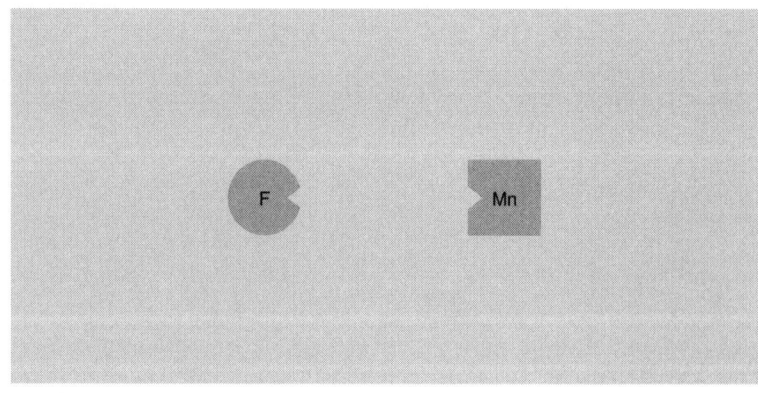

Mn Mann (= Pablo)

F   Frau (= Elena)

98

HELLINGER *zu Pablo* Verneige dich vor ihr ganz leicht. Schau sie an und sag ihr: „Ich achte dich als meine Frau."
PABLO Ich achte dich als meine Frau.
HELLINGER „Ich achte deine Würde."
PABLO Ich achte deine Würde.
HELLINGER *zu Elena* Sag ihm: „Bitte schütze mich."
ELENA Bitte schütze mich.
HELLINGER Schau ihn dabei an.
ELENA Bitte schütze mich.

Pablo geht auf sie zu und umarmt sie. Sie lässt aber ihren rechten Arm hängen, hält mit der Hand krampfhaft ihr Kleid fest und sinkt dann zu Boden. Pablo hält sie. Dann geht sie in die Knie und will sich hinlegen. Pablo hält sie an seiner Brust. So verbleiben sie lange. Dann setzt sich Elena auf und verbirgt ihren Kopf in ihrem rechten Arm. Dazwischen schaut sie zu Pablo und schüttelt den Kopf. Pablo scheint hilflos. Dann schauen sie sich an und halten sich bei der Hand.

Bild 8

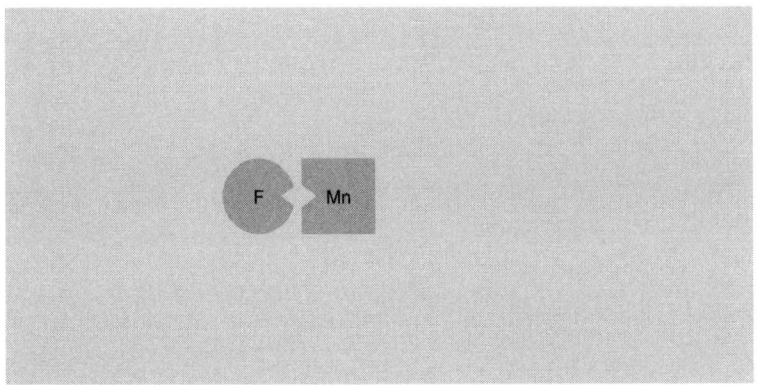

HELLINGER *zu Elena* Sag ihm: „Halte mich, damit ich bleibe."
ELENA *seufzt tief* Halte mich, damit ich bleibe.

Beide schauen sich lange an. Dann legt Elena ihren Kopf an seine Brust und umarmt ihn. In dieser zärtlichen Umarmung verbleiben sie lange.

HELLINGER *nach einiger Zeit* Okay, das war's.

HELLINGER *zur Gruppe* Manche Männer werden gewalttätig, wenn sie fürchten, dass die Frau geht. Aber es gibt bessere Methoden, um die Frau zu halten.

Pablo lacht Hellinger zu.

HELLINGER Okay.

ZWEITER TAG

Wirkungsweisen der Seele

HELLINGER *zur Gruppe* Wenn wir die Arbeit betrachten, die wir hier gestern erlebt haben, müssen wir von einigen Vorstellungen, die uns vertraut sind, Abschied nehmen. Eine dieser Vorstellungen ist, dass wir etwas geheim halten können, dass also eine Person, wenn wir sie verschweigen, damit aus der Welt geschafft ist und niemand es merken wird. Viele Generationen nachher werden es noch merken.

Lebende und Tote

Oder auch die Vorstellung: Wenn jemand gestorben ist, ist er weg. Die Toten sind gegenwärtig. Oft sind die Toten noch in einem Zustand der Entwicklung. Aus dem, was hier ans Licht kommt, kann man sehen, dass viele von ihnen noch eine Aufgabe vor sich haben und dass wir in der Art und Weise, wie wir mit ihnen umgehen, sie in diesem Prozess unterstützen können. Einmal durch Achtung und dann auch indem wir uns zurückziehen von dem, was nur sie tun können und tun dürfen.

Die schlimmste Einmischung in das Reich der Toten ist, wenn jemand meint, er könne und dürfe sie rächen. Das ist nicht nur schlimm für die Toten, es ist auch für die Lebenden schlimm. Sehr viele Verbrechen haben damit zu tun, dass jemand heimlich Tote rächen will. Nicht, dass das immer bewusst ist. Auch diese Rächer sind eingebunden in einem Prozess, den sie nicht durchschauen.

Die Instanz, die in diesem Prozess besonders wirkt, wird beim Familien-Stellen ans Licht gebracht. Ich nenne sie das kollektive Gewissen. Also, neben dem Gewissen, das wir fühlen – wir fühlen es als Unschuld oder Schuld – gibt es ein unbewusstes Gewissen, das wir nicht fühlen. Die Gesetze dieses Gewissens kommen durch das Familien-Stellen ans Licht.

Persönliches und kollektives Gewissen

Eine Familie im weiteren Sinn wird gesteuert von einer gemeinsamen Seele und einem gemeinsamen Gewissen. Das kommt ja beim Familienstellen laufend ans Licht. Die Frage ist nun: Welche Personen werden von diesem gemeinsamen Gewissen erfasst? Es ist nur eine begrenzte Anzahl von Personen, die davon erfasst wird. Wenn man das weiß, kann man die Übrigen, die auch zur Familie gehören, die aber nicht von diesem Gewissen erfasst werden, in den Konstellationen auslassen. Ich zähle jetzt die auf, die von diesem Gewissen erfasst werden.

Es sind die Kinder, auch die tot geborenen, manchmal auch die abgetriebenen, manchmal auch fehlgeborene, es kommt hier auf die Umstände an. Das ist die eine Ebene. Die nächste Ebene sind die Eltern und deren Geschwister, also die Onkel und die Tanten. Auf der nächsten Ebene sind es die Großeltern und dahinter manchmal noch die Urgroßeltern. Das sind also die Blutsverwandten.

Vom Familiengewissen erfasst werden aber auch Nichtverwandte, nämlich alle, die für jemanden in dieser Familie Platz gemacht haben. In erster Linie sind es frühere Partner von Eltern und Großeltern, aber auch jene, durch deren Verlust Mitglieder der Familie einen Gewinn hatten.

Wenn zum Beispiel in einer Familie ein Vermögen auf Kosten vieler anderer erworben wurde, vielleicht auch auf Kosten des Lebens vieler anderer, dann gehören alle, die dafür bezahlt haben, mit zu diesem System. Wenn ihr die großen reichen Familien anschaut, wenn ihr die Schicksale seht, die dort ablaufen, dann bekommt ihr eine Ahnung davon, wie gewaltig die Wirkungen von denen, die ausgeschlossen oder ausgebeutet wurden, noch sind. Sie alle gehören zu diesem Familiensystem.

Darüber hinaus gehören auch die Täter und ihre Opfer mit zum Familiensystem. Wenn einer aus der Familie ein Mörder war, gehören auch die Ermordeten zum System. Sie wirken in dieses System so lange hinein, bis ihnen die Ehre gegeben wird und bis der Täter bei ihnen Ruhe gefunden hat. Das heißt, wenn der Täter weiß, dass er des Todes schuldig ist und sich zu ihnen legt und auch tot ist. Aber der Täter kann diese Ruhe nicht finden, wenn die toten Opfer ihn nicht aufnehmen.

Hier läuft in der Tiefe etwas ab, was wir nicht erfassen. Wir können hier aber die Wirkungen sehen. Denn das Besondere beim Familien-Stellen ist ja, dass die Stellvertreter, sobald sie sich einfühlen in diese Aufgabe, wirklich fühlen wie die Personen, die nicht gegenwärtig sind. Dass sie die Lebenden vertreten, obwohl diese nicht da sind, kann man nachprüfen. Inwieweit sie die Toten vertreten, inwieweit auch die Toten in ihnen gegenwärtig werden, können wir nicht nachprüfen. Wir können die Toten ja nicht fragen. Doch die Wirkungen, die hier mit solcher Wucht ans Licht kommen, können nicht phantasiert sein. Genauso wie jemand als Stellvertreter nicht phantasieren kann, wen er darstellt. Wenn er etwas phantasiert, merkt man das sofort, alle merken es, weil nämlich alle, wenn so etwas abläuft, in Verbindung sind mit einer größeren Seele, in Kontakt sind mit einer größeren Seele. Daher merken sie sofort, wenn jemand von der Wirklichkeit abweicht. In einer Gruppe kann man das sofort feststellen.

Sobald die Gruppe unruhig wird, ist der Kontakt zur Wirklichkeit verloren gegangen. Wenn ein Klient hier etwas erzählt und die Gruppe wird unruhig, stoppt man ihn sofort. Alles, was er sagt, ist dann nur Blabla. Wenn aber alle gesammelt sind, dann weiß man, hier wird etwas Wesentliches gesagt und etwas Wesentliches erfahren. Aber nicht, weil die Einzelnen sich sammeln, sondern weil sie von etwas Größerem ergriffen werden. Mit diesem Größeren verbindet man sich bei dieser Arbeit.

Doch jetzt zurück zum unbewussten kollektiven Gewissen. Dieses Gewissen folgt drei Grundordnungen, und es bringt diese Grundordnungen zur Geltung. Die erste Grundordnung ist: Alle, die zu einem System gehören, haben das gleiche Recht auf Zugehörigkeit. Das kollektive Gewissen duldet nicht, dass irgendjemand ausgeschlossen wird, denn es duldet nicht die Unterscheidung von gut und böse. Gut heißt ja im Sinne des persönlichen Gewissens „Ich habe größeres

Recht auf Zugehörigkeit", und Böse heißt „Du hast weniger Recht auf Zugehörigkeit".

Durch die Unterscheidung von gut und böse trennen wir jene, die dazugehören dürfen, von denen, die ausgeschlossen werden. Deswegen ist das persönliche Gewissen, wenn es bis in seine letzten Konsequenzen durchdacht wird, furchtbar. Durch dieses Gewissen erschaffen wir uns einen Himmel, und wir erschaffen uns eine Hölle, und wir bestimmen durch unsere Unterscheidung von gut und böse, wer in den Himmel und wer in die Hölle gehört. Das ist der Gipfel der Anmaßung, denn die in diesem Sinne Gewissenhaften machen sich Gott gleich, und zwar einem furchtbaren Gott, den sie sich unter dem Einfluss dieses Gewissens so vorstellen. Das ist das Erste.

Wenn jemand von der Grundordnung des unbewussten kollektiven Gewissens abweicht, dass niemand ausgeschlossen werden darf, wenn also eine Familie dennoch jemanden ausschließt oder vergisst, was ja auch ein Ausschluss ist, dann ist das ganze System gestört, und das kollektive Gewissen versucht, das auf eine gewisse Weise wieder in Ordnung zu bringen. Es wählt nämlich ein späteres Mitglied der Familie aus, um den Ausgeschlossenen zu vertreten. Daher wird dann jemand plötzlich kriminell oder psychotisch, ohne dass die Familie weiß, warum. Oder es bringt sich jemand um ohne ersichtlichen Grund. Auch die Person selbst weiß nicht, warum. Es geschieht unter dem Einfluss dieses kollektiven Gewissens.

Beim Familienstellen kommt ans Licht, wie man das in Ordnung bringen kann. Man muss sich diesem Gesetz, dass jeder gleiches Recht hat, fügen. Das heißt in der Praxis, dass jeder, der ausgeschlossen oder vergessen wurde, wieder in das System hereingeholt wird, dass ihm sein Platz und seine Würde wieder gegeben wird. Dann ist das unbewusste kollektive Gewissen sozusagen befriedigt, und die Person, die einen Ausgeschlossenen nachahmen musste, ist von der Verstrickung in dessen Schicksal befreit.

In den griechischen Tragödien kann man das Zusammenspiel zwischen dem bewussten persönlichen Gewissen und dem kollektiven unbewussten Gewissen genau beobachten. Doch wenn man dieses Zusammenspiel wirklich verstehen will, muss man noch ein Gesetz des kollektiven unbewussten Gewissens beachten. Dieses Gesetz heißt: Jeder, der früher da war, hat Vorrang vor denen, die später kommen. Deswegen darf niemand, der später geboren wurde, sich einmischen in die Angelegenheiten derer, die vor ihm da waren. Also, Kinder dürfen sich nicht einmischen in die Angelegenheiten der Eltern. Es steht den Kindern nicht zu, ihre Eltern zu retten. Noch steht ihnen zu, die Geheimnisse der Eltern zu wissen. Und es steht ihnen nicht zu, das Unrecht, das ihren Eltern geschah oder das anderen Ahnen angetan wurde, zu rächen. Es steht ihnen auch nicht zu, die Schuld der Eltern zu sühnen. Wo immer jemand das versucht, scheitert er ohne Ausnahme. Wo immer das versucht wird, lässt das kollektive Gewissen ihn scheitern.

Das ist die verborgene Dynamik hinter jeder Tragödie. Auf der einen Seite will der Held etwas tun für diejenigen, die vor ihm da waren. Er will zum Beispiel jemanden rächen oder für jemanden sühnen. Unter dem Einfluss seines persönlichen Gewissens fühlt er sich dabei gut und unschuldig, und er fühlt sich groß. Aber unter dem Einfluss des kollektiven unbewussten Gewissens scheitert er.

Für das kollektive unbewusste Gewissen hatten die Alten einen Namen. Sie nannten es „die Götter". Also, wo man sieht, dass die Götter in den Tragödien eingreifen, ist es im Grunde das unbewusste kollektive Gewissen.

Bewegungen der tiefen Seele

Nun ist aber auch das kollektive unbewusste Gewissen ein schlimmes Gewissen, weil es ja Unschuldige dazu verdammt, ein schlimmes Schicksal zu wiederholen. Die Frage ist nun: Gibt es einen Weg, der über das persönliche Gewissen und über das kollektive unbewusste Gewissen hinaus führt? Gibt es über diese Gewissen hinaus eine höhere Ebene oder tiefere Ebene, wie immer man das nennen will, wo Versöhnung möglich ist? Ist es möglich, dass alle diese Unterschiede von gut und böse und von groß und klein überwunden werden können?

Wie ihr hier gesehen habt, gibt es das. Es gibt Bewegungen der Seele, die unaufhaltsam auf Versöhnung hinsteuern und zwar auf

Weisen, die wir nicht voraussehen, vor denen wir nur staunend stehen bleiben können. Gestern konnten wir das bei der Aufstellung mit den Tätern und Opfern sehen. Also, hier sind tiefere Kräfte am Werk, heilige Kräfte. Aber sie zeigen sich erst, wenn wir in gewisser Weise Abschied genommen haben von den Vorstellungen des Gewissens und von den Absichten, die vom Gewissen gesteuert werden.

Warum habe ich das jetzt alles erzählt? Als Hilfe für Paare. Wenn man das versteht, wenn man es durchschaut hat, können Paare sehr gelassen miteinander umgehen. Sehr behutsam. Und sie können, wenn sie sich mit der großen Seele verbinden, warten, bis eine gute Lösung sich zeigt.

Antonio und Nuria
„Bitte halte mich, dass ich bleibe"

HELLINGER Wer von den Paaren ist für die Arbeit bereit?
zu Antonio und Nuria Ich nehme euch.
HELLINGER Um was geht es?
NURIA Wir haben regelmäßig, ungefähr einmal im Jahr, eine Krise in der Partnerschaft. Ich glaube, es hat viel damit zu tun, so empfinde ich es, dass die Bindung meines Mannes an seine Mutter zwischen uns steht.
HELLINGER Wie zeigen sich die Krisen?
ANTONIO Als Trennung, einfach die Lust, das alles bleiben zu lassen, und als ein Gefühl, verlassen zu werden.
HELLINGER Wer hat das Gefühl, verlassen zu werden?
ANTONIO Ich spreche von mir, hauptsächlich ich.
HELLINGER *zu Nuria* Du auch?
NURIA Ich erlebe das auch so.
ANTONIO Ich spüre, dass ich nicht frei bin. Es geht jetzt darum, endlich dieser Entscheidung in meinem Leben ins Auge zu schauen. Es geht für mich auch darum, endlich mit meiner Familie alleine vorwärts zu gehen und nicht noch das mitzuschleppen, was meine Eltern tragen.
HELLINGER Habt ihr Kinder?
NURIA Zwei.
HELLINGER Jungen oder Mädchen?
NURIA Ein Junge und ein Mädchen.
HELLINGER Wer ist älter?
NURIA Das Mädchen ist die Ältere.
HELLINGER Wir stellen die Gegenwartsfamilie auf: den Mann, die Frau und die beiden Kinder.
zu Nuria Fang du mal an.

Bild 1

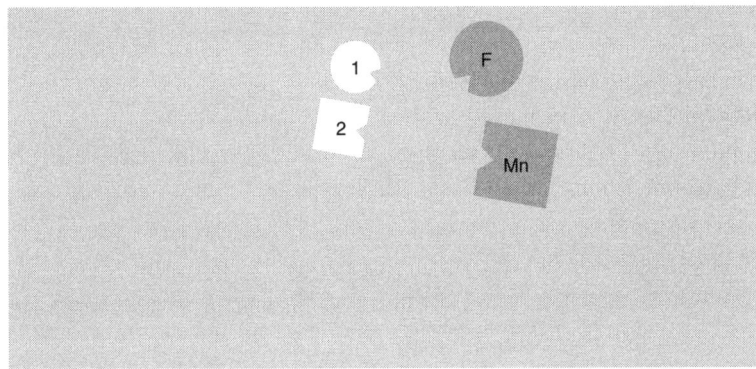

Mn **Mann (= Antonio)**
F **Frau (= Nuria)**
1 Erstes Kind, Tochter
2 Zweites Kind, Sohn

Hellinger schaut sich die Aufstellung eine Weile an.

HELLINGER *zur Gruppe* Ich prüfe nach, wie die Richtungen sind.

Hellinger führt nun die Frau in die Richtung, in die sie geschaut hat.

Bild 2

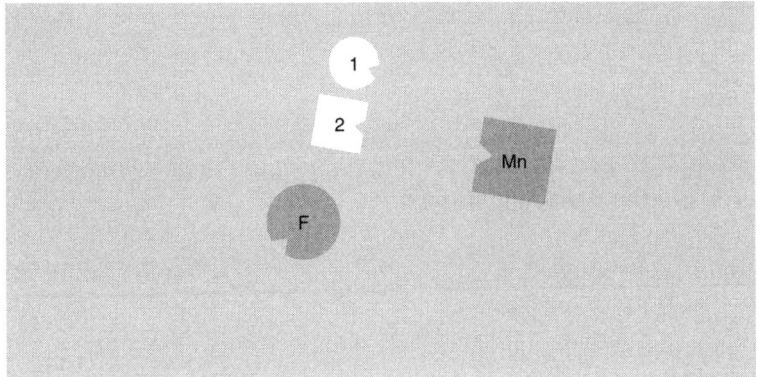

HELLINGER *zur Stellvertreterin von Nuria* Ist es hier besser oder schlechter?

FRAU Besser.

HELLINGER *zu Nuria* Weißt du, was das heißt?

NURIA Dass ich weggehe?

HELLINGER Ja, dass du weggehen willst. Vielleicht heißt es auch, dass du dich umbringen willst. Hast du schon mal daran gedacht?

Nuria schüttelt den Kopf

HELLINGER *zur Gruppe* Ich muss jetzt erst mal mit der Frau separat arbeiten, um zu sehen, welche Bindungen da sind und ob wir für sie eine Lösung finden.

HELLINGER *zu Nuria* Was ist in deiner Herkunftsfamilie passiert?

NURIA Mein Bruder hat eine manisch-depressive Störung und mein Vater auch. Der Vater meines Vaters hat eine Frau geheiratet und drei Kinder mit ihr gehabt. Ich glaube, dass diese erste Frau verrückt gestorben ist. Die Schwester dieser Frau ist meine Großmutter.

HELLINGER Nicht zuviel Informationen auf einmal, sonst werde ich verwirrt. Weißt du, was manisch heißt? Manisch heißt: Ich will sterben. Die Manischen heben ab von der Erde. Sie vertreten einen Verstorbenen. Macht das Sinn für dich?

NURIA Ja.

HELLINGER *zur Gruppe* Wir haben die Antwort schon vorher gesehen, weil sie zu jeder meiner Aussagen genickt hat.

zu Nuria Bist du auch manchmal manisch?

Nuria schüttelt den Kopf.

HELLINGER Jetzt muss ich noch mal von vorne fragen: Was ist alles in deiner Herkunftsfamilie passiert?

Nuria wartet lange.

HELLINGER Wiederhole noch mal, was du vorher gesagt hast.

110

NURIA Meine Großmutter ist die zweite Frau meines Großvaters. Er war vorher mit ihrer Schwester verheiratet.

HELLINGER Der Großvater ist der Vater von wem?

NURIA Meines Vaters.

HELLINGER Also der Vater des Vaters war vorher mit der Schwester der Großmutter verheiratet?

NURIA Ja.

HELLINGER Und was war mit dieser Schwester vorher?

NURIA Ich glaube, dass sie als Verrückte gestorben ist, dass sie wahnsinnig geworden ist.

HELLINGER *zur Gruppe* Das meiste Gewicht hat offensichtlich diese Schwester der Großmutter.

Hellinger wählt eine Stellvertreterin für die verstorbene erste Frau des Großvaters und stellt sie der Frau gegenüber.

Bild 3

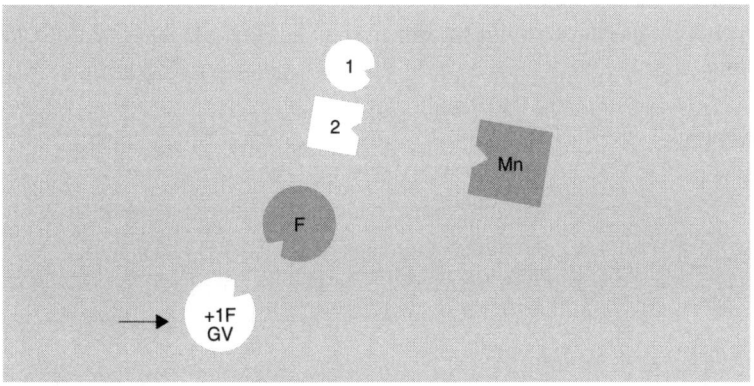

+ 1FGV Erste Frau des Großvaters starb verrückt

Die Stellvertreterin von Nuria beginnt zu zittern. Dann geht die verstorbene erste Frau des Großvaters auf sie zu, und beide umarmen sich innig. Nach einer Weile lösen sie sich voneinander, halten sich aber noch bei den Händen.

Bild 4

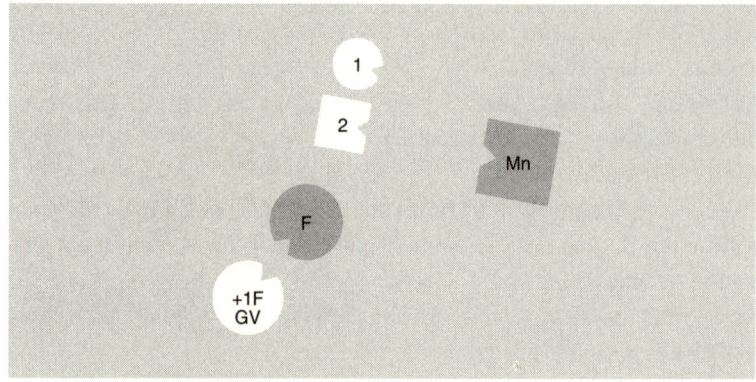

HELLINGER *zu den Stellvertreterinnen von Nuria und der ersten Frau ihres Großvaters* Bleibt so.
zur Gruppe Jetzt nehme ich die nächsten Personen dazu: den Großvater und die Schwester von ihr, die er danach geheiratet hat.

Hellinger wählt die Stellvertreter und stellt sie neben die verstorbene erste Frau.

Bild 5

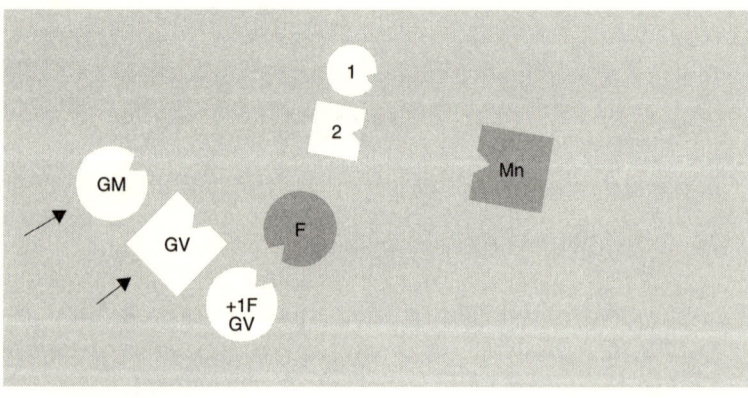

GV Großvater
GM Großmutter

112

Hellinger stellt nun die Stellvertreterin von Nuria weiter zurück und bringt die Großmutter vor ihre Schwester.

Bild 6

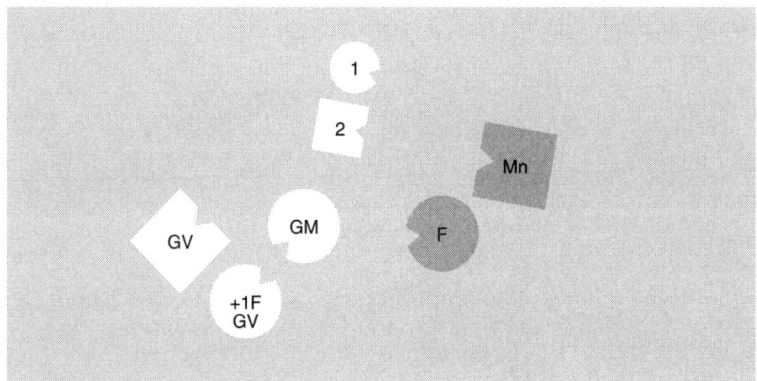

Die Großmutter atmet tief und weint. Nach einigem Zögern geht sie zu ihrer Schwester und umarmt sie schluchzend. Diese lässt ihre Arme zuerst hängen und legt sie dann um ihre Schwester. Während sie sich noch umarmen, stellt Hellinger die Stellvertreterin von Nuria neben ihren Mann.

Bild 7

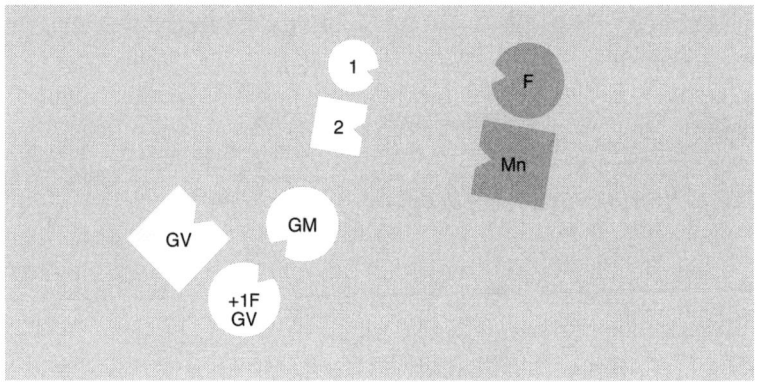

HELLINGER *nach einer Weile zur Stellvertreterin von Nuria* Wie geht es dir da?

FRAU Gut. Aber wenn ich auf meine Tochter schaue, dann habe ich das Gefühl, ich muss mich mehr an meinen Mann halten. So, als ob sie große Kraft hätte, und als ob sie mich zu ihr hin ziehen würde. Es ist für mich schwer, hier zu stehen.

Hellinger führt nun die Tochter vor die verstorbene erste Frau des Großvaters von Nuria. Die Großmutter tritt etwas zur Seite.

Bild 8

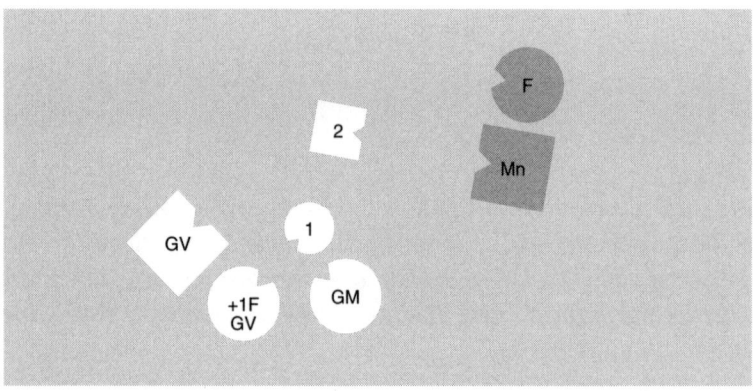

HELLINGER *zur Tochter* Geht es dir da besser oder schlechter?

ERSTES KIND Es ist okay. *Sie zeigt auf die erste Frau des Großvaters* Ich will dorthin.

HELLINGER *zu Nuria* Die Tochter wäre bereit zu gehen, damit du bleibst.

Die Stellvertreterin des Kindes nickt.

HELLINGER Das ist ein liebes Kind. Aber wir finden noch eine bessere Lösung.

Hellinger stellt das Kind wieder zurück.

Bild 9

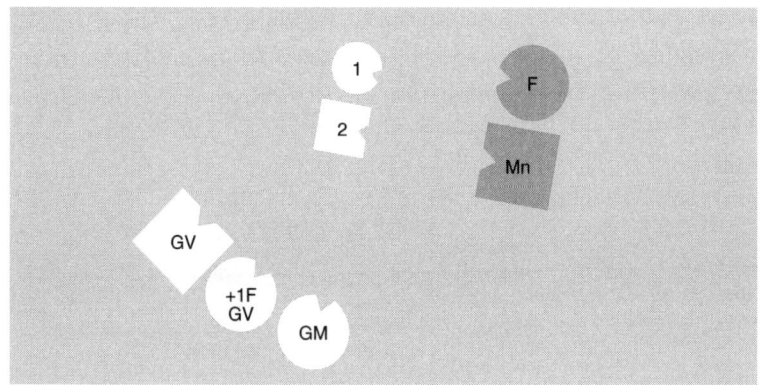

HELLINGER *zur Stellvertreterin von Nuria* Jetzt schau den Mann an und sag ihm: „Bitte halte mich, dass ich bleibe."

FRAU Bitte halte mich, dass ich bleibe.

HELLINGER Sag es mit Liebe.

FRAU Bitte halte mich, dass ich bleibe.

Sie sagt es wieder ziemlich mechanisch.

HELLINGER Schau ihn an.

Sie schaut ihn lange an. Inzwischen haben die Kinder von hinten die Arme um sich gelegt.

HELLINGER *zur Gruppe* Die Kinder zeigen, was die Eltern machen müssten.

Der Großvater und seine erste Frau haben die Arme umeinander gelegt. Als auch die Großmutter ihren Arm um sie legt, versucht der Großvater, auch sie in die Umarmung miteinzubeziehen.

HELLINGER *nach einer Weile zur Stellvertreterin von Nuria* Geh mit der Bewegung der Seele, ganz langsam. Genau, weiter so.

Die Stellvertreterin von Nuria sinkt langsam in die Knie. Sie umfasst die Knie ihres Mannes und legt den Kopf an sie. Dann lässt sie sich zu Boden sinken.

Hellinger führt nun die verstorbene erste Frau des Großvaters vor die Stellvertreterin von Nuria.

Bild 10

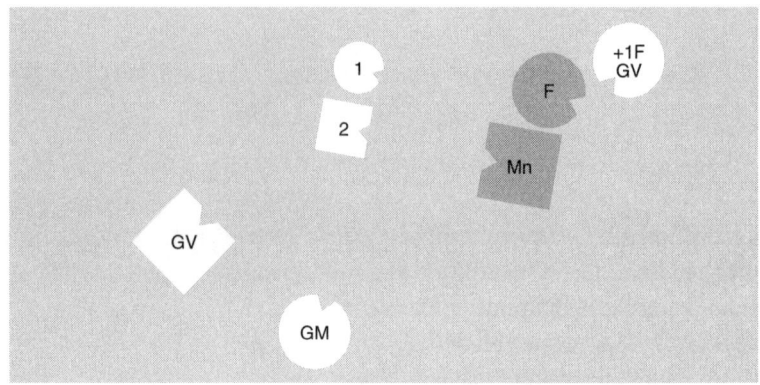

HELLINGER *zur verstorbenen ersten Frau des Großvaters* Heb sie auf, ganz nach deinem Gefühl.

Die Stellvertreterin von Nuria richtet sich auf. Die verstorbene erste Frau des Großvaters kniet sich zu ihr. Beide umarmen sich innig. Nach einer Weile richten sie sich auf, bleiben aber in der Umarmung. Dann stellt sich die Stellvertreterin von Nuria wieder neben den Mann.

HELLINGER *zur verstorbenen ersten Frau des Großvaters* Stell dich hinter sie und halte sie von hinten.

Sie stellt sich hinter sie und umarmt sie von hinten. Die Frau lehnt sich an sie an.

116

Bild 11

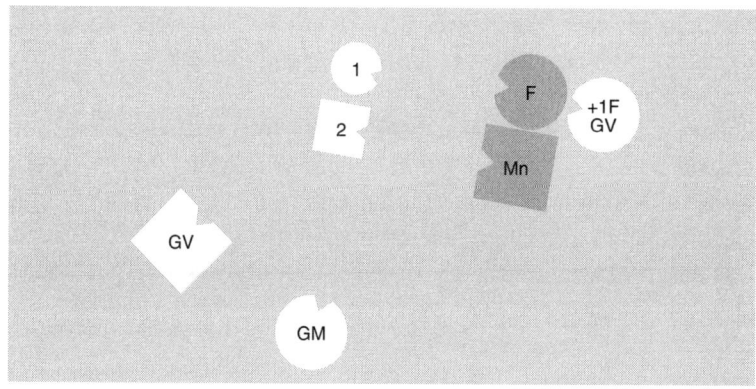

Hellinger stellt nun die Kinder in den Bannkreis des Vaters. Sie halten sich bei der Hand.

Bild 12

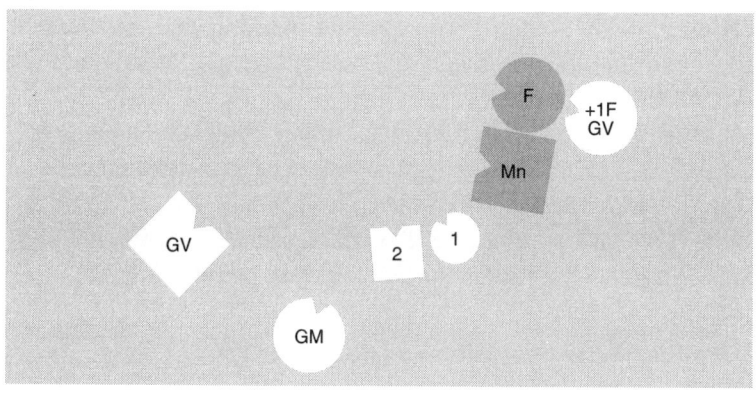

HELLINGER *zur Tochter* Wie ist es jetzt?
ERSTES KIND Sehr gut.
HELLINGER *zum Sohn* Bei dir?
ZWEITES KIND Gut, es geht mir besser.
HELLINGER *zum Stellvertreter von Antonio* Für dich?

MANN Ich habe sehr viel Angst und keine Kraft. Ich bin allein.

HELLINGER *zur Gruppe* Da fehlt etwas aus seiner Herkunftsfamilie. Wir müssen auch da schauen, was los ist.

ANTONIO Die Frage ist nach den Toten oder Abwesenden?

HELLINGER Ja.

ANTONIO Die erste Person, die fehlt, wäre meine Großmutter mütterlicherseits. Sie starb, als meine Mutter vier Jahre alt war. Sie waren neun Kinder und meine Mutter wurde dann von einer Familie adoptiert. Der zweite, der fehlt, ist mein jüngerer Bruder. Ich glaube, dass es zwischendurch noch zwei Fehlgeburten bei meiner Mutter gab.

HELLINGER Was war mit dem Bruder?

ANTONIO Er hatte einen Autounfall.

HELLINGER Wie alt war er?

ANTONIO 22 Jahre.

HELLINGER *zur Gruppe* Von dem, was er gesagt hat, ist mein Bild, dass die Mutter der Mutter und die Mutter bedeutsam sind. Wir sehen hier, dass man oft in der Gegenwartsfamilie nichts lösen kann, ohne dass man die Herkunftsfamilien miteinbezieht. Mit dem Paar allein zu arbeiten, zum Beispiel indem man mit ihm Kommunikationsübungen macht und ihm gute Ratschläge gibt, würde hier wenig helfen.

zu Antonio Okay, dann schauen wir mal nach deiner Familie.

Hellinger wählt Stellvertreterinnen für Antonios Mutter und Großmutter und stellt sie einander gegenüber. Die Stellvertreter des Großvaters und der Großmutter von Nuria stell er etwas zur Seite.

Bild 13

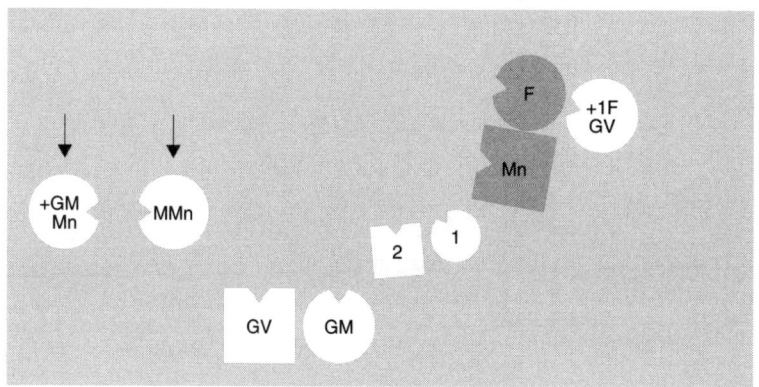

MMn   Mutter des Mannes
+ GMMn Großmutter des Mannes; starb, als die Mutter des Mannes vier Jahre alt war

Als sie sich gegenüberstehen, beginnt die Stellvertreterin der Mutter von Antonio laut zu weinen.

HELLINGER *zur Stellvertreterin der Mutter von Antonio* Langsam, langsam, langsam, werde erst mal ganz ruhig.

Die Stellvertreterin der Mutter von Antonio beruhigt sich und schaut ihre Mutter an. Diese seufzt.

HELLINGER *zur Großmutter* Sag ihr: „Ich bleibe bei dir."
GROSSMUTTER = Ich bleibe bei dir.
HELLINGER „Auch wenn ich tot bin, ich bleibe bei dir."
GROSSMUTTER = Auch wenn ich tot bin, ich bleibe bei dir.

Beide schauen sich an. Die Großmutter hält ihrer Tochter die Hände entgegen. Diese geht auf sie zu und beide umarmen sich innig. Die Großmutter streichelt ihrer Tochter über die Haare. Als sie sich nach einer Weile lösen, stellt Hellinger Antonio neben seine Mutter.

119

Bild 14

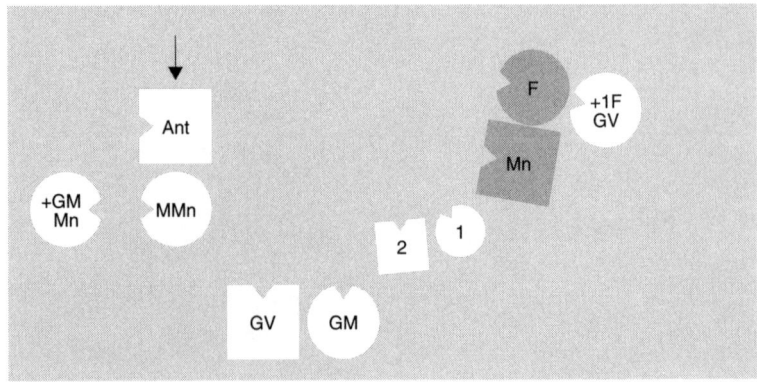

HELLINGER *zur Stellvertreterin der Mutter von Antonio* Sag ihr: „Ich habe einen Sohn."

MUTTER Ich habe einen Sohn.

Antonio geht zu seiner Großmutter und umarmt sie. Die Mutter umarmt beide und schluchzt laut.

Bild 15

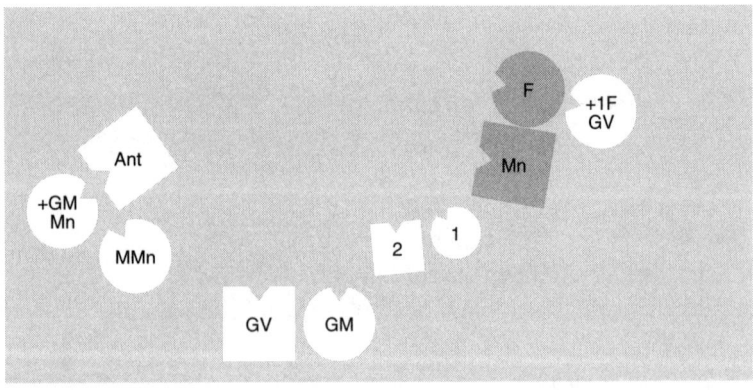

HELLINGER *zur Mutter* Bleib stark, sei die Mutter. Genau, das ist viel besser.

zur Gruppe Der Sohn kommt für sie offensichtlich in die Rolle ihrer Mutter. Deswegen verhielt sie sich am Anfang auch wie ein Kind, statt wie eine Mutter.

Nach einer Weile löst Hellinger die Umarmung.

HELLINGER *zu Antonio* Wie geht es dir da?
ANTONIO Ich fühle mich an meinem Platz und stark.

Hellinger entlässt nun die Stellvertreter von Antonio und Nuria und lässt sie ihren Platz in der Aufstellung einnehmen. Die Mutter und die Großmutter von Antonio stellt er hinter ihn. Sie legen von hinten ihre Hände an ihn. Antonio und Nuria legen die Arme umeinander. Dann stellt Hellinger die Kinder ihren Eltern gegenüber.

Bild 16

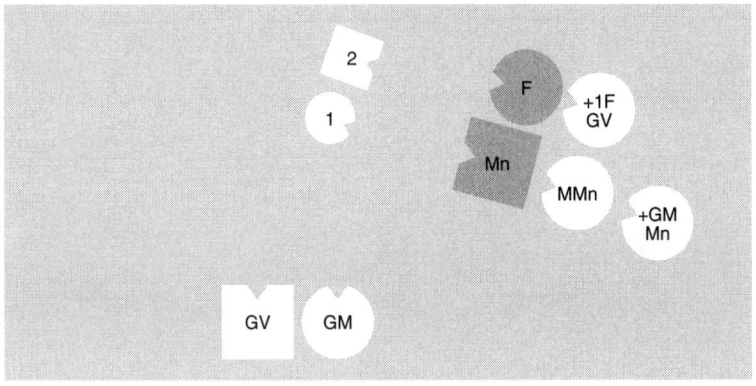

Antonio und Nuria umarmen sich innig. Die Kinder halten sich bei der Hand.

HELLINGER *zur Gruppe* Ich glaube, wir haben es. Wenn es soweit ist, dann haben wir es.

Alle gehen wieder an ihren Platz.

HELLINGER *zur Gruppe* Wenn man jemand die Familie aufstellen lässt, dann ist die Hauptinformation im ersten Bild. Was immer sie vorher gesagt haben, erwies sich als nebensächlich, verglichen zu dem, was hier ans Licht kam. Die Frau hat bei der Aufstellung einen Platz für sich freigelassen, damit sie da durchgehen konnte. Aus dem Bild konnte man sehen, das ist die Bewegung, die sie machen wollte und die gezeigt hat, was los ist. Deswegen bin ich auch gleich mit dieser Bewegung gegangen. Normalerweise hätte ich auch den Mann aufstellen lassen, damit man den Unterschied zwischen den beiden Aufstellungen sieht. Das hätte ich auch hier gemacht, wenn die Aufstellung durch die Frau nicht so klar gewesen wäre.

Die wichtige Frage an sie war: Fühlt du dich an diesem Platz besser oder schlechter? Wenn sie gesagt hätte, sie fühlt sich schlechter, dann hätte ich auch den Mann aufstellen lassen, um zu sehen, ob da noch etwas anderes ist. Aber so war es ganz klar, deswegen bin ich dabei geblieben.

zu Antonio und Nuria Ich sage euch noch etwas: „Glück braucht Pflege."

Beide nicken zustimmend.

HELLINGER Okay? Gut.

122

Isabel
Gemäßes Gehen

HELLINGER *zu Isabel* Ich arbeite mit dir.

zur Gruppe Sie möchte zu gestern* noch etwas nachtragen. Ich will ihr diese Gelegenheit geben, damit es für sie noch klarer wird.

zu Isabel Wie geht es dir heute?

ISABEL Ich bin innerlich sehr besorgt.

HELLINGER Dein Mann soll sich auch hierher setzen.

Ihr Mann, Juan, setzt sich neben sie.

ISABEL Ich möchte Dinge klären, die ich in mir trage und die mir Sorge bereiten.

HELLINGER Auf das gehe ich nicht ein. Ich mache etwas anderes. Ich stelle deine Herkunftsfamilie auf. Wer gehört dazu?

ISABEL Meine Mutter, mein Vater und eine Schwester, die ich noch habe.

HELLINGER Ist sie älter oder jünger?

ISABEL Sie ist jünger als ich.

HELLINGER War jemand von den Eltern vorher in einer festen Bindung?

ISABEL Nein.

HELLINGER Ist ein Kind gestorben?

ISABEL Nein.

HELLINGER Okay, also vier Personen. Stelle sie auf.

* s. Seite 60

Bild 1

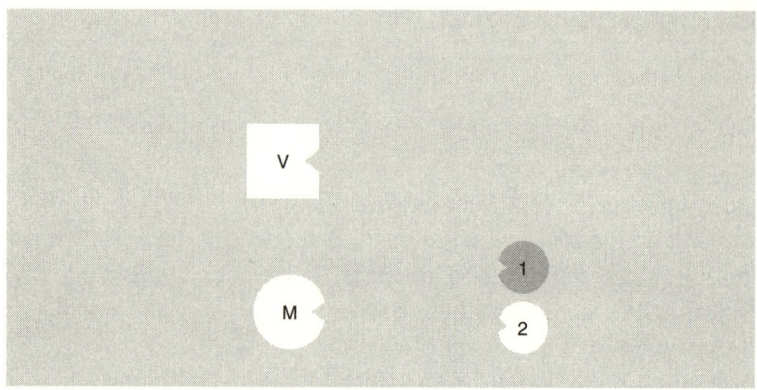

V   Vater
M   Mutter
1   **Erstes Kind, Tochter (= Isabel)**
2   Zweites Kind, Tochter

Hellinger führt die Stellvertreterin von Isabel nach außen.

Bild 2

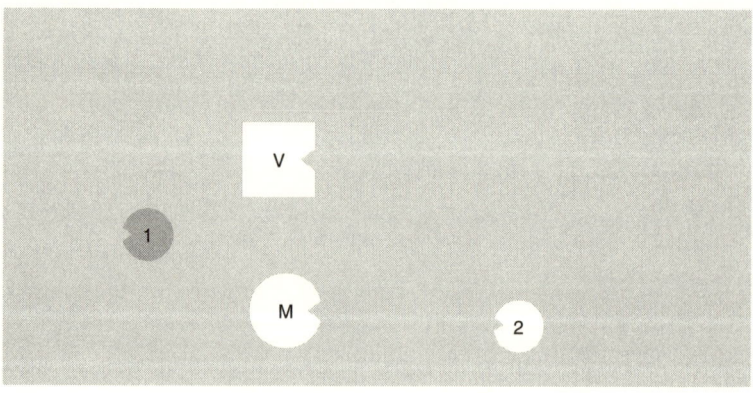

Als sie dort steht, schaut sie zum Himmel.

124

HELLINGER *zur Gruppe* Habt ihr das gesehen?
zur Stellvertreterin von Isabel Wie geht es dir da?
ERSTES KIND Besser.
HELLINGER *zu Isabel* Du weißt, was das heißt? „Ich will sterben",
heißt das.
HELLINGER Wer wollte in der Familie sterben?
ISABEL Ich weiß es nicht.
HELLINGER Der Vater, das sieht man ganz klar.

Der Stellvertreter des Vaters nickt. Isabel weint.

HELLINGER *zur Gruppe* Und sie sagt: „Ich sterbe an deiner Stelle."
zu Isabel Was ist passiert in der Familie deines Vaters?
ISABEL Soweit ich weiß, ist in der Familie meines Vaters nichts Besonderes passiert. Meine Mutter hat ihn immer sehr abgewertet. Sie
hat ihn nie beachtet.

*Hellinger stellt die Stellvertreterin von Isabel vor den Vater. Sie schaut
dabei auf den Boden und blickt nur gelegentlich zu ihm auf.*

Bild 3

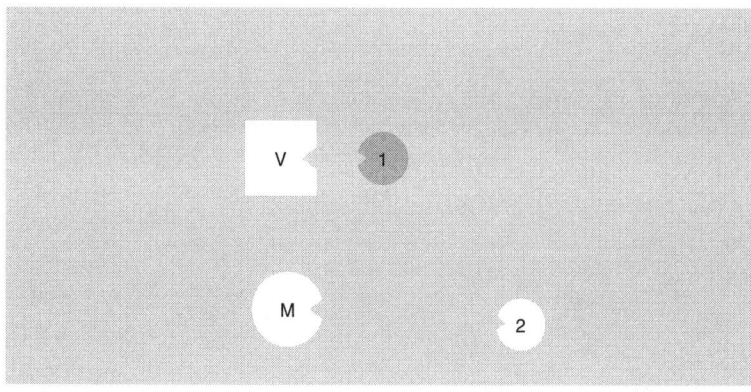

HELLINGER *nach einer Weile zur Stellvertreterin von Isabel* Geh an
den ersten Platz zurück. Ich probiere noch etwas anderes aus.

Hellinger wählt eine Stellvertreterin für die Mutter des Vaters und stellt sie dazu.

Bild 4

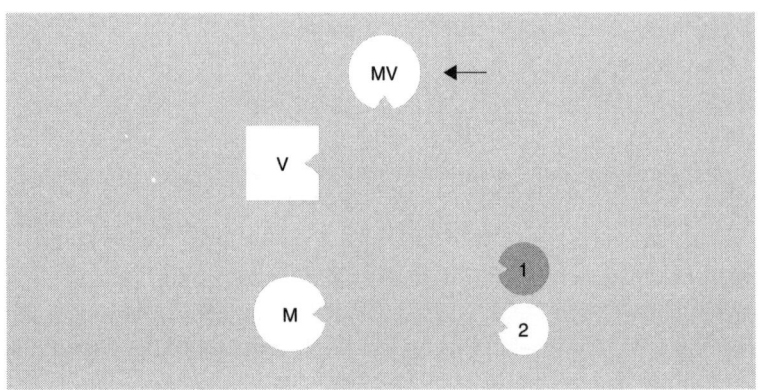

MV   Mutter des Vaters

HELLINGER *nach einer Weile zur Gruppe*   Der Vater weint.

Die Mutter des Vaters ist sehr bewegt und streckt die rechte Hand nach ihm aus. Der Vater schaut sie nicht an und will in die Knie gehen.

HELLINGER *zur Mutter des Vaters*   Das ist es nicht, da ist etwas anderes. Stell dich zur Seite.

HELLINGER *zum Vater*   Was ist?

VATER   Meine Wunsch wäre, mich hinzulegen.

HELLINGER   Tu das.

Er geht in die Knie und legt sich dann auf den Bauch.

Bild 5

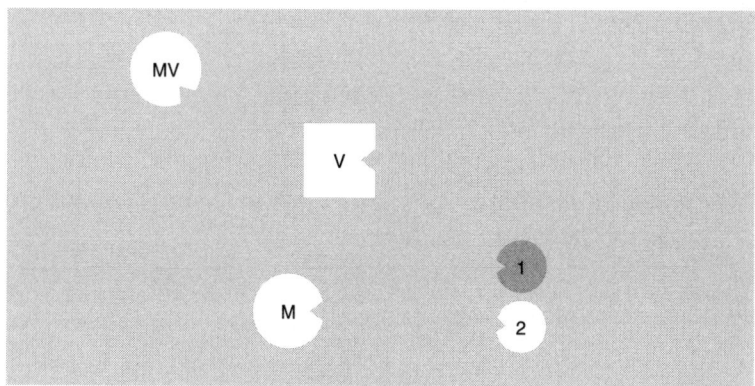

Isabel schluchzt. Ihr Mann hält sie bei der Hand. Hellinger bedeutet der Stellvertreterin der Mutter des Vaters, das sie sich wieder hinsetzen kann.

HELLINGER *nach einer Weile zur Stellvertreterin von Isabels Mutter* Leg dich zu ihm.

Sie legt sich neben Isabels Vater, legt die Arme um ihn und schluchzt.

Bild 6

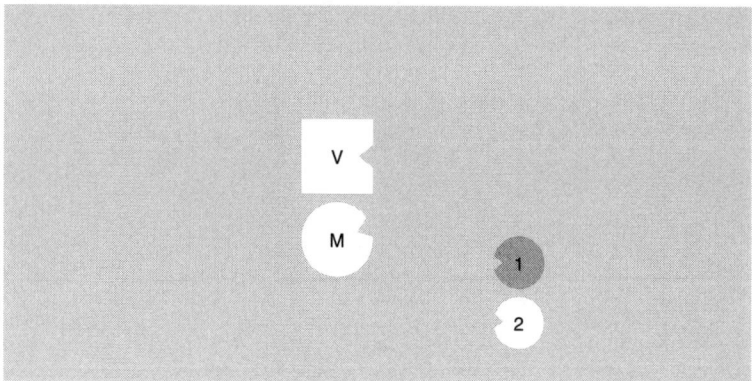

127

Das erste Kind wird sehr unruhig und bewegt sich weinend langsam auf die Eltern zu. Ihre Schwester sucht sie zurückzuhalten. Hellinger führt beide etwas weiter zurück.

HELLINGER *zu den Kindern* Kniet euch beide hin und verneigt euch davor.

Beide gehen in die Knie und verneigen sich vor ihren Eltern bis auf den Boden. So verbleiben sie die ganze Zeit.

Bild 7

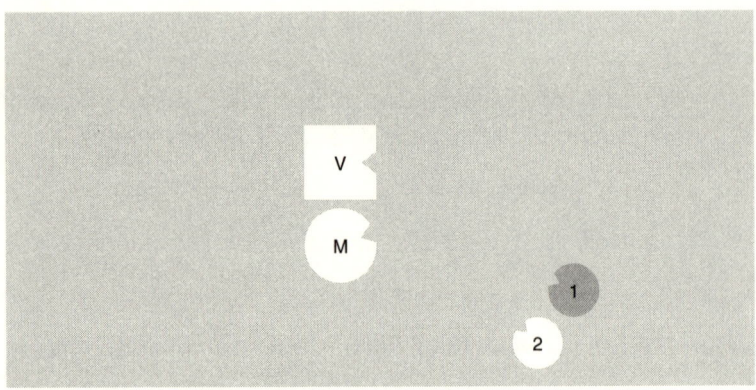

HELLINGER *nach einer Weile zu den Stellvertretern der Eltern* Jetzt steht auf und wechselt die Position.

Bild 8

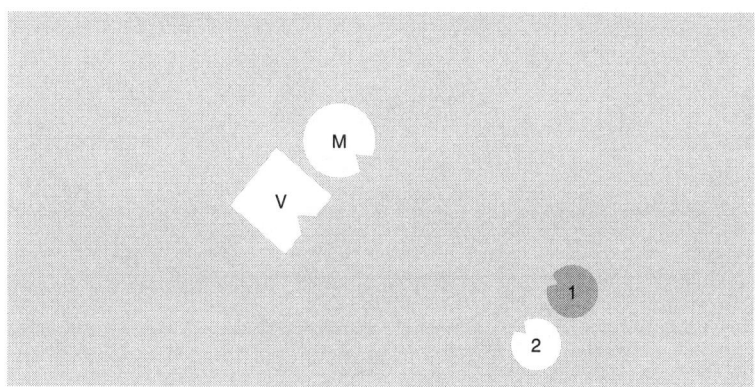

HELLINGER Schaut euch an.

Die Frau ist unruhig und sucht nach dem rechten Platz neben ihrem Mann.

HELLINGER *zum Vater* Ist da etwas?

VATER Sie geht zu weit nach hinten.

HELLINGER Was ist in dir vorgegangen?

VATER Ich habe mich von irgend etwas sehr angezogen gefühlt und habe sehr viel Schuld gespürt. Als meine Frau sich zu mir gelegt und mich berührt hat, hatte ich das Gefühl, wurde es leichter, weil wir es teilten. Es war etwas zwischen uns beiden. Aber ich habe dennoch keine Ruhe gefunden.

HELLINGER *zur Mutter* Bei dir?

MUTTER Es tut mir weh, aber ich weiß nicht, was es ist.

Hellinger wählt eine Stellvertreterin und bittet sie, sich vor den Eltern auf den Rücken zu legen.

Bild 9

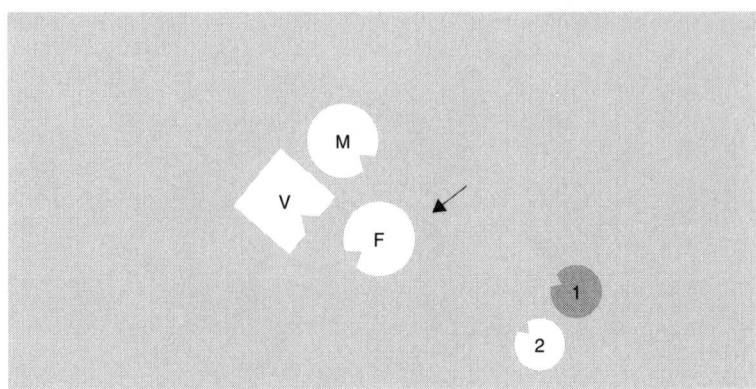

F   Frau; es bleibt unklar, wen sie vertritt

Als diese Frau sich auf den Boden legt, lehnt sich die Mutter an ihren Mann. Dann geht dieser auf die Knie, streichelt das Gesicht der Frau auf dem Boden, legt sich neben sie und umarmt er sie.

Bild 10

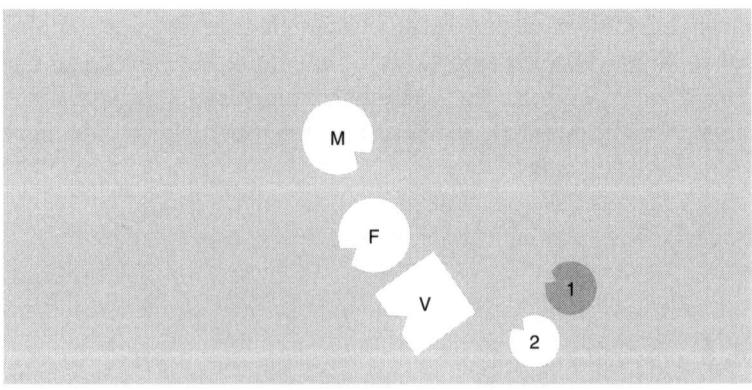

HELLINGER *zu Isabel* Weißt du, was das sein könnte?

Isabel schüttelt den Kopf.

HELLINGER *zu den Kindern* Steht jetzt auf.

Sie stehen auf, die Stellvertreterin von Isabel wischt sich die Tränen ab.

HELLINGER Und jetzt dreht euch um.

Bild 11

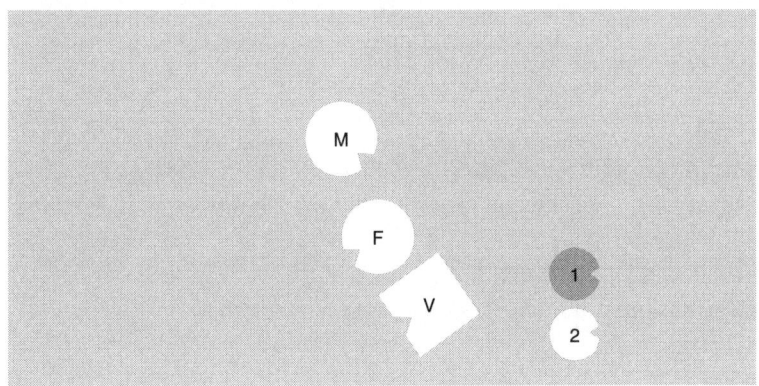

HELLINGER *zur Stellvertreterin von Isabel* Wie ist das?

ERSTES KIND Ich bin schwindlig, aber es ist gut.

ZWEITES KIND Gut.

HELLINGER Geht zwei Schritte nach vorn.

Bild 12

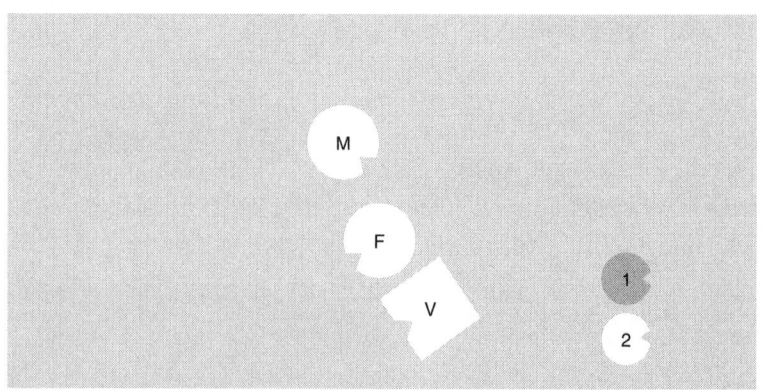

HELLINGER Wie ist es jetzt?

ERSTES KIND Es ist weniger stark, aber ich bin immer noch schwindlig.

HELLINGER *zum zweiten Kind* Was ist?

ZWEITES KIND Ich würde gerne noch weiter gehen.

HELLINGER Ja, genau.

Er führt die Kinder noch weiter nach vorn.

Bild 13

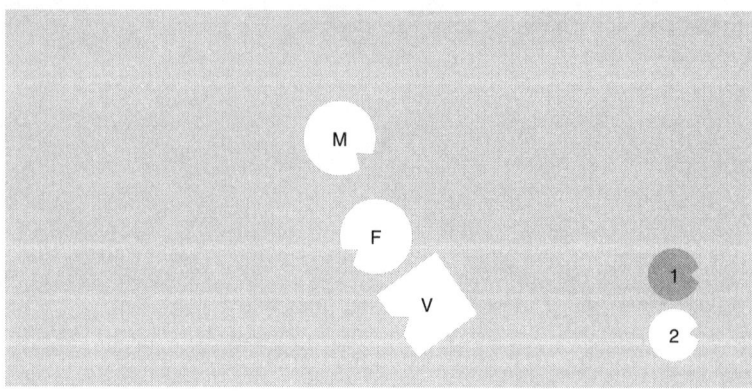

Als sie dort stehen, atmet die Stellvertreterin von Isabel erleichtert aus.

HELLINGER Was ist jetzt?

ERSTES KIND Es ist besser.

ZWEITES KIND Auch besser.

HELLINGER *zu Isabel* Da ist etwas, was wir nicht wissen. Doch das ist die Lösung. *Er zeigt auf die Kinder, die sich abgewandt haben.* Was immer auch war, es muss bei deinem Vater bleiben und bei deiner Mutter und bei dieser Frau. Und du schaust jetzt nach vorn. Vielleicht lebst du dann ein bisschen länger.

ISABEL Sehr gut.

Hellinger bedankt sich bei den Stellvertretern und wendet sich dann an den Stellvertreter des Vaters.

HELLINGER Was war dein Bild? War es ein Kind oder ein Erwachsener?

VATER Es war eine Erwachsene.

HELLINGER *zur Stellvertreterin der Frau auf dem Boden* Was war bei dir?

FRAU Für mich war es schlimm, dass man mich nicht beachtet hat, dass man mich nicht gesehen hat.

VATER Es war eine Frau, die durch mich und durch meine Frau einen Schaden erlitten hat.

Die beiden Stellvertreter stehen auf und umarmen einander.

HELLINGER *zur Gruppe* Was ich heute morgen über das kollektive unbewusste Gewissen gesagt habe und über die Gesetze, die da herrschen, wurde durch diese Aufstellung bestätigt. Wir konnten sehen, wie ein Kind sühnen will, wie es einzugreifen versucht – aber es ist alles umsonst, es scheitert.

Rafael und Alba
Die Achtung

HELLINGER Ich mache jetzt weiter mit der Arbeit.

zu Rafael und Alba So schlimm kann es ja bei euch nicht sein.

RAFAEL Vielleicht nicht.

HELLINGER Das ist mein Eindruck.

ALBA Wir denken schon daran, dass wir vielleicht hier den Platz eines anderen Paares einnehmen, die das mehr brauchen, aber es handelt sich doch um etwas Wichtiges für uns.

HELLINGER *zur Gruppe* Arbeite ich jetzt lieber mit denen oder nicht so gerne?

zum Paar Was denkt ihr?

ALBA Ich weiß es nicht.

HELLINGER *zur Gruppe* Es ist ganz klar: Sie sind nicht im Einklang.

zu Rafael Ist die immer so frech, deine Frau?

Alba lacht laut.

RAFAEL Manchmal.

HELLINGER *zur Gruppe* Vielleicht ist das das Problem.

HELLINGER *zu Rafael* Um was geht es?

RAFAEL Ich glaube, dass wir uns sogar darin nicht einig sind: Von meinem Gesichtspunkt aus gibt es ein Ungleichgewicht in den Bedürfnissen, die ich habe, wenn es zum Beispiel um die Sexualität geht, und den Bedürfnissen, die sie hat im alltäglichen emotionalen Gefühlsleben. Ich fühle, dass meine Bedürfnisse nicht befriedigt werden, und das Alltägliche entfernt mich von ihr. Ich bin angespannt und irritiert.

HELLINGER Diese Frau braucht keinen Mann. Hast du das noch nicht gemerkt? Sie braucht gar keinen Mann. Du hast die falsche Frau.

ALBA *lacht* Ich glaube nicht, dass ich keinen Mann brauche, ich fühle mich wohl mit ihm.

HELLINGER Manche fühle sich auch mit ihrem Hund wohl.

Lautes Lachen in der Gruppe

RAFAEL Ich habe es oft so erlebt, dass sie die Stärkere ist und ich der Bedürftigere. Ich hatte das Gefühl, dass sie die Macht hat.

HELLINGER Ich will gar nicht so viel wissen.

Hellinger stellt Alba in die Mitte. Dann wählt er einen Stellvertreter für ihren Vater und stellt ihn ihr gegenüber.

Bild 1

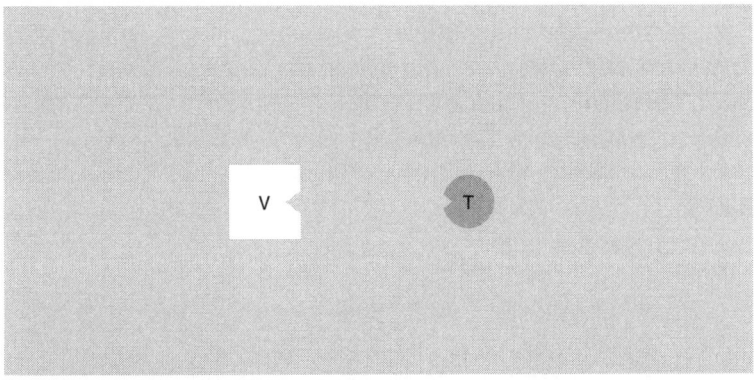

V   Vater
T   Tochter (= Alba)

Beide schauen sich an. Nach einer Weile verschränkt der Vater seine Hände hinter dem Rücken. Dann wählt Hellinger eine Stellvertreterin für die Mutter und stellt sie dazu.

135

Bild 2

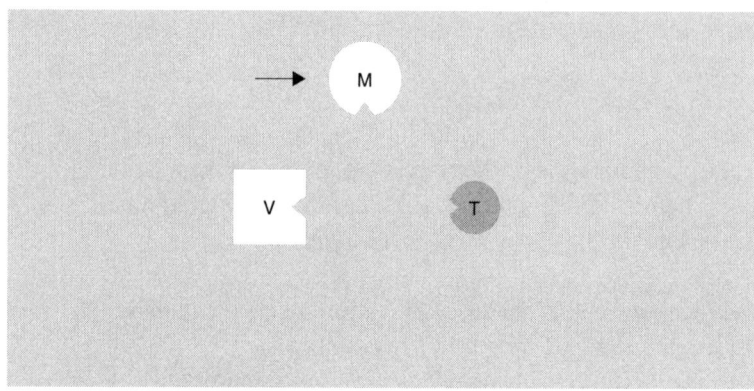

M Mutter

Der Vater und die Mutter lachen sich an und gehen aufeinander zu. Er legt den Arm um sie, sie lehnt sich an ihn, dann umarmen sie sich. Nach einer Weile streichelt er ihr über das Haar. Sie stellen sich nebeneinander und schauen freundlich auf ihre Tochter.

Bild 3

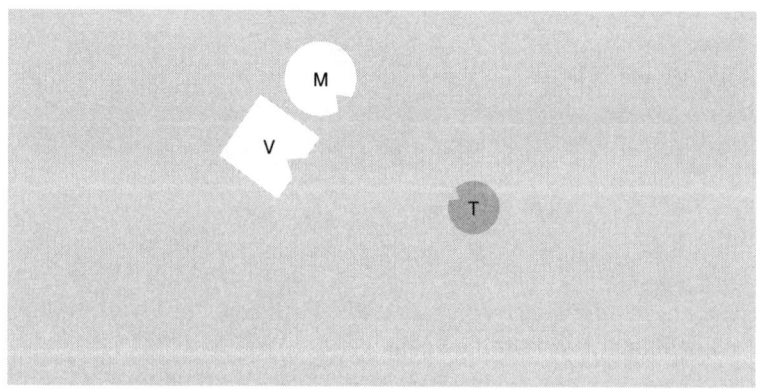

Alba wischt sich die Tränen weg und geht auf ihre Eltern zu. Diese nehmen sie in den Arm. Alba weint laut dabei. So verbleiben sie lange.

136

Bild 4

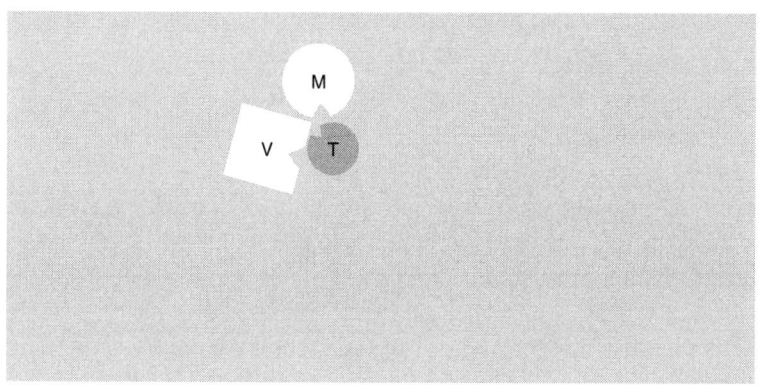

Nach einer Weile lösen sie sich und Alba steht vor ihren Eltern.

Bild 5

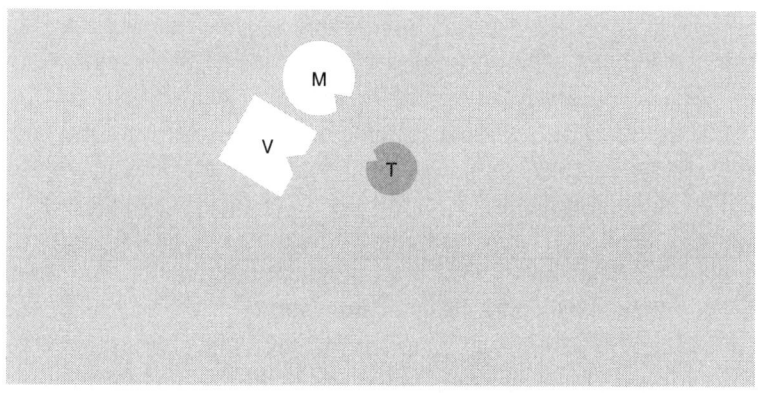

HELLINGER *zu Alba* Sag dem Vater: „Die Mama ist besser."
ALBA Die Mama ist besser.

Der Vater nickt dazu.

HELLINGER „In jeder Hinsicht."

ALBA In jeder Hinsicht.

HELLINGER Sag es der Mutter auch: „Du bist die Beste."

ALBA *weinend* Du bist die Beste.

HELLINGER „In jeder Hinsicht."

ALBA In jeder Hinsicht.

HELLINGER *zu den Stellvertretern* Danke, das war's.

zu Alba Na, was habe ich jetzt mit dir gemacht.

ALBA Ich weiß es nicht.

HELLINGER Du hast dich verhalten wie eine Frau, die meint, sie sei besser als ihre Mutter.

nach einer Weile Eine Frau, die meint, sie sei besser als die Mutter, hat keine Achtung für Männer. Sie versteht auch die Männer nicht. Also, wie wird ein Mädchen fähig, eine Frau zu werden? Wenn sie neben ihrer Mutter steht – als die Kleinere. Einverstanden?

ALBA Ja.

HELLINGER Gut.

zu Rafael und Alba Das lasse ich es.

zur Gruppe Das gilt natürlich umgekehrt auch für die Männer: Ein Mann, der seinen Vater nicht achtet und der meint, er sei seiner Mutter gegenüber besser als sein Vater, hat keine Achtung für Frauen. Der Mann lernt die Achtung für die Frau beim Vater, und die Frau lernt die Achtung für den Mann bei der Mutter. Jetzt stellt euch vor, da kommt ein Muttersöhnchen zu einer Vaterstochter und die beiden heiraten. Sie haben keine Achtung füreinander. Deswegen muss erst in der Herkunftsfamilie in Ordnung gebracht werden, dass der Mann seinen Vater achtet und die Frau ihre Mutter. Viele Paarprobleme können auf diese einfache Weise gelöst werden. Mutters Sohn ist nicht verlässlich für die Frau, und Vaters Tochter ist nicht verlässlich für den Mann.

Ich habe mir sagen lassen, Vaters Töchter seien ein bisschen schöner – doch es bringt nichts. *Lachen in der Gruppe.*

Jorge und Marta
Kinderwunsch

HELLINGER *zu Jorge und Marta* Um was geht es bei euch?

MARTA Ich habe gestern Abend, als du über die Verstrickungen in frühere Schicksale gesprochen hast, und auch heute morgen bemerkt, dass es in der Familie meiner Mutter ein Geheimnis gibt. Ich bin aus Argentinien, und meine Ururgroßmutter ging nach Argentinien. Es wurde gesagt, sie sei dort hingekommen als Witwe mit drei Kindern. Das ist aber nicht wahr. Sie war die Liebhaberin eines Mannes, der verheiratet war und der sie nie geheiratet hat. Als sie dorthin kam mit den drei Kindern, hat sie gesagt, sie sei Witwe. Ich glaube, dass das auch mit mir zu tun hat, dass das Gewicht hat. Für mich persönlich fühle ich auch noch, dass ich meiner Mutter dafür danken muss, dass sie mir das Leben gegeben hat.

HELLINGER Ja, das ist angebracht. Also, der Liebhaber war nicht in Argentinien, der war noch hier?

MARTA Ja.

HELLINGER Und die Kinder waren von dem Liebhaber?

MARTA Ja, alles scheint so.

HELLINGER Ich habe mal einen Witz aus Schottland gelesen. Ein Bauer hat mit seiner Frau seine Schweine angeschaut. Unter ihnen war auch so ein richtig fettes Schwein. Dann hat die Frau dem Mann gesagt: „Wir könnten dieses Schwein doch morgen schlachten." Er fragte sie: „Wieso?" Sie sagte: „Morgen ist doch unser Silberner Hochzeitstag". Er fragte: „Soll das arme Schwein sterben für etwas, was vor 25 Jahren passiert ist?"

Lautes Lachen in der Gruppe

HELLINGER *zu Jorge und Marta* Gibt es bei euch nicht etwas Näheres? Ich frage mal den Mann.

JORGE Ich bin damit einverstanden, wenn sie sagt, dass etwas in unserer Beziehung nicht fließt. Ich glaube, dass es mir persönlich schwer fällt, mich einzulassen, mich zu binden. Es geht zum Beispiel um die Entscheidung, ein Kind zu bekommen. Das ist mein Zweifel und mein Kampf.

HELLINGER *zur Gruppe* Das ist das Problem.

HELLINGER *zu Marta* Willst du ein Kind haben?

MARTA Ja.

HELLINGER Okay, gib ihn auf.

Marta nickt.

HELLINGER Wenn der Mann nicht dazu bereit ist, Kinder zu haben, ist die Beziehung zu Ende.

zur Gruppe Das ist der Ernst und ich scheue mich nicht, das zu sagen, wenn es ganz klar ist. Sonst würde ich mit denen spielen. Jetzt, wo der Ernst da ist, mache ich noch etwas.

zu Jorge Man muss sehen, ob es dafür ein Hindernis gibt von deiner Herkunftsfamilie. Okay?

Jorge nickt.

HELLINGER *zu* Jorge Warst du schon mal verheiratet?

JORGE Nein.

HELLINGER Was ist in deiner Herkunftsfamilie passiert?

JORGE Ich bin adoptiert.

HELLINGER *zur Gruppe* Da haben wir es schon, von daher wird das ganz klar. Das ist ein besonderes Schicksal.

HELLINGER *zu Jorge* Kennst du deine Eltern?

JORGE Nein.

HELLINGER Hast du etwas von ihnen gehört?

JORGE Meine Adoptivmutter hat mir die Daten gegeben, die sie weiß: die Namen, den Wohnort, die soziale Schicht. Dann habe ich mir vor kurzem ein Horoskop machen lassen. Von da habe ich auch bestimmte Informationen bekommen.

HELLINGER Weißt du etwas von deinem Vater?

JORGE Nach diesem Horoskop muss meine Mutter aus einer reichen Familie gewesen sein.

HELLINGER Von Horoskopen halte ich nichts. Weißt du etwas von deinem Vater?

JORGE Nein.

HELLINGER Wir stellen auf: deinen Vater, dich, deine Mutter und die beiden Adoptiveltern.

Bild 1

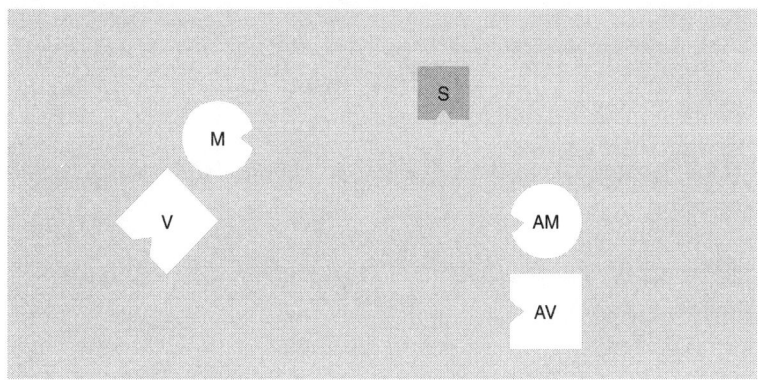

V   Vater
M   Mutter
S   Sohn (= Jorge)
AV Adoptivvater
AM Adoptivmutter

HELLINGER *nach einer Weile, als sich der Adoptivvater bewegen will* Nicht bewegen. Höchstens er *(der Stellvertreter von Jorge)* kann sich bewegen. Die anderen müssen stehen bleiben.

Nach einer Weile stellt sich der Stellvertreter von Jorge vor die Mutter.

141

Bild 2

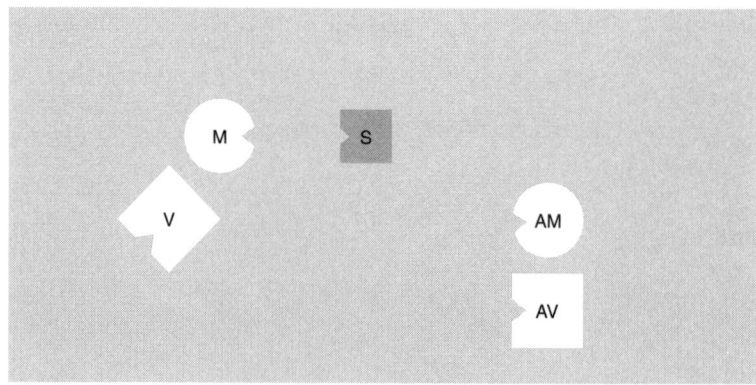

Beide schauen sich lange an. Die Mutter will die Hände nach ihm ausstrecken.

HELLINGER *zum Stellvertreter von Jorge* Sag ihr: „Du hast mich weggegeben für immer."
SOHN Du hast mich weggegeben für immer.
HELLINGER „Und jetzt verzichte ich auf dich für immer."
SOHN Und jetzt verzichte ich auf dich für immer.

Die Mutter weint und schluchzt.

HELLINGER „Ich gehe zu meinen Adoptiveltern."
SOHN Ich gehe zu meinen Adoptiveltern.
HELLINGER „Sie halten mich am Leben."
SOHN Sie halten mich am Leben.

Hellinger führt den Sohn zu seinen Adoptiveltern. Sie umarmen ihn innig und lange.

Bild 3

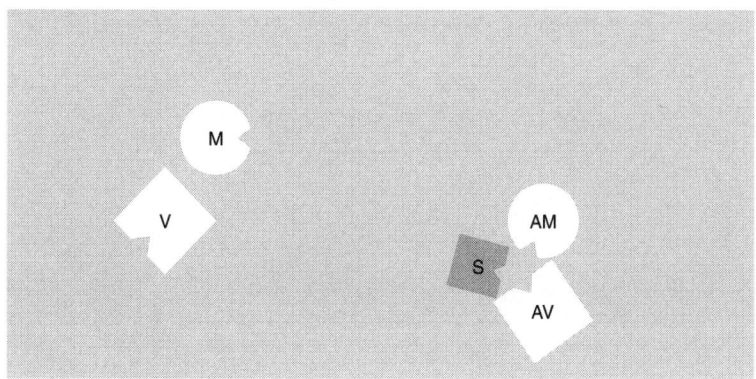

HELLINGER *zum Stellvertreter von Jorge* Jetzt dreh dich um, lehne dich an die Adoptiveltern an.

Bild 4

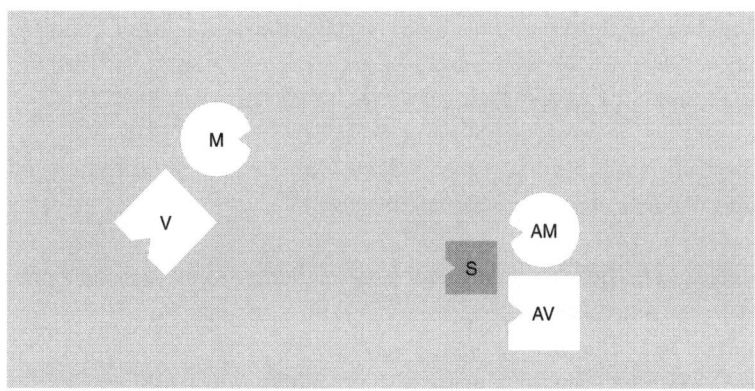

HELLINGER Wie geht es dir?
SOHN Sehr gut. Es hat hier einen Augenblick gegeben, wo das Glück gekommen ist, weil ich hier bei ihnen bin. Ich hatte sie vorher nicht anerkannt.
HELLINGER Jetzt dreh dich noch mal um und schau die Adoptiveltern an.

143

Bild 5

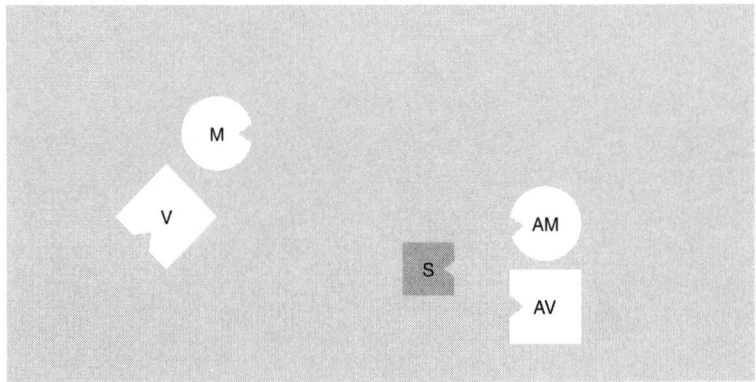

HELLINGER Sag ihnen: „Von euch habe ich gelernt, wie man für ein Kind gut sorgt."

SOHN Von euch habe ich gelernt, wie man für ein Kind gut sorgt.

Die Adoptiveltern halten sich fest umschlungen.

HELLINGER *zu Jorge* Möchtest du dich mal hierher stellen?

Jorge stellt sich nun selbst an seinen Platz den Adoptiveltern gegenüber. Er schaut ihnen lange in die Augen.

HELLINGER *nach einer Weile zur Gruppe* Ich muss ihn das alles auch selbst sagen lassen.

Hellinger stellt Jorge vor seine Mutter. Seinen Vater lässt er sich umdrehen und sich neben die Mutter stellen.

Bild 6

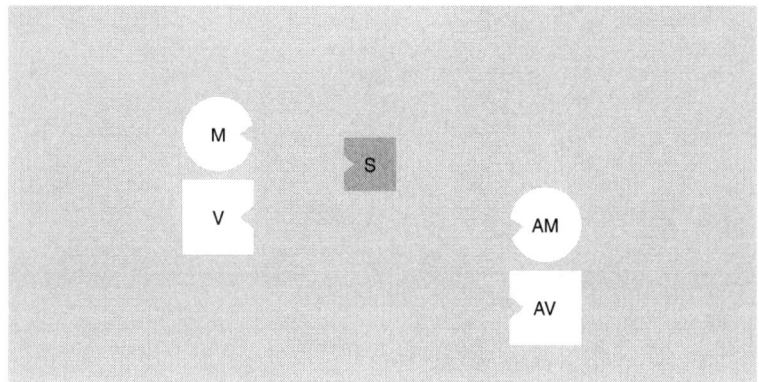

HELLINGER *zu Jorge* Sag deinen Eltern: „Ihr habt mich weggegeben für immer."

JORGE Ihr habt mich weggegeben für immer.

HELLINGER „Ich stimme dem jetzt zu."

JORGE Ich stimme dem jetzt zu.

HELLINGER „Ich verzichte jetzt auf euch für immer."

JORGE Ich verzichte jetzt auf euch für immer.

HELLINGER „Doch danke für das Leben."

JORGE Doch danke für das Leben.

Die Mutter schlägt die Hände vor ihr Gesicht und weint.

HELLINGER „Jetzt gehe ich zu den Eltern, die mich am Leben gehalten haben."

JORGE Jetzt gehe ich zu den Eltern, die mich am Leben gehalten haben.

HELLINGER Tu das.

Jorge geht zu den Adoptiveltern und streichelt sie. Dann umarmen sie sich innig und lange. Jorge ist sehr bewegt und weint. Seine leiblichen Eltern umarmen sich ebenfalls, wobei die Mutter laut schluchzt. Hellinger führt nun Marta in die Aufstellung. Auch sie weint.

Bild 7

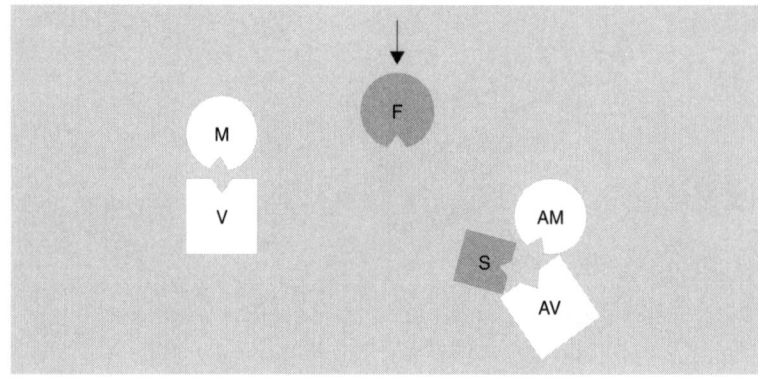

F   Frau (= Marta)

Nach einer Weile löst Hellinger die Umarmung und führt Jorge zu seiner Frau.

Bild 8

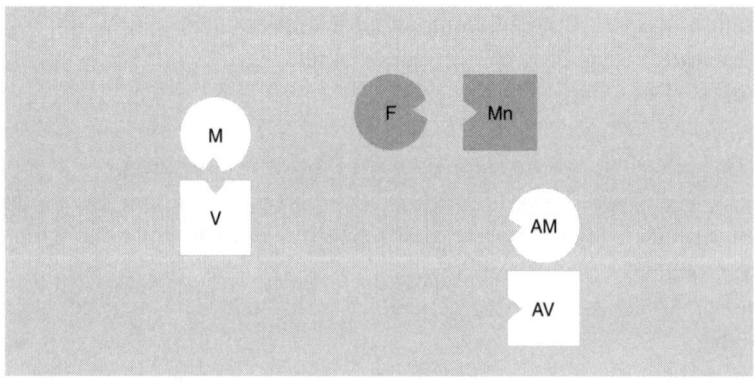

Mn Mann (= Jorge), vorher S

Marta und Jorge stehen sich gegenüber. Beide weinen. Jorge nimmt die Hände von Marta und küsst sie. Dann umarmen sie sich innig.

HELLINGER *zur Gruppe* Ich glaube, jetzt schlachten wir das Schwein.

Alle lachen.

Der Verzicht

HELLINGER *zur Gruppe* Das Schwierige für ein adoptiertes Kind ist, dass es immer noch hofft, dass seine Eltern es suchen und finden. Dem ganzen Ernst zuzustimmen, dass es für immer weggegeben wurde, dass die Eltern wirklich nichts von ihm wissen wollen, das ist für das Kind sehr schmerzlich. Erst wenn es dem zugestimmt hat und auf seine leiblichen Eltern für immer verzichtet, kann es sich den Adoptiveltern zuwenden und von ihnen nehmen, was sie ihm schenken.

Die Schwierigkeit für den Therapeuten ist, dass er sich sehr leicht verführen lässt, Mitleid mit der Mutter zu haben. In dieser Aufstellung war der Stellvertreter des Kindes auch versucht, Mitleid mit der Mutter zu haben. Wenn man das zulässt, stellt man die Ordnung auf den Kopf. Nur das Kind verdient hier Mitleid. Wenn die Eltern, die das Kind weggeben haben, später sehen, was sie dem Kind angetan haben, und wenn sie dann zu ihrer Schuld mit allen Folgen stehen, werden sie wieder groß.

zur Stellvertreterin der Mutter Du hast sehr schön dargestellt, was hier die Dynamik ist. Jetzt kannst du es hier lassen und bist wieder du selbst.
zu Jorge und Marta Okay?
BEIDE Ja.

HELLINGER *zur Gruppe* Es gibt Situationen, wo Eltern ein Kind weggeben, weil sie nicht für das Kind sorgen können, zum Beispiel hat eine Mutter ihr Kind weggegeben, weil sie psychotisch wurde. Hier war es nicht anders möglich. Als sie wieder gesund wurde, wollte sie das Kind wieder zurückhaben. Doch das geht nicht mehr. Das muss man ganz klar sehen. In diesem Fall kann die leibliche Mutter den

Adoptiveltern oder den Pflegeeltern sagen: „Ich bin wieder fähig, für das Kind zu sorgen." und sie kann es auch dem Kind sagen: „Ich bin wieder fähig, für dich zu sorgen." Aber sie muss hinzufügen: „Dennoch lasse ich dich dort, wo du sicher warst. Du kannst jederzeit zu mir kommen, ich liebe dich als deine Mutter, du kannst dich auch auf mich verlassen, aber ich lasse dich dort. Und sie sagt das gleiche auch den Adoptiveltern oder Pflegeeltern. Dann kann das Kind sowohl zu den einen wie zu den anderen gehen, aber der sichere Platz ist bei den Adoptiveltern. In der Regel natürlich, es gibt da Ausnahmen. Das wäre hier die Ordnung, auf die man achten muss.

Miguel und Anna
Die Demut

HELLINGER   Ich mache jetzt weiter mit der Arbeit. Welches Paar möchte arbeiten?
zu Miguel und Anna Kommt mal hierher.

Hellinger schaut das Paar lange an.

HELLINGER   Wie lange seid ihr schon verheiratet?
ANNA   Wir sind nicht verheiratet, aber seit zwei Jahren zusammen.
HELLINGER   Warum seid ihr nicht verheiratet?
MIGUEL   Ich habe sie gefragt, aber es hat sich noch nicht ergeben.
HELLINGER   Ach so?
zur Gruppe Ich glaube es lohnt sich nicht, mit diesem Paar zu arbeiten.
nach einer Nachdenkpause zu Miguel und Anna Euch ist es ja nicht ernst.
wieder nach einer langen Nachdenkpause Ich darf nicht mit euch arbeiten.
ANNA   Unsere Beziehung funktioniert nicht richtig, aber eigentlich kommt jeder von uns aus einer verstrickten Familie.
HELLINGER   Okay, dann soll jeder getrennt mit seiner Herkunftsfamilie arbeiten, aber mit euch hier als Paar zu arbeiten, ist nicht angebracht.
ANNA   Wir hatten zusammen auch eine Abtreibung.
HELLINGER   Dann ist die Beziehung eh vorbei, in der Regel. Das ist ja auch ein Zeichen, dass die Beziehung nicht geht. Denn mit dem Kind wird auch der Partner abgetrieben.
ANNA   Das kenne ich aus ihrem Buch, dass mit dem Kind auch der Partner abgetrieben wird, aber ich glaube, dass es trotzdem eine Chance gibt, wenn ausreichend Bereitschaft und Liebe da ist.

149

HELLINGER Wenn. Aber sie ist hier nicht da. Ich darf nicht mit euch arbeiten. Ich mache hier einen Paarkurs. Die Verstrickungen aus der Herkunftsfamilie könnt ihr woanders aufarbeiten, aber hier ist es nicht meine Aufgabe. Ich muss das Ganze hier im Auge behalten. Wir machen hier einen Paarkurs, deswegen darf ich das hier nicht machen. Da lasse ich es jetzt.

nach einer Weile zur Gruppe Es gibt manchmal für den Therapeuten die Versuchung, dass er gegen bessere Einsicht etwas macht, was er nicht tun darf. Sonst ist das ein Missbrauch der Autorität des Therapeuten. Er darf nur das tun, was im Ganzen, in der Bewegung der Seele, auf ihn zukommt als das, was er tun darf. Wenn er darüber hinausgeht, wenn er jemandem helfen will, obwohl klar ist, er darf nicht helfen, verliert er seine Kraft. Und er verliert auch die Achtung der Klienten. Sie haben gesehen, sie konnten ihn reinlegen. Am leichtesten legt man einen Therapeuten mit Tränen rein. Dem zu widerstehen, ist sehr schwer.

Es gehört zur Demut des Therapeuten, dass er nicht mehr tut, als er darf. Dennoch habe ich hier auch therapeutisch gearbeitet, aber anders, als sie es erwartet haben.

Emilio und Laura
Das Opfer

HELLINGER Noch andere Paare, die arbeiten wollen?
zu Emilio und Laura Ihr? Kommt her.

HELLINGER Habt ihr noch Mut, nach dem, was ich vorhin gesagt habe?

Laura schlägt die Hände vor ihr Gesicht.

HELLINGER Okay?

Beide nicken.

HELLINGER Um was geht es?

LAURA Vor ungefähr acht Monaten hatten wir eine starke Krise in unserer Partnerschaft. Es ist eine andere Person aufgetaucht.

HELLINGER Wer ist aufgetaucht?

LAURA Eine andere Frau.

HELLINGER Eine frühere andere Frau oder eine neue?

LAURA Eine neue.

HELLINGER Okay, wir stellen auf: den Mann, die Frau und die neue Freundin.

EMILIO Es gab noch eine Abtreibung.

HELLINGER Wo?

EMILIO Bei der anderen Frau.

HELLINGER *zu Laura* Wir stellen jetzt auf: ihn, die Frau und die andere Frau. Mach du es.

Bild 1

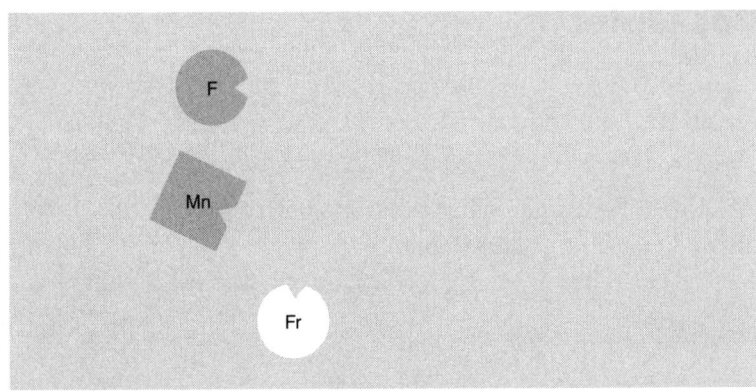

Mn **Mann (= Emilio)**
F   **Frau (= Laura)**
Fr   Freundin des Mannes

HELLINGER *zu Emilio* Habt ihr Kinder?
EMILIO Zwei Kinder.

Die Frau ist sehr bewegt, es schüttelt sie. Nach einer Weile wählt Hellinger eine Stellvertretern für das abgetriebene Kind und lässt es sich mit dem Rücken vor seine Mutter auf den Boden setzen.

Bild 2

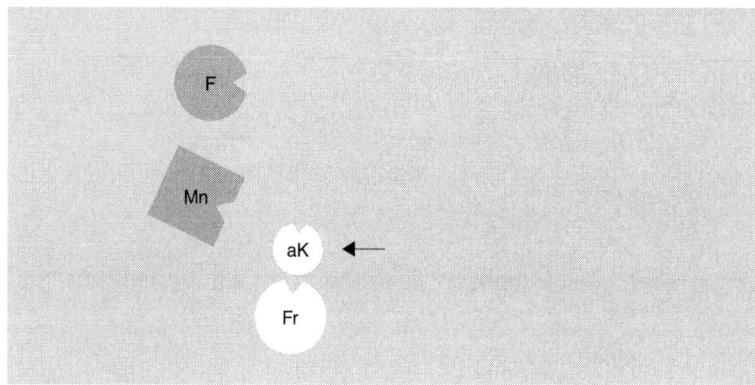

aK   Abgetriebenes KInd

Die Freundin des Mannes beugt sich ganz langsam zu ihrem abge-
triebenen Kind, kniet sich dann hin und umarmt es von hinten. Die
Frau weint laut. Der Mann schaut auf das abgetriebene Kind, ballt
manchmal die Hände, kann sich aber nicht bewegen. Dann führt Hel-
linger die Frau nach vorn.

Bild 3

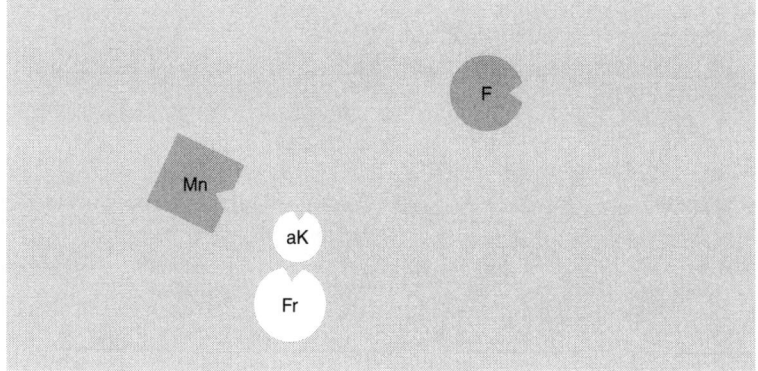

HELLINGER *zu Emilio* Wer wollte die Abtreibung?

EMILIO Es war zum Schluss eine Entscheidung von uns beiden.

HELLINGER Welche beiden?

EMILIO Der anderen Frau und mir.

HELLINGER Wusste die eigene Frau davon?

EMILIO Sie erfuhr erst nach der Abtreibung davon.

HELLINGER *zur Gruppe* Kann die Frau den Mann behalten? Das geht nicht. Es ist vorbei.

Laura schlägt ihre Hände vors Gesicht und weint. Ihre Stellvertreterin schluchzt laut. Ihre Knie zittern.

HELLINGER Das Bild, das ich habe, ist: Dieses Kind wurde der Frau geopfert. Die Reaktion ihrer Stellvertreterin zeigt, dass es ihr geopfert wurde.

Hellinger führt den Mann und die Frau vor das abgetriebene Kind.

Bild 4

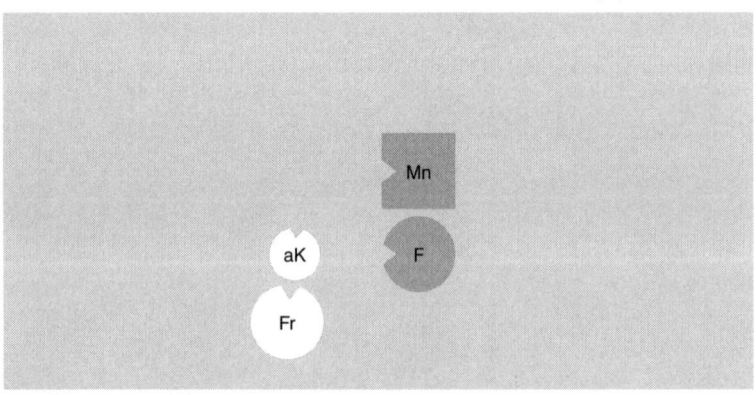

Nach einer Weile streckt die Frau die Hände nach dem abgetriebenen Kind aus, kniet sich hin und umarmt es zusammen mit dessen Mutter. Beide schluchzen laut. Der Mann ist sehr unruhig, setzt manchmal zu einer Bewegung an, kann aber nicht.

HELLINGER *nach einer Weile zu Laura* Sind eure Kinder Jungen oder Mädchen?

LAURA Zwei Mädchen.

Hellinger wählt Stellvertreterinnen für die beiden Kinder und stellt sie dazu. Den Vater wendet er zu ihnen.

Bild 5

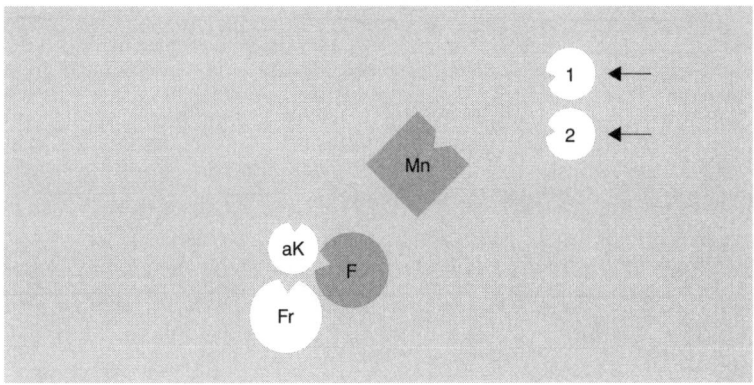

Die Frau und die Freundin richten sich etwas auf, bleiben aber noch knien. Das abgetriebene Kind liegt zwischen ihnen. Die Freundin reicht der Frau die Hand. Der Mann schaut auf den Boden. Die Kinder halten sich von hinten bei den Händen.

HELLINGER *nach einer Weile zu Laura* Wie alt sind die Kinder?

LAURA 10 und 15.

Die Frau steht nun ebenfalls auf und dreht sich zu ihren Kindern. Diese machen einen Versuch, zum Vater zu gehen, brechen ihn aber ab.

Bild 6

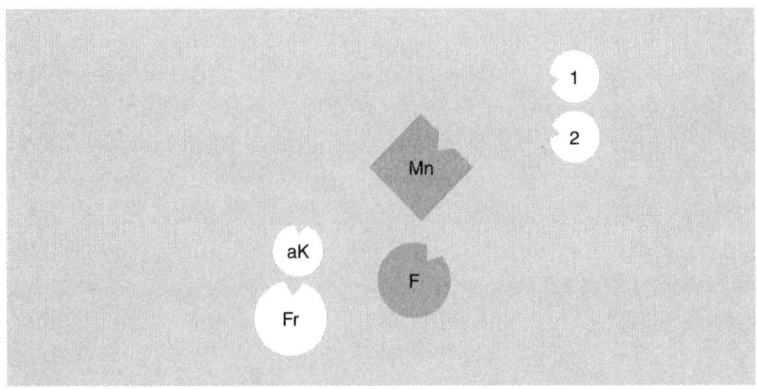

HELLINGER *zur Gruppe* Es ist nichts zu machen hier.

Hellinger stellt nun die Kinder auf die andere Seite. Die Eltern wenden sich ihnen zu. Dann geht die Frau auf die Kinder zu und umarmt sie.

Bild 7

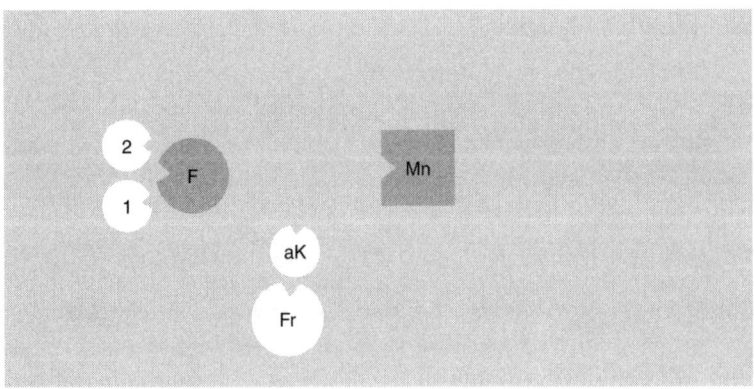

HELLINGER *zur Gruppe* Das ist eine gespielte Lösung. Es wird nicht ernst genommen, was da ist. Von der Frau wird es nicht ernst genommen.

156

Hellinger stellt die Frau zurück und lässt sie wieder auf das abgetriebene Kind blicken.

Bild 8

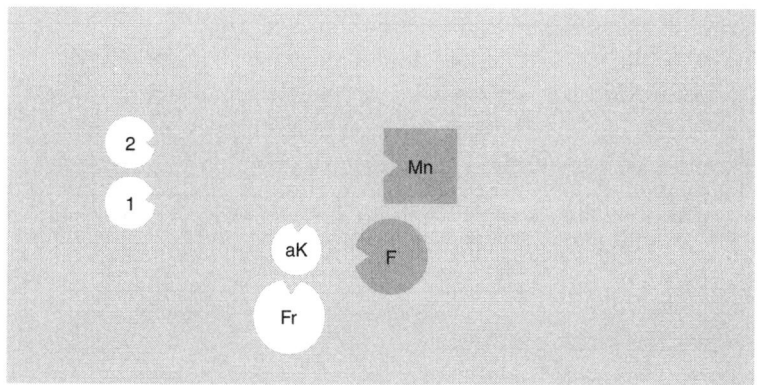

HELLINGER *zur Gruppe* Das war keine Bewegung der Seele. Es war im Sinne von: man überspielt was. Wenn der Therapeut das zulassen würde, würde er etwas zulassen, was nicht möglich ist.

Die Frau kniet sich wieder.

HELLINGER *zu Emilio und Laura* Ich sehe nicht, was ich machen kann. Ich kann das nicht sehen.
nach einer Weile Ich unterbreche es hier. Dank euch, die ihr da mitgemacht habt.

Der Vorrang des neuen Systems

HELLINGER *zur Gruppe* Ich möchte etwas sagen über die Dynamik hier. Heute Morgen habe ich etwas über die Ordnungen des kollektiven, unbewussten Gewissens gesagt. Nach diesem Gewissen hat das, was früher da war, Vorrang vor dem, was später kommt. Doch zwischen den Systemen hat das neue System Vorrang vor dem alten.

157

Also, wenn der Mann eine neue Frau kennengelernt hat und sie wird schwanger von ihm, ist die frühere Beziehung getrennt. Das neue System hat Vorrang.

Wenn man jetzt die alte Beziehung retten will, indem man das Kind abtreibt, wird es noch schlimmer. Keiner der Beteiligten kann mehr zusammenbleiben. Das ist hier die Ordnung.

Gerade in so einer Situation gibt es manchmal die Vorstellung: Wenn das Kind abgetrieben wird, kann man die alte Beziehung retten. Damit wird dieses Kind der alten Beziehung geopfert. Aber wie alle Opfer ist auch dieses Opfer umsonst.

Was wäre jetzt die Lösung? Alle drei Erwachsenen wissen, dass sie dem Kind gegenüber schuldig wurden. Sie müssen dazu stehen. Sie stehen dazu, wenn sie zu den Folgen stehen. Die Folge ist die Trennung.

Aber wie finden sie Frieden?

nach einigem Nachdenken Ich kann das im Augenblick nicht sehen. Ich kann das nicht sehen. Deswegen möchte ich auch nichts darüber sagen.

zu Emilio und Laura Mehr kann ich nicht machen.

Emilio und Laura gehen an ihren Platz. Laura birgt ihren Kopf an Emilios Brust und beide weinen.

Der heilende Schmerz

HELLINGER *zur Gruppe* Was wir hier sehen, ist die Macht der Ordnung. Diese Ordnung kann man nicht überlisten. Das ist unmöglich. Das, was hier heilend wäre, wäre der Schmerz. Aber nicht Selbstmitleid, sondern nur der Schmerz um dieses Kind. Das wäre der heilende Schmerz.

Laura richtet sich auf und Emilio beginnt laut zu schluchzen. Er wird von Schmerz geschüttelt. Nach einiger Zeit legt Laura den Arm um ihn.

HELLINGER *zu Laura* Nicht trösten!

Beide beruhigen sich etwas, weinen aber noch. Dann gibt Emilio Hellinger ein Zeichen, dass er mit ihm reden will.

HELLINGER *zu Emilio* Warte, ich sage dir was.

Emilio beginnt wieder laut zu schluchzen.

HELLINGER Schau her, schau her. Wenn du bei dem Schmerz das Kind anschaust und nur das Kind, dann ist der Schmerz heilend. Der Schmerz muss sich mit offenen Augen zeigen, sonst ist er Selbstmitleid. Stell dir vor, du schaust das Kind an.

Emilio schüttelt den Kopf.

HELLINGER Anschauen, anschauen, anschauen, das Kind anschauen!
zur Gruppe Er sieht es noch nicht. Er ist auf sich konzentriert.
zu Emilio Auf das Kind musst du schauen!

Er beugt den Oberkörper etwas nach vorn.

HELLINGER Tief atmen und die Augen auf lassen. Die Augen auf lassen und auf das Kind schauen!

Emilio faltet die Hände vor der Brust und weint.

HELLINGER Nein, nein, das ist ein Kindergefühl. Schau das Kind an als sein Vater.

Emilio wird ruhiger und schaut jetzt klar.

HELLINGER Das ist besser. Genau, das ist jetzt das Richtige. Schau das Kind an und sag: „Ich habe dich geopfert."
EMILIO Ich habe dich geopfert.

HELLINGER „Jetzt tut es mir Leid."

EMILIO Jetzt tut es mir Leid.

HELLINGER „Jetzt nehme ich dich in mein Herz als dein Vater."

EMILIO Jetzt nehme ich dich in mein Herz als dein Vater.

HELLINGER „Und ich nehme es von dir, dass du Platz gemacht hast."

EMILIO Und ich nehme es von dir, dass du Platz gemacht hast.

Hellinger führt Emilios Hand an sein Herz.

HELLINGER *zu Emilio* Jetzt nimmst du es in dein Herz.

Emilio atmet tief. Nach einer Weile atmet er tief aus.

HELLINGER *zur Gruppe* Hier würde ich es – das ist mein Bild –, für richtig finden, dass er seinen Kindern sagt: „Ihr hattet noch ein Geschwister."

Emilio nickt und beginnt wieder zu weinen.

HELLINGER Nein, nein. Bleib stark, bleib stark. Du musst stark bleiben. Sag ihnen: „Es wurde abgetrieben und es tut mir sehr Leid. In meinem Herzen hat es jetzt einen Platz, und ihr dürft es auch lieben."

Emilio nickt und atmet tief.

HELLINGER Bleib stark, lass die Augen auf.

Er legt Emilio seine Hand auf das Herz und die Schulter.

Okay, jetzt hast du den Weg gesehen. Dir alles Gute.

HELLINGER *zur Gruppe* Ich möchte etwas sagen über den Umgang mit Gefühlen. Ich habe hier gezeigt, auf was man achten muss: Das große Gefühl ist still, so wie bei ihm jetzt, und es ist nach außen gerichtet. Deswegen sind die Augen dabei auf. Dieses Gefühl ist dann kraftvoll. Das erste Gefühl, das er gezeigt hat, war zwar dramatisch, aber ohne Kraft. Es war auf ihn selbst gerichtet, nicht nach außen. Es ist wichtig, dass man das unterscheidet. Okay, gut, da lasse ich es.

zu Emilio, als er noch etwas sagen will Das muss jetzt ruhen. Es ist jetzt okay. Jetzt bist du in Kontakt mit deiner Seele – und mit dem Kind.

Emilio nickt.

Alberto und Susana
Der Ernst

HELLINGER Gibt es noch andere Paare?

zu Alberto und Susana Ich nehme mal euch.

HELLINGER *zu Alberto* Du kommst mir so bekannt vor. Haben wir schon mal gearbeitet?

ALBERTO Als Klient nicht, nur als Stellvertreter.

HELLINGER Wie alt bist du?

ALBERTO 45.

HELLINGER Wie alt ist deine Frau?

ALBERTO 38.

HELLINGER Wie lange seid ihr schon verheiratet?

ALBERTO Fünf Jahre.

HELLINGER War jemand von euch vorher verheiratet?

ALBERTO Ja.

HELLINGER Wer?

ALBERTO Beide.

HELLINGER Und was ist mit deiner ersten Frau?

ALBERTO Wir sind auseinandergegangen. *Er lacht.*

HELLINGER Wem hat jetzt mein Herz gehört?

ALBERTO Ich weiß es nicht.

HELLINGER *zur Gruppe* Wem hat mein Herz gehört?

Die Antwort aus der Gruppe ist: Der ersten Frau.

HELLINGER Genau. Es war abwertend, wie er das gesagt hat.

HELLINGER *zu Alberto* Hast du Kinder mit der ersten Frau?

ALBERTO Zwei Kinder.

HELLINGER Wie alt?

ALBERTO 13 und 8 Jahre.

HELLINGER Wo sind die Kinder?

ALBERTO Die Hälfte der Zeit bei jedem von uns.

HELLINGER *zu Susana* Und bei dir, was ist mit dem ersten Mann?

SUSANA Ich war nicht verheiratet, aber ich habe ein Kind aus dieser ersten Beziehung.

HELLINGER Wie alt ist das Kind?

SUSANA 16 Jahre.

HELLINGER Wo ist das Kind?

SUSANA Vor einem Jahr habe ich ihn gebeten, dass er zu seinem Vater ziehen möge. Er lebt jetzt bei seinem Vater.

HELLINGER Und warum seid ihr hier?

ALBERTO Im Alltag ist die Beziehung sehr schwierig, aber es gibt ein tiefes Gefühl, das uns zusammenhält.

HELLINGER Und was soll ich machen?

ALBERTO Ich würde gerne den Sinn dieser Schwierigkeiten im Alltag verstehen.

HELLINGER *zur Gruppe* Hier haben wir es mit einer komplexen Familie zu tun. Beide Partner waren vorher verheiratet oder zumindest in fester Beziehung, und beide haben Kinder aus den früheren Beziehungen.

HELLINGER *zu Alberto* Habt ihr auch ein gemeinsames Kind?

ALBERTO Nein.

HELLINGER *zur Gruppe* Wenn wir das aufstellen, können wir daran die Gesetze von komplexen Familien ablesen.

zu Alberto Wir stellen mal auf: dich, deine erste Frau, die beiden Kinder;

zu Susana und dich, den anderen Mann und den Sohn.

SUSANA Ich habe noch ein zweites Kind aus einer zweiten Beziehung. Mein jetziger Mann ist der dritte. Ich hatte zwei Beziehungen vorher und aus jeder Beziehung ein Kind.

HELLINGER Dieses Kind ist wie alt?

SUSANA Die Kleine ist ein Mädchen von sieben Jahren.

HELLINGER Es ist also noch komplexer. Dann brauchen wir noch den anderen Mann und das andere Kind.

zu Alberto Fang du an.

Bild 1a, aufgestellt vom Mann

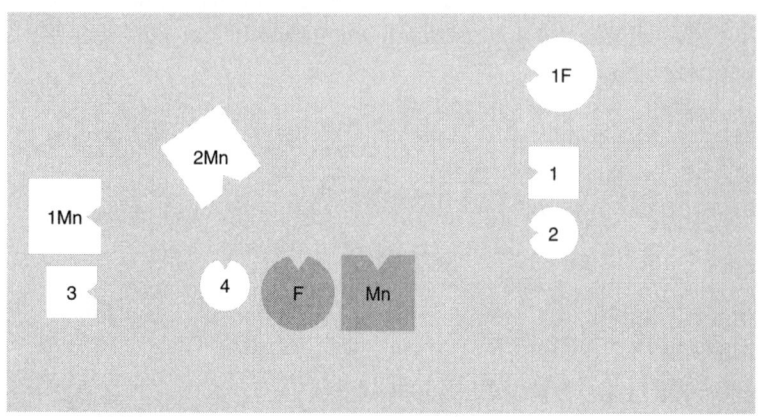

Mn	Mann (= Alberto), Susanas 3. Mann
1F	Erste Frau, Mutter von 1 und 2
1	Erstes Kind, Sohn
2	Zweites Kind, Tochter
F	**Frau (= Susana), Albertos 2. Frau**
1Mn	Erster Mann, Vater von 3
3	Drittes Kind, Sohn, 1. Kind von Susana
2Mn	Zweiter Mann, Vater von 4
4	Viertes Kind, Tochter, 2. Kind von Susana

HELLINGER *zu Alberto* Ist deine erste Frau wieder verheiratet?

ALBERTO Nein.

HELLINGER Ist der zweite Mann von Susana verheiratet?

ALBERTO Nein.

HELLINGER Ist der erste Mann von ihr verheiratet?

ALBERTO Nein.

HELLINGER Okay, setz dich.

zu Susana Wie würdest du es aufstellen?

Bild 1b, aufgestellt von der Frau

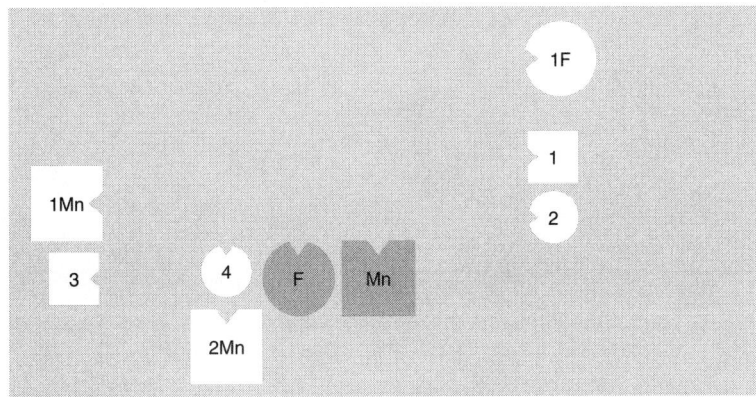

Die Aufmerksamkeit des Stellvertreters von Alberto geht zu seiner ersten Familie.

HELLINGER *zur Gruppe* Diese Beziehung ist nicht getrennt. Die ganze Energie des Mannes geht hier hinüber.

Nach einer Weile stellt Hellinger den Stellvertreter von Alberto seiner ersten Frau gegenüber.

Bild 2

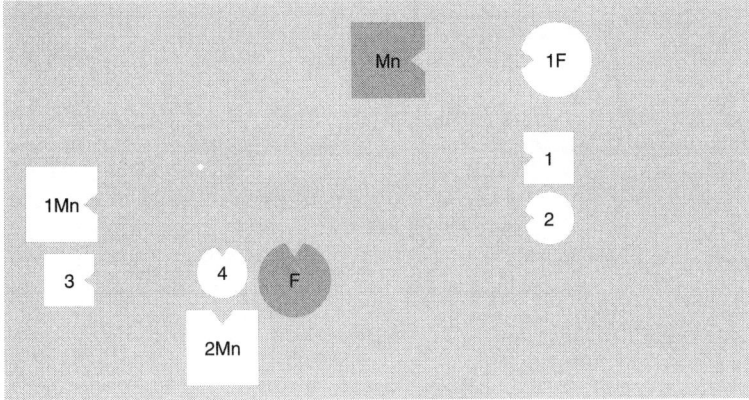

Die Kinder von Alberto drehen sich mehr den Eltern zu.

Bild 3

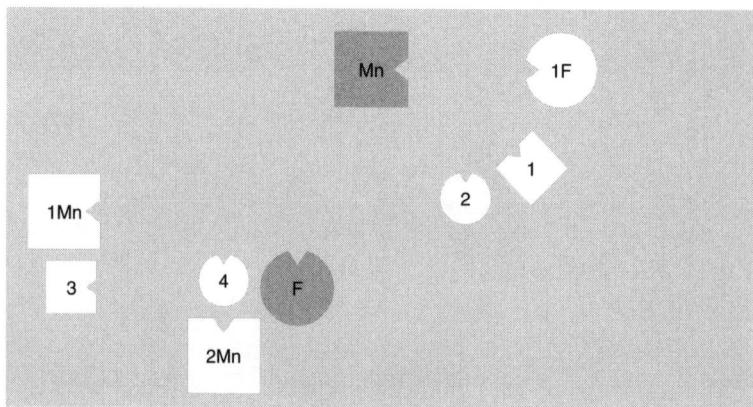

HELLINGER *nach einer Weile zu Alberto* Ist etwas zwischen euch passiert, dass ihr euch getrennt habt?
ALBERTO Die letzten vier Jahre waren sehr schwierig. Ihr Vater ist gestorben. Die Beziehung wurde zunehmend schwieriger und sie wurde dann krank.
HELLINGER Was war die Krankheit?
ALBERTO Krebs.

Inzwischen sind der Mann und die Frau etwas aufeinander zugegangen. Die Frau legt ihre Hand an seine Brust und streichelt sie liebevoll. Dann gehen sie noch näher aufeinander zu. Der Mann streichelt ihr die Wange, sie legt den Kopf an seine Brust und er umarmt sie.

Bild 4

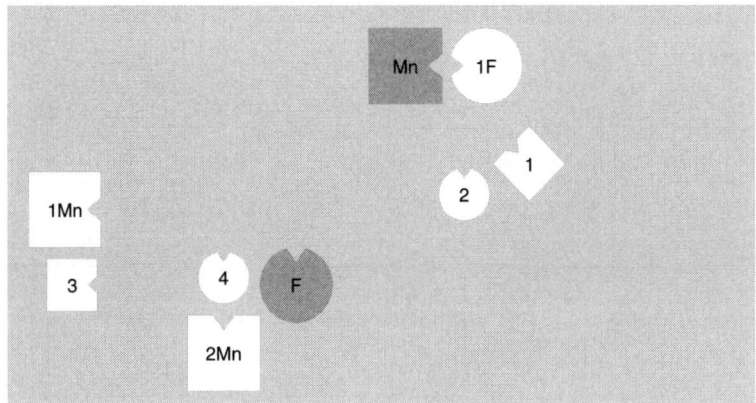

Nach einer Weile löst sich die Frau von ihm, schaut ihn aber liebevoll an. Der Mann bleibt etwas reserviert.

Bild 5

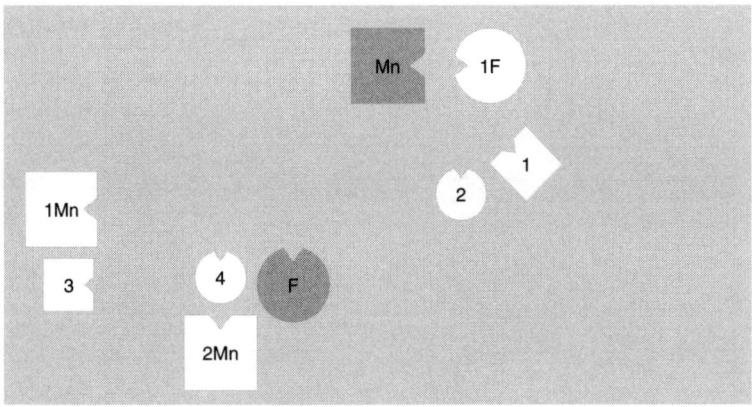

HELLINGER *zum Stellvertreter von Alberto* Sag ihr: „Du bist mir zu krank."

MANN Du bist mir zu krank.

Die Frau beginnt laut zu weinen, legt die Hände vor ihre Brust, zieht sich zurück und wendet sich ab. Die Kinder schauen ihr nach.

Bild 6

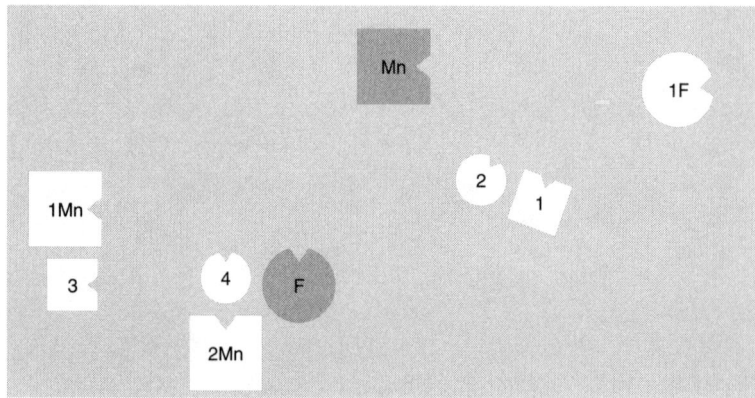

Nach einer Weile dreht sich die Frau um, kommt etwas zurück, will näher kommen, sucht gleichsam ihren Platz, findet ihn aber nicht. Sie weint. Auch die Kinder weinen und umarmen sich dann.

Bild 7

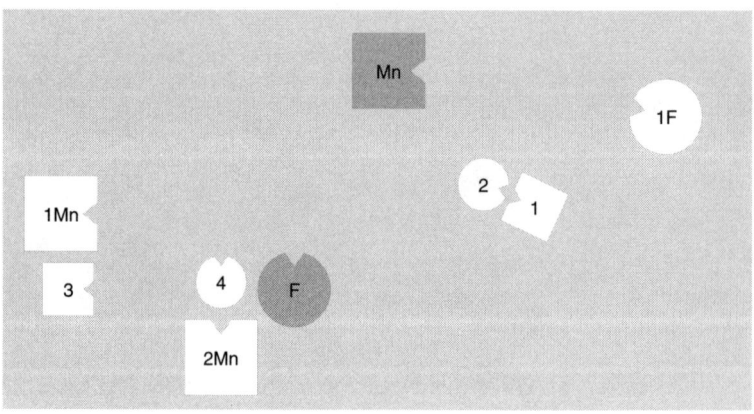

Nach einer Weile geht der Mann einige Schritte auf die Frau zu.

Bild 8

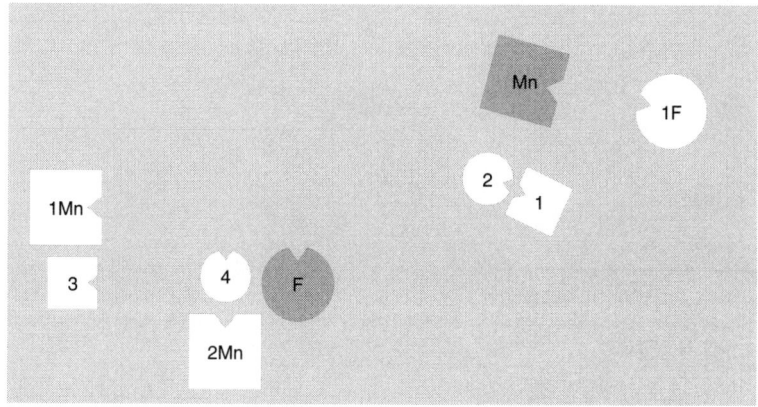

HELLINGER *zum Stellvertreter von Alberto* Knie dich vor sie hin und verneige dich tief.

Der Mann geht auf die Knie, verneigt sich bis auf den Boden und streckt die Hände nach vorn. Nach einer Weile geht die Frau zu ihm hinunter und streichelt ihm über das Haar. Sie nimmt seine Hände, versucht ihn aufzurichten, er leistet noch etwas Widerstand, dann steht sie auf. Er bleibt noch knien, schaut zu ihr nach oben und steht auch auf. Sie halten sich bei den Händen, doch der Mann zeigt wenig Bewegung. Dann legt die Frau den Kopf an seine Brust und er umarmt sie. Nach einer Weile wenden sie sich ihren Kindern zu.

Bild 9

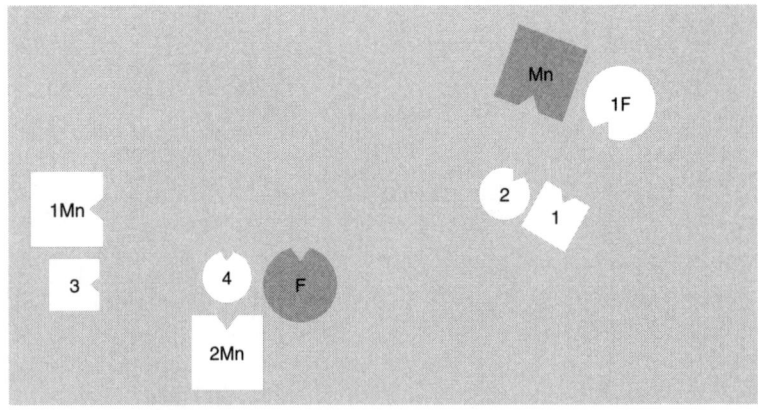

HELLINGER *zum Sohn* Wie geht es dir jetzt?

ERSTES KIND Jetzt ruhiger. Ich fühle mich besser mit meiner Mutter als mit meinem Vater.

HELLINGER Klar.

zur Gruppe Die Mutter ist groß und der Mann ist klein.

HELLINGER *zur Tochter* Wie geht es dir?

ZWEITES KIND Jetzt besser. Ich fühle mich auch der Mutter näher.

HELLINGER *zur Stellvertreterin von Susana* Was ist bei dir?

FRAU Im Lauf der Zeit ist die Tendenz immer stärker geworden, da hinüber auf die andere Seite zu gehen.

Hellinger stellt ihren zweiten Mann der Tochter gegenüber und Susana neben ihn.

Bild 10

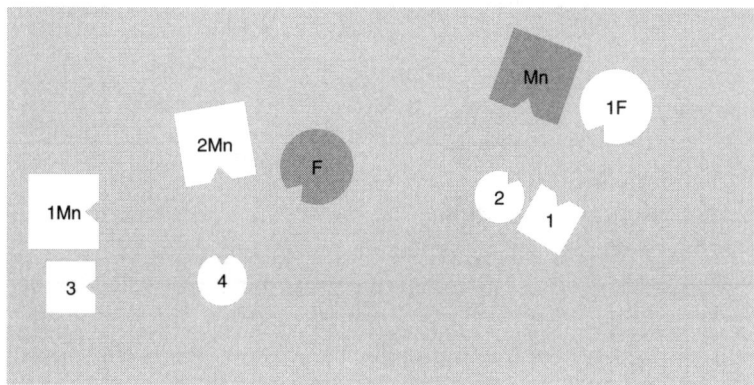

Der zweite Mann schaut nur auf die Tochter. Nach einer Weile stellt Hellinger die Tochter neben ihn. Er legt sofort den Arm um sie. Die Stellvertreterin von Susana führt er abseits.

Bild 11

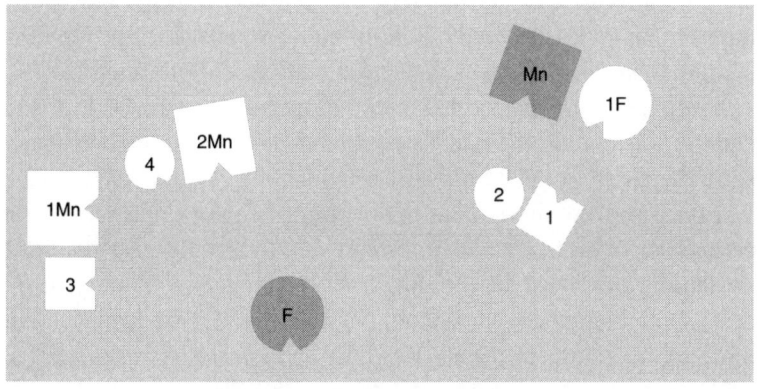

HELLINGER *nach einer Weile zu Susana* Du hast die Männer verspielt. *zu Alberto* Und du hast deine Frau verspielt. Das ist der Ernst.

Alberto nickt.

HELLINGER *zu den Stellvertretern* Okay, das war's.

Bindungen

HELLINGER *zur Gruppe* Ich möchte etwas sagen über Bindungen. Etwas davon wurde hier in der letzten Aufstellung deutlich.

Durch den sexuellen Vollzug, und zwar durch den vollen sexuellen Vollzug, das heißt den Vollzug mit allem Risiko, entsteht eine Bindung zwischen dem Mann und der Frau. Diese Bindung ist unauflöslich. Manche sagen jetzt vielleicht, das ist jetzt katholische Lehre. Das ist es nicht. Die Bindung entsteht nämlich auch außerhalb der Ehe. Also, nicht die Ehe ist unauflöslich, sondern die Bindung zwischen einem Paar, dass sich auf den sexuellen Vollzug eingelassen hat, ist unauflöslich. Man sieht das an der Wirkung. Danach kommt das Paar nicht mehr auseinander. Wenn sie sich trennen, dann können sie das nur mit sehr viel Schmerz und mit einem Gefühl von Schuld. Unschuldig kommt niemand aus so einer Bindung heraus. Deswegen ist die erste Bindung die tiefste Bindung.

Bindungen und Liebe sind nicht dasselbe. Es kann sich später jemand mit einem anderen Partner einlassen. In dieser Beziehung kann die Liebe vielleicht größer sein, doch die Bindung ist geringer. Wenn sie sich trennen, dann mit weniger Schmerz und mit einem geringeren Gefühl von Schuld. Wenn es eine dritte und eine vierte Beziehung gibt, wird die Bindung immer geringer. Sie können leichter auseinandergehen. Nach einer gewissen Zeit ist die Fähigkeit zur Bindung überhaupt verspielt. Das hört dann auf.

Wenn sich jemand leichtfertig trennt – in dieser Aufstellung war der Eindruck, dass das eine leichtfertige Trennung von der ersten Frau war, eine rücksichtslose Trennung –, dann bestraft sich dafür später oft ein Kind. Das geht so weit, dass sich manchmal ein Kind umbringt – zur Sühne für die leichtfertige Trennung. Man kann nicht damit spielen.

Die Bindung entsteht auch bei Inzest, und auch bei einer Vergewaltigung. Deswegen bleibt ein Kind, das Inzest erfahren hat, an den Täter gebunden. Auch nach einer Vergewaltigung bleibt die Frau an den Täter gebunden. Beide, das Kind und die Frau, kommen nicht mehr davon los – außer durch Liebe.

Inzest

Ein Kind, das Inzest erfahren hat, zum Beispiel ein Mädchen, das mit dem Vater in einen Inzest verwickelt war, kommt nicht von ihm los und hat später Schwierigkeiten, eine Bindung einzugehen, wenn die erste Bindung nicht mit Liebe gelöst ist. Wenn man daher, wie manche Therapeuten das tun, entrüstet gegen den Täter vorgehen will, wenn man ihn vor Gericht bringen will, bestraft sich das Kind. Diese Entrüstung ist ganz schlimm für das Kind. Wenn das Kind aber dem Vater sagen darf: „Ich habe dich sehr geliebt und für dich habe ich alles getan", wird die Liebe anerkannt. Dann können sie sich trennen, das Kind kann sich trennen.

In diesem Zusammenhang muss man aber bedenken, dass Inzest fast immer eine Dreiecksbeziehung ist. Es gibt nämlich in der Regel zwei Schuldige. Im Fall von Inzest zwischen Vater und Tochter ist die Mutter fast immer involviert. Oft, indem sie sich dem Mann entzieht und ihm die Tochter als Ausgleich zuführt. Oder in einer zweiten Ehe, wenn eine Frau eine Tochter in diese Ehe mitbringt, verlangt sie von dem Mann mehr, als sie ihm gibt. Zum Ausgleich gibt es dann den Inzest. Deswegen gibt es Inzest sehr häufig zwischen einem Stiefvater und der Stieftochter. Das hat mit dieser Dynamik zu tun.

Also, um das zu lösen, müsste die Tochter dem Vater sagen: „Ich habe es für die Mutter gerne getan." Und sie müsste ihrer Mutter sagen: „Für dich habe ich es gerne getan." In dem Augenblick ist die geheime Dynamik am Licht. Dann kann die Mutter der Tochter sagen: „Es tut mir Leid." Und der Vater kann der Tochter sagen: „Es tut mir Leid, und jetzt ziehe ich mich zurück." Dann kann sich auch die Tochter zurückziehen. Ihre Liebe ist am Licht. Und was noch am Licht ist, ist ihre Unschuld. Dann ist sie frei und kann eine andere Bindung eingehen.

Vergewaltigung

Das Gleiche gilt bei einer Vergewaltigung. Es kam mal eine Frau in einen Kurs und sagte, sie wolle ihre sexuellen Probleme bearbeiten. Ich habe ihr gesagt, so etwas mache ich nicht in der Öffentlichkeit. Später haben wir ihre Familie aufgestellt. Sie war mit zwei Männern verheiratet und hatte aus beiden Beziehungen Kinder. Ich habe sie flüsternd gefragt, um was es bei den sexuellen Schwierigkeiten gehe? Sie sagte: „Ich wurde sechsmal vergewaltigt."

Ich habe dann in der Aufstellung sechs Männer als Stellvertreter für die Vergewaltiger nebeneinander gestellt, und die Stellvertreterin für die Frau habe ich vor die sechs Männer treten lassen. Sie hat sich vor jedem verneigt. Bei einigen tiefer, bei anderen weniger tief. Zum Schluß hat sie sich neben diese Männer gestellt und hat gesagt: „Hier ist mein Platz."

Denen, die noch an der Unterscheidung von gut und böse festhalten, kann ich die Entrüstung nicht verwehren. Aber was würde die Entrüstung bringen? Wem würde sie etwas bringen, außer dem, der entrüstet ist? Denn der fühlt sich dann besser – auf Kosten der anderen. So viel zur Bindung.

Ich habe noch etwas nachzutragen zur Bindung. Wenn eine Ehe auseinander gegangen ist und die Partner heiraten wieder, kann die zweite Beziehung nur gelingen, wenn die früheren Partner anerkannt werden. Also, wenn die zweite Frau der ersten Frau sagt: „Du bist die erste, ich die zweite; ich habe jetzt den Mann, weil du ihn verloren hast; ich habe ihn auf deine Kosten. Ich achte dich. Bitte sei freundlich, wenn ich den Mann jetzt behalte." Wenn der erste Partner geachtet ist, ist er freundlich. Dann kann die zweite Beziehung gelingen. Dann kann sich die erste Beziehung auch auflösen – aber mit Liebe. Wo das nicht geschieht, wird ein Kind aus der zweiten Beziehung den früheren Partner nachahmen.

Wenn es zum Beispiel eine erste Frau des Vaters gibt, der großes Unrecht geschehen ist, dann wird eine Tochter deren bösen Gefühle übernehmen und wird sich so verhalten, dass auch sie ausgeschlossen wird. Damit wird der ersten Frau die Ehre gegeben. Unrecht gegenüber früheren Partnern haben große Konsequenzen.

Ich gebe jetzt noch Gelegenheit für Fragen zu diesem Thema.

Fragen

Gleichgeschlechtliche Bindungen

FRAGE Diese Bindungen, die du hier angesprochen hast, gibt es die genauso bei gleichgeschlechtlichen Paaren?

HELLINGER Bei Männern entsteht häufig eine Bindung. Bei Frauen weiß ich das nicht genau. Ich habe das noch nicht beobachten können. Bei Männern habe ich das beobachten können.

Der Trennungsschmerz

FRAGE Was ist, wenn eine erste Beziehung zu Ende geht, aber einer von den beiden diese Beziehung nicht wirklich beendet?

HELLINGER Viele Beziehungen gehen zu Ende, auch ohne dass jemand schuldig ist. Sehr oft geht eine Beziehung zu Ende, weil es Verstrickungen in den Herkunftsfamilien gibt. Das haben wir hier ja gesehen. Dann darf man bei der Trennung nicht nach der Schuld suchen. Man muss anerkennen, dass die Beziehung zu Ende ist.

Der Partner, der sich weigert, das anzuerkennen, rächt sich an dem anderen, er verhindert dessen Entwicklung. Gleichzeitig verhindert er die eigene Entwicklung, er bleibt in etwas gefangen. Dass dann der andere Partner sich dennoch trennt, ist richtig.

Oft ist es so, dass ein Partner meint, auch wenn ihm klar ist, dass die Beziehung vorbei ist, dass er sich die Trennung durch langes Leid erkaufen muss. Irgendwie ist das auch gemäß – man kann nicht gleich auseinander gehen. Erst wenn alle lange genug gelitten haben, haben sie die Kraft, sich zu trennen. Deswegen darf man auch nicht vorschnell raten, dass man auseinander geht. Es muss durchlitten werden. Die Liebe ist nun mal so.

Manuel und Carmen
Die Verschiebung

HELLINGER Ich mache noch eine Aufstellung.
zu Manuel und Carmen Ich nehme euch.

HELLINGER Um was geht es?

MANUEL Wir haben ein Problem mit der Fruchtbarkeit und möchten das zur Sprache bringen.

HELLINGER Wer von euch kann keine Kinder bekommen?

MANUEL Im Prinzip ich. Wir haben es noch nicht untersuchen lassen, aber erst würde ich mal sagen, dass es an mir liegt.

HELLINGER Wie lange seid ihr schon verheiratet?

MANUEL Wir leben seit fünf Jahren zusammen.

HELLINGER War jemand vorher in einer festen Bindung?

MANUEL Ja, ich habe zwei Kinder mit einer anderen Frau und es hätte noch ein drittes Kind gegeben, das wir abgetrieben haben.

HELLINGER Wie alt bist du?

MANUEL 45.

HELLINGER Und die Frau?

MANUEL 38.

HELLINGER *zu Carmen* Willst du Kinder haben?

CARMEN Ja.

HELLINGER Wirklich?

CARMEN Ja.

HELLINGER Dann suche dir einen anderen Mann. Ich bin mir nicht sicher, ob du wirklich Kinder haben willst oder ob das zwischen euch nur ein Spiel ist.

CARMEN Ich glaube nicht.

HELLINGER *zu Manuel* Was sagst du dazu?

MANUEL Ich glaube schon, dass sie auch Angst hat, ein Kind zu bekommen. Ich glaube zwar, dass sie es bewusst will, dass sie aber auch unbewusste Ängste hat. Bei mir anerkenne ich auch die Angst,

177

dass, wenn wir zusammen ein Kind haben, mich das von meinen anderen Kindern entfernt.

HELLINGER Es gibt nur eine Lösung: Verzichtet auf Kinder.

HELLINGER *nach einer Weile zu Carmen* Wenn du wirklich Kinder haben willst, musst du dich von ihm trennen und dir einen anderen Mann suchen. Er ist nicht frei für andere Kinder. Er hat ja schon alles gehabt, er braucht das im Grunde nicht mehr. Und du willst es nicht, sonst hättest du dich anders gebunden.

HELLINGER *zu Manuel* Macht das Sinn für dich?

MANUEL Ich weiß es nicht. Als wir zusammengezogen sind, war das Thema Kinder überhaupt nicht auf dem Tapet, das kam erst viel später.

HELLINGER Mein Bild ist, es kommt aufs Tapet als ein Teil einer Auseinandersetzung. Es geht nicht ernsthaft um ein Kind. Ich lasse es da mal. Ihr müsst das erst verarbeiten. Okay? Gut.

Bernardo und Eva
Die Grenze

HELLINGER Noch ein Paar?

zu Bernardo und Eva Ich nehme euch.

zur Gruppe Habt ihr noch Kraft, oder fallen euch die Augen zu?

Viele sagen, sie hätten noch Kraft, einige haben keine Kraft mehr. Eva wird sehr unruhig.

HELLINGER *zu Bernardo* Um was geht es?

BERNARDO Es gibt Probleme zwischen uns beiden. Seit geraumer Zeit leben wir eigentlich nebeneinander her.

HELLINGER War jemand vorher verheiratet?

BERNARDO Nein.

HELLINGER Habt ihr Kinder?

EVA Ja, drei.

HELLINGER Wie alt?

EVA 23, 26, und 30. Für den zweiten Sohn bin ich sehr in Sorge. Er hatte letztes Jahr Krebs, und ich fürchte, dass er jemandem folgen will oder für jemanden sterben will.

HELLINGER *zu Bernardo* Was ist in deiner Herkunftsfamilie passiert?

BERNARDO Ich habe vier Geschwister, einen Bruder und drei Schwestern. Im Jahr 1987, als mein Vater gestorben ist, tauchte auf dem Begräbnis meines Vaters eine Schwester auf, die ich nicht kannte.

HELLINGER War diese Schwester älter als ihr?

BERNARDO Nein, sie war die jüngste von allen, aber ich habe keinen Kontakt mit ihr. Ich wusste es vorher nicht. Meine Mutter wusste es schon, und meine älteste Schwester wusste es auch.

HELLINGER Wir stellen jetzt deine Herkunftsfamilie auf.

Bild 1

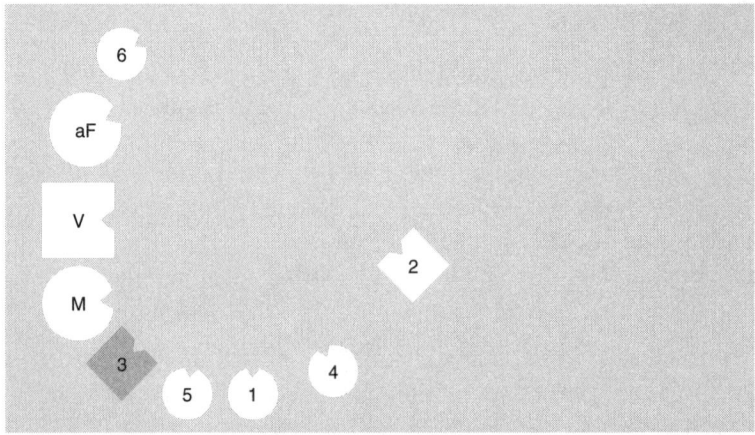

V   Vater

M   Mutter
1   Erstes Kind, Tochter
2   Zweites Kind, Sohn
3   Drittes Kind, Sohn (= Bernardo)
4   Viertes Kind, Tochter
5   Fünftes Kind, Tochter
aF   Andere Frau, Mutter von 6
6   Sechstes Kind, Tochter

HELLINGER War jemand von den Eltern vorher in einer festen Bindung?
BERNARDO Nein.
HELLINGER *zum Stellvertreter von Bernardo* Wie geht es dir?
DRITTES KIND Ich bin etwas verängstigt.
HELLINGER *zu Bernardo* Da ist eine besondere Beziehung zwischen dir und der Mutter.
BERNARDO Ich glaube ja.
HELLINGER Wieso eigentlich?
BERNARDO Meinem Eindruck nach waren wir beide uns am ähnlichsten und am meisten beisammen.

180

HELLINGER Das sieht man. Aber wieso eigentlich? Wen vertrittst du für die Mutter? War in ihrer Familie etwas Besonderes?

BERNARDO Nein.

HELLINGER Dann vertrittst du einen anderen Mann, den sie vielleicht lieber geheiratet hätte. Ich probiere es mal aus, zur Vorsicht.

Hellinger wählt einen anderen Mann und stellt ihn dazu. Inzwischen hat der Vater die andere Frau umarmt und bezieht die gemeinsame Tochter in die Umarmung mit ein.

Bild 2

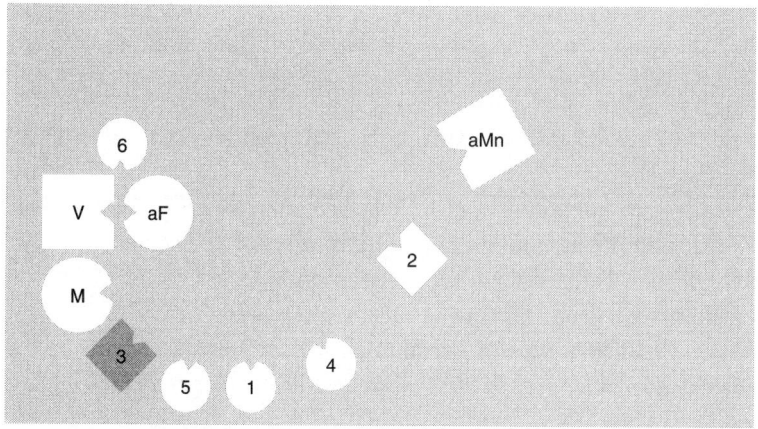

aMn Anderer Mann

BERNARDO Darf ich noch etwas sagen? Meine Mutter hat 1936 zu Beginn des Bürgerkriegs geheiratet. Mein Vater war mehrere Male während des Krieges in Todesgefahr, und immer war es ein purer Zufall, dass sie ihn nicht mitgenommen haben.

Die andere Frau löst sich aus der Umarmung und stellt sich neben den Vater. Ihre Tochter stellt sich neben sie. Der Vater schaut zum Himmel. Der Stellvertreter von Bernardo droht nach hinten zu fallen. Hellinger führt ihn neben den anderen Mann. Als er dort steht, geht er immer weiter zurück.

Bild 3

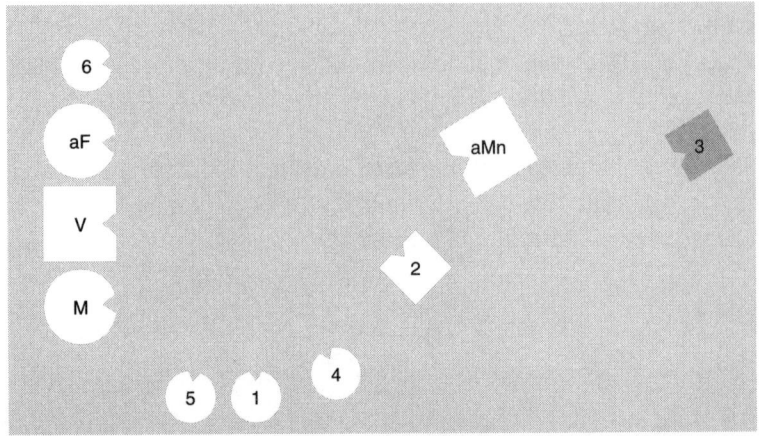

HELLINGER Ich kann da nichts machen. Da gibt es ein Geheimnis, es kommt nicht ans Licht.

EVA Es gibt noch eine Sache. Sein Vater hat lange in Deutschland gelebt, und die Familie war noch in Spanien.

HELLINGER Nein, da ist noch etwas anderes. Ich kann da nichts machen.

zu den Stellvertretern Ihr könnt euch wieder setzen.

zum Stellvertreter von Bernardo Wie ist es dir da gegangen?

DRITTES KIND Es war so, als ob ich nach hinten fallen würde. Die Beine fingen an zu zittern.

HELLINGER Danke.

zu Bernardo Da ist etwas, aber es ist nicht meine Aufgabe, da nachzuforschen.

BERNARDO Also, ich weiß nichts, soviel wie ich weiß, ist da nichts.

HELLINGER Ja genau, du weißt es nicht. Ich sage ja nicht, dass du es verheimlichst. Aber in dieser Familie gab es viele Geheimnisse, wo die anderen nicht gewusst haben, was los ist. Ich kann hier nichts machen, ich muss das unterbrechen. Da lasse ich es.

zur Gruppe Dass die Krankheit des Sohnes eher mit dem Vater zusammenhängt, ist wahrscheinlich. Aber das ist eine Verstrickung, ich darf hier nichts machen.

182

Wenn der Therapeut nicht versucht, weiterzumachen, wenn er anerkennt, dass er an eine Grenze gekommen ist, und wenn er da aufhört, ist das eine wichtige therapeutische Maßnahme. Das lässt ihnen jetzt keine Ruhe. Es kann sein, dass dadurch später etwas hochkommt. Insofern habe ich auch etwas mit ihnen gemacht.

DRITTER TAG

Die Ehrfurcht vor dem Leben

HELLINGER *zur Gruppe* Ich möchte etwas sagen über das Leben. Paarbeziehungen haben ja mit Leben zu tun. Über die Paarbeziehung wird das Leben weitergegeben. Aber woher haben die Paare das Leben? Gehört es ihnen? Oder fließt es nur durch sie hindurch? Es fließt durch sie hindurch, von weit her. Unabhängig davon, wie der Mann und die Frau sind, das Leben fließt durch sie hindurch in Fülle. Mann und Frau geben das ganze Leben weiter, so wie sie es auch ganz von ihren Eltern bekommen haben und wie deren Eltern es von ganz weit her bekommen haben.

Also, das Leben ist unabhängig davon, wie der Vater und die Mutter eines Kindes sind. Aus dieser Sicht können wir und müssen wir anders auf unsere Eltern schauen. Und die Eltern müssen auch anders auf ihre Kinder schauen. Mit Ehrfurcht. Das Kind schaut auf die Eltern und schaut durch die Eltern hindurch, weit in die Vergangenheit zurück, dorthin, woher das Leben ursprünglich kommt. Wenn es das Leben nimmt, dann nimmt es das Leben nicht nur von den Eltern und zugleich von weit her. Deswegen sind alle Eltern richtig. Aus dieser Sicht es gibt keine besseren Eltern und keine schlechteren Eltern. Es gibt nur Eltern.

Wenn wir das erkennen und uns dem auch fügen, können wir das Leben ganz von unseren Eltern nehmen. Wer aber innerlich einen seiner Eltern ablehnt, wer den Eltern Vorwürfe macht, der verschließt sein Herz gegenüber der Fülle des Lebens. Er bekommt dann sozusagen nur einen Teil, oder genauer gesagt, er nimmt sich nur einen Teil. Dennoch wird jeder durch seine Eltern auf eine ganz bestimmte Weise auch festgelegt.

Ich habe vor mir das Bild eines Baumes. Im Herbst weht der Wind und verstreut die Samen. Der eine Samen fällt auf fruchtbares Erdreich, ein anderer auf steiniges Erdreich, und jeder Samen muss sich dort entwickeln, wohin er fällt. Er kann sich den Ort nicht aussuchen. So können auch wir uns unsere Eltern nicht aussuchen. Sie sind der Ort, an dem unser Leben sprießt, nur dort. Ob nun der Samen eines Baumes auf fruchtbares Erdreich gefallen ist oder auf steinigen Grund, wie immer er wächst, er wird ein richtiger Baum. Und er bringt auch Frucht. Seine Samen werden wieder zerstreut, und der gleiche Baum wächst wieder unterschiedlich an verschiedenen Plätzen. Damit wir wirklich wachsen können, müssen wir daher dem Ort zustimmen, an den wir gebunden sind, wie immer er ist. Ob er nun „Vorteile" hat oder „Nachteile", jeder Ort zwingt zu einer besonderen Entwicklung, hat besondere Chancen und setzt bestimmte Grenzen. Aber das Leben ist auf dem einen wie auf dem anderen Platz völlig rein und unverfälscht.

Ich wende das jetzt auf die Paarbeziehung an. Ein Paar bekommt ein Kind. In dem Kind verbinden sich der Mann und die Frau und werden Eltern. Jetzt sagen manche Mütter, das Kind soll sich nach mir entwickeln, und manche Väter sagen, das Kind soll sich nach mir entwickeln. Was geschieht in dem Augenblick? Das Leben wird nicht geachtet. Denn so, wie es durch den Vater kommt, ist es richtig, und so, wie es durch die Mutter kommt, ist es richtig. Wenn man das einmal erfasst hat, dann liebt der Vater im Kind das Leben auch so, wie es durch die Mutter kommt, und die Mutter liebt im Kind das Leben auch so, wie es durch den Vater kommt, mit all den Besonderheiten, die der eine und der andere hat.

Das ist demütig. Man verneigt sich, indem man das Leben, das vom Partner kommt, achtet, vor dem Leben als Ganzem. Wenn ein Mann sagt, das Leben, das von mir kommt, ist besser als das, was über die Frau kommt, dann nimmt er das Leben gleichsam in seine Hand. Er meint, er habe es als etwas Persönliches, und so überhebt er sich über das Leben. Das schadet seiner Seele, es schadet der Paarbeziehung und es schadet dem Kind. Also hier achten wir das Leben.

Tomás und Marisol
Die Unschuld

HELLINGER *zu Tomás und Marisol* Kommt ihr mal hierher.

HELLINGER Um was geht es?

MARISOL Ich habe die Tendenz, aus der Beziehung auszubrechen. Es ist wie eine Kraft, die mich ständig dazu drängt wegzugehen. Es ist auch bei anderen Gelegenheiten so gewesen. Auch wenn ich bleiben will, ich kann nicht.

HELLINGER War jemand von euch vorher verheiratet?

MARISOL Ich war verheiratet.

HELLINGER Hast du Kinder?

MARISOL Ich habe einen kleinen Sohn aus der früheren Ehe.

HELLINGER *zu Tomás* Warst du vorher verheiratet?

TOMÁS Ich war nicht verheiratet, hatte aber mehrere Beziehungen. Mit einer dieser Frauen haben ich mehrere Jahre zusammengelebt.

HELLINGER Hast du Kinder?

TOMÁS Nein.

HELLINGER Habt ihr gemeinsame Kinder?

MARISOL Nein.

HELLINGER *zu Tomás* Ich glaube nicht, dass die Frau zu halten ist.

Lange Pause.

HELLINGER *zu Marisol* Ich stelle mal auf: den ersten Mann, dich und den Sohn.

TOMÁS Sie war vorher schon zweimal verheiratet. Das Kind ist vom zweiten Mann.

HELLINGER Dann nehmen wir beide Männer.

zu Tomás Wenn ein Mann eine Frau heiratet, die schon zweimal verheiratet war, dann weiß er, was auf ihn zukommt. Er wird nicht getäuscht.

zu Marisol Okay, stell auf.

Bild 1

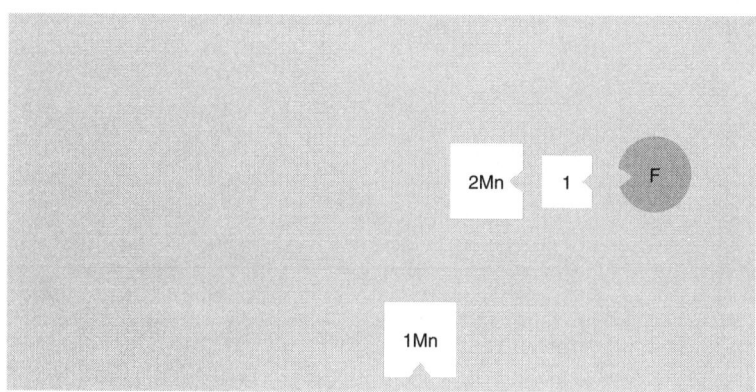

F **Frau (= Marisol)**
1Mn Erster Mann
2Mn Zweiter Mann, Vater von 1
1 Erstes Kind, Sohn

Die Art und Weise, wie Marisol den Stellvertreter des ersten Mannes weggestellt hat, erregt Verwunderung in der Gruppe.

HELLINGER *zur Gruppe* Achtung für Männer hat sie nicht, so, wie sie mit ihnen umgegangen ist.
zu Marisol Hast du die Reaktion aus der Gruppe gemerkt?
MARISOL Ja.
HELLINGER *zu Tomás* Je eher du dich von ihr trennst, desto besser.
als Tomás etwas sagen will Warte noch einen Augenblick.

Hellinger dreht den Sohn zu seinem Vater. In dem Augenblick tritt die Stellvertreterin von Marisol einen Schritt zurück. Der Vater des Sohnes hält ihn bei den Schultern. Der Sohn geht zu ihm hin und legt den Kopf an seine Brust. Dann schauen sie sich in die Augen.

Bild 2

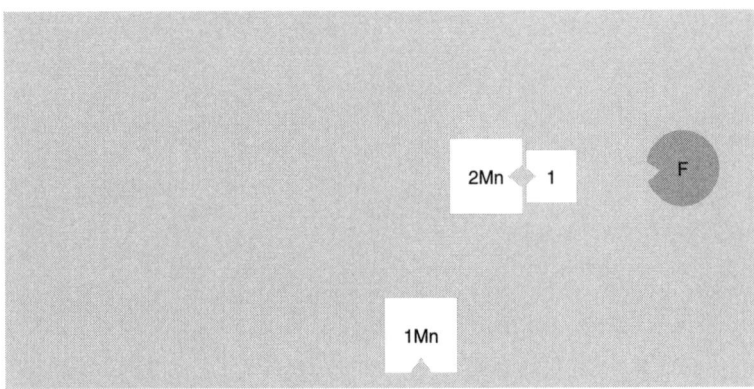

HELLINGER *zur Gruppe* Wie kann ein Sohn sich bei einer Mutter wohl fühlen, die Männer verachtet? Und wie kann er ein Mann werden? Das hier zeigt eine Situation, in der ein Kind leicht homosexuell wird.

MARISOL Als ich drei Jahre alt war, hat mein Vater mich missbraucht.

HELLINGER Das ist jetzt das, worauf es jetzt ankommt. Das mit dem Missbrauch mache ich jetzt separat.

zu den Stellvertretern Aber ihr bleibt alle so stehen.

HELLINGER *zur Stellvertreterin von Marisol* Wie geht es dir?

FRAU Ich bin unruhig, etwas nervös. Ich fühle das aber nicht, was du gesagt hast über die Ablehnung oder die Verachtung.

Für die Aufstellung von Marisols Herkunftsfamilie wählt Hellinger Stellvertreter für den Vater und die Mutter. Die Stellvertreterin, die Marisol bereits als Frau vertreten hat, vertritt sie nun auch als das Kind. Hellinger stellt sie auf.

Bild 3

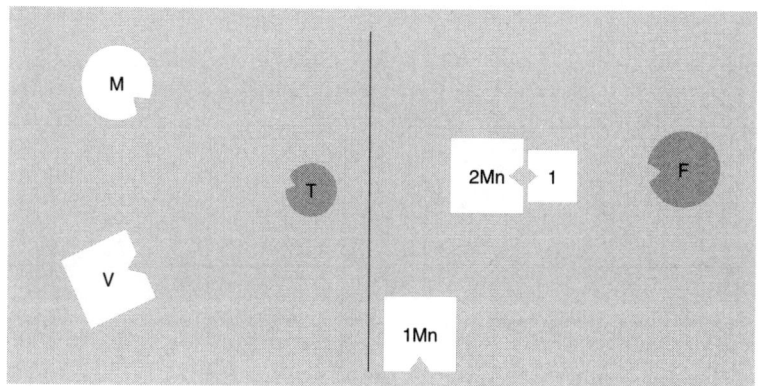

V   Vater

M   Mutter

T   **Tochter** (= **Marisol)**

Die Mutter wendet sich etwas weg und macht eine abwehrende Geste.

HELLINGER *zur Gruppe* Habt ihr die Geste von ihr gesehen? Sie verschließt sich vor dem Mann. Ganz kurz hat sie es gezeigt. Der Therapeut achtet auf die ganz feinen Bewegungen.

Mutter und Tochter gehen aufeinander zu. Die Mutter streichelt ihr über die Wange.

Bild 4

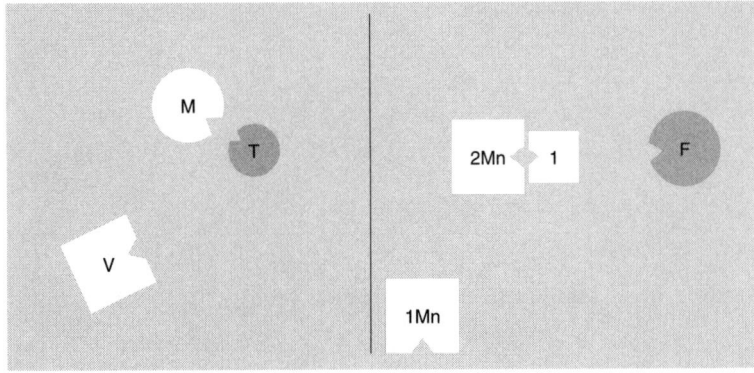

HELLINGER *zur Mutter* Sag ihr: „Tu es für mich."
MUTTER Tu es für mich.
HELLINGER Wiederhole es.
MUTTER Tu es für mich.

Der Vater ist einen Schritt nach vorn gegangen. Die Tochter wendet sich zu ihm und geht ganz langsam auf ihn zu. Auch der Vater geht langsam auf sie zu. Dann reicht die Tochter ihm die Hand. Sie halten sich bei der Hand, ohne aber sich ganz nahe zu treten. Die Mutter stellt sich hinter die Tochter.

Bild 5

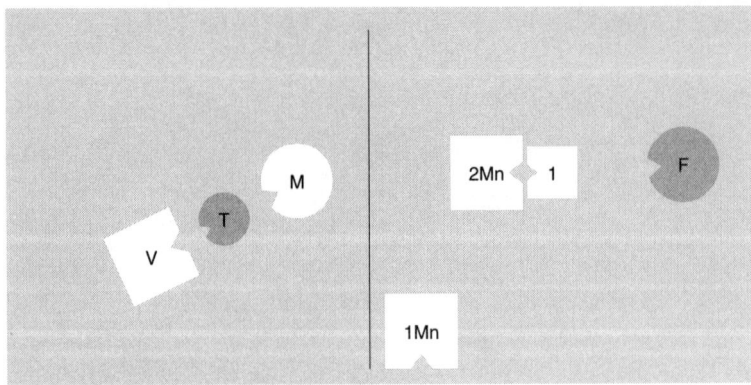

192

HELLINGER *zur Gruppe* Das zeigt genau die Dynamik von Inzest.
zur Stellvertreterin von Marisol Sag dem Vater: „Für die Mama tue ich alles."
TOCHTER Für die Mama tue ich alles.
HELLINGER Jetzt schau die Mutter an, sag ihr: „Für dich tue ich alles."
TOCHTER Für dich tue ich alles.

Die Mutter schüttelt die Kopf und beginnt zu weinen. Sie hält die Tochter bei der Hand, umarmt sie und streichelt ihr über den Kopf.

Bild 6

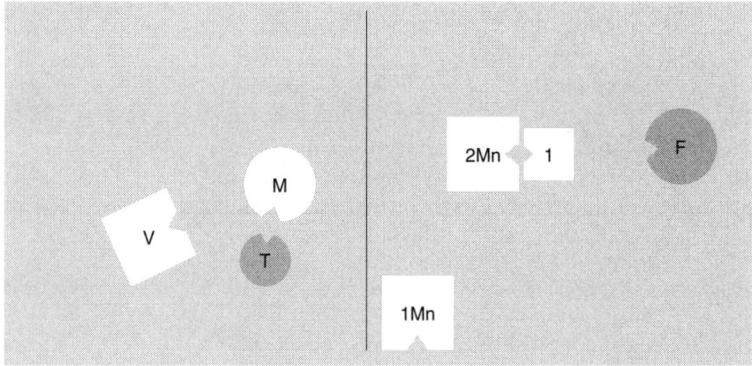

HELLINGER *nach einer Weile zur Tochter* Sag der Mutter: „Ich bin doch so klein."
TOCHTER Ich bin doch so klein.

Die Mutter zieht sie an sich und streichelt sie.

HELLINGER *zur Gruppe* Das Gefühl, das sie zeigt, ist nicht viel wert.
HELLINGER *zur Mutter* Sag ihr: „Ich hab dich ausgeliefert."
MUTTER Ich habe dich ausgeliefert.
HELLINGER Sag es auch dem Mann: „Ich habe sie ausgeliefert."
MUTTER Ich habe sie ausgeliefert.

Hellinger führt nun die Tochter abseits, sodass sich die Eltern gegenüberstehen.

193

Bild 7

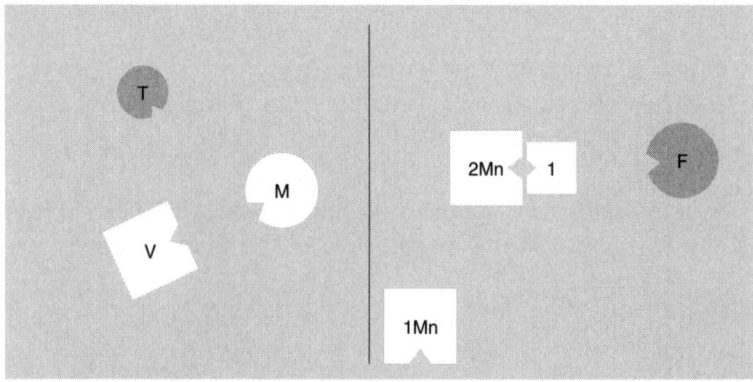

Mann und Frau schauen sich lange an. Die Frau geht etwas auf ihn zu, fasst ihn kurz am Arm und schaut dann auf den Boden. Dann dreht Hellinger sie um und führt sie weg.

Bild 8

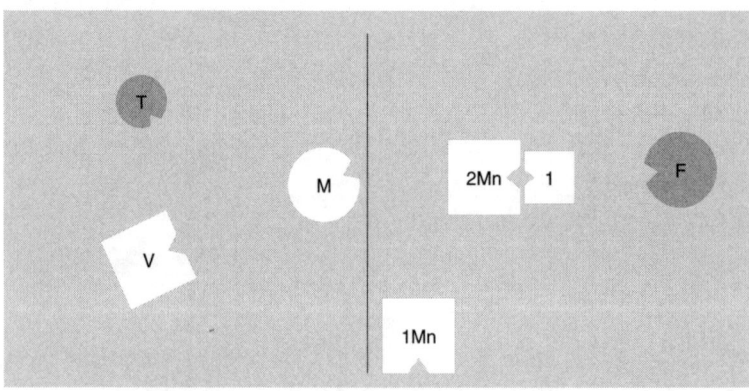

HELLINGER *zur Mutter* Wie ist das?

MUTTER Ich fühle mich etwas erleichtert und ruhiger.

HELLINGER *zur Gruppe* Das ist eine typische Situation bei Inzest. Die Frau will weg vom Mann und zahlt die Tochter als Preis. Und dann sagt sie über den Mann: „So ein Schwein."

Hellinger stellt die Tochter wieder dem Vater gegenüber.

Bild 9

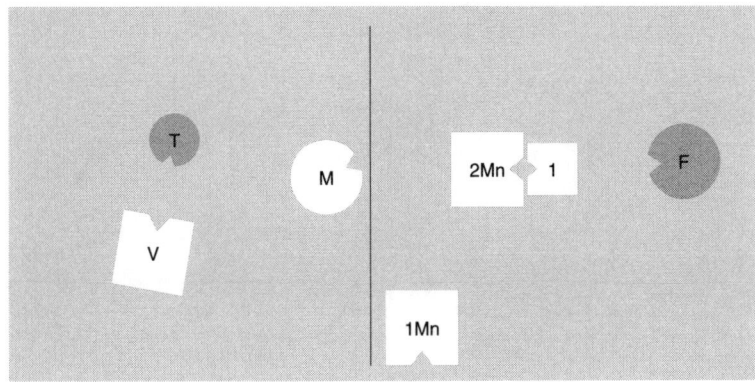

HELLINGER *zur Tochter* Sag ihm auch: „Ich bin doch so klein."
TOCHTER Ich bin doch so klein.
HELLINGER *zum Vater* Sag ihr: „Jetzt tut es mir Leid."
VATER Jetzt tut es mir Leid. Und ich liebe dich.
HELLINGER Nicht so viele Worte, nur das eine: „Es tut mir Leid."
VATER Es tut mir Leid.
HELLINGER „Und jetzt ziehe ich mich zurück."
VATER Und jetzt ziehe ich mich zurück.
HELLINGER „Von mir aus bist du frei."
VATER Von mir aus bist du frei.
HELLINGER „Die Schuld bleibt ganz bei mir."
VATER Die Schuld bleibt ganz bei mir.

Hellinger stellt nun auch die Mutter der Tochter gegenüber.

Bild 10

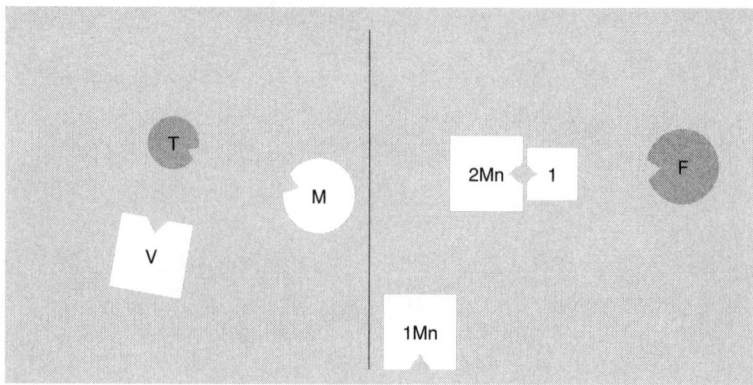

HELLINGER *zur Mutter* Schaut sie auch an und sagst ihr das Gleiche.
MUTTER Von mir aus bist du frei. Die Schuld bleibt ganz bei mir.

Hellinger stellt nun die Tochter vor beide Eltern.

HELLINGER *zur Tochter* Jetzt sag beiden Eltern: „Ich nehme das Leben, wie ihr es mir geschenkt habt."
TOCHTER Ich nehme das Leben, wie ihr es mir geschenkt habt.
HELLINGER „Ich lasse die Schuld bei euch."
TOCHTER Ich lasse die Schuld bei euch.
HELLINGER „Und ich ziehe mich jetzt zurück."
TOCHTER Und ich ziehe mich jetzt zurück.
HELLINGER Tu das.

Bild 11

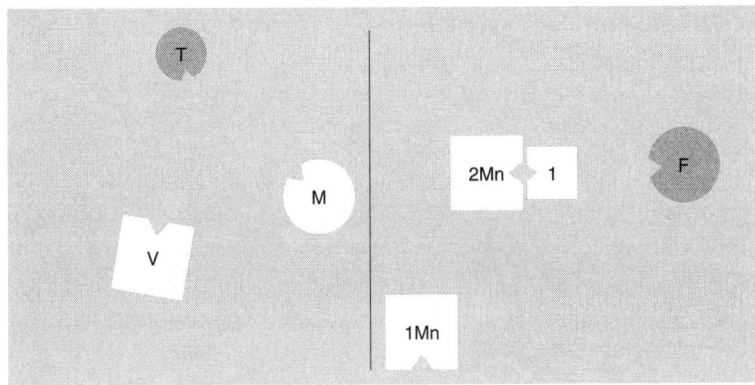

HELLINGER *zur Tochter* Wie geht es dir jetzt?

TOCHTER Besser. Es ist besser, wenn ich die Schuld dort lasse.

HELLINGER *zu Marisol* Du stehst in drei wichtigen Bindungen. Die erste besteht zum Vater, die zweite zum ersten Mann, die dritte zum zweiten Mann und zu Tomás besteht die vierte. Hier habe ich dir gezeigt, wie man die erste Bindung löst. Ich erzähle dir aber noch eine Geschichte.

Da war mal eine Frau bei mir, die berichtete, dass ihre Mutter sich vom Vater getrennt hat und dass sie danach viele Liebhaber hatte. Sie hat diese Tochter all den Liebhabern zur Verfügung gestellt, und so wurde sie ganz schlimm missbraucht. Ich habe dieser Frau gesagt: Stell dir vor, du bist behütet aufgewachsen, so wie die meisten anderen kleinen Mädchen auch. Und dann stell dir vor, wie du aufgewachsen bist. Welche von den beiden Mädchen ist unschuldiger?

MARISOL Beide.

HELLINGER Sie hat gesagt: die zweite. Und es stimmt. Das ist Unschuld mit Kraft. Okay?

Marisol nickt. Sie ist sehr bewegt.

Hellinger lässt die Stellvertreter der zweiten Aufstellung sich wieder setzen und nimmt Marisol selbst in die erste Aufstellung mit herein. Er stellt sie dem zweiten Mann und dem Sohn gegenüber.

Bild 12

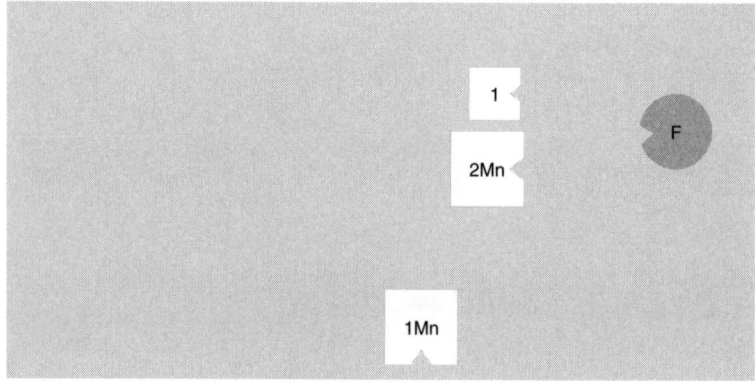

Marisol geht zu ihrem Sohn und umarmt ihn lange und innig.

Bild 13

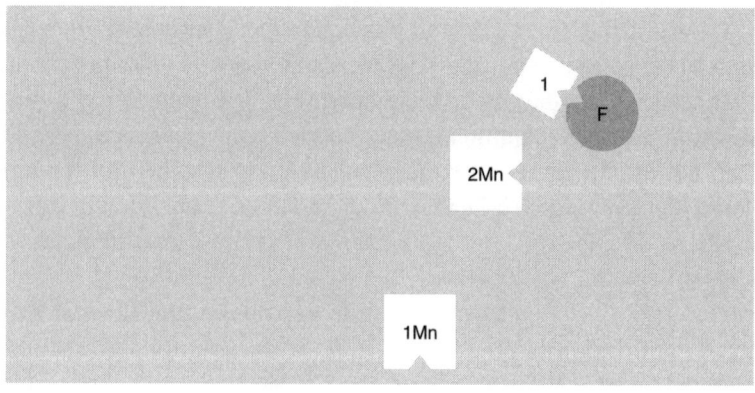

HELLINGER *zu Marisol, als sie sich vom Sohn löst* Jetzt schau mal den Mann an.

Sie stellt sich vor ihren zweiten Mann und schaut ihn lange an. Dann umarmen sie sich. Nach einer Weile schließen sie den Sohn in die Umarmung mit ein. So verbleiben sie lange.

Bild 14

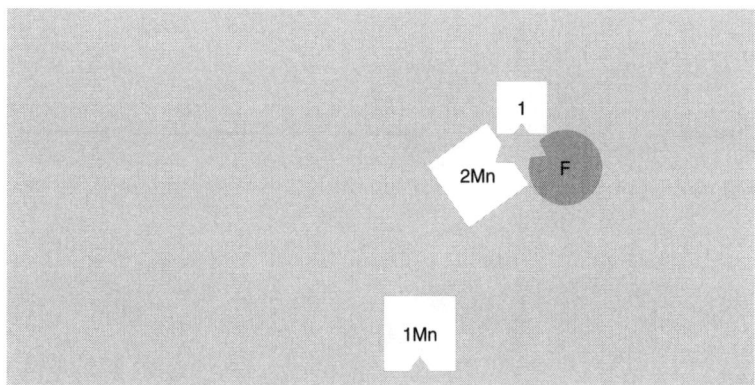

HELLINGER *nach einer Weile zum Sohn* Wie geht es dir?
ERSTES KIND Sehr gut.
HELLINGER *zu Marisol* Dir?
MARISOL Ich spüre sehr viel Schmerz. Ich bin vom Mann entfernt, aber zum Sohn hin spüre ich viel Stärke. Ich fühle keinen Vorwurf gegen den Mann, ich fühle Liebe.
HELLINGER Sag ihm: „Ich fühle Schmerz."
MARISOL Ich fühle Schmerz.
HELLINGER „Es tut mir leid."
MARISOL Es tut mir leid.

Der Mann streichelt ihr den Arm.

HELLINGER „Jetzt achte ich dich als den Vater unseres Kindes."
MARISOL Jetzt achte ich dich als den Vater unseres Kindes.

Der Sohn strahlt.

HELLINGER *zur Gruppe* Wie es dem Sohn gut geht, wenn die Mutter den Vater achtet.

Alle drei fassen sich liebevoll bei den Händen.

HELLINGER Jetzt holen wir auch den ersten Mann hierher.

Hellinger führt ihn vor Marisol.

Bild 15

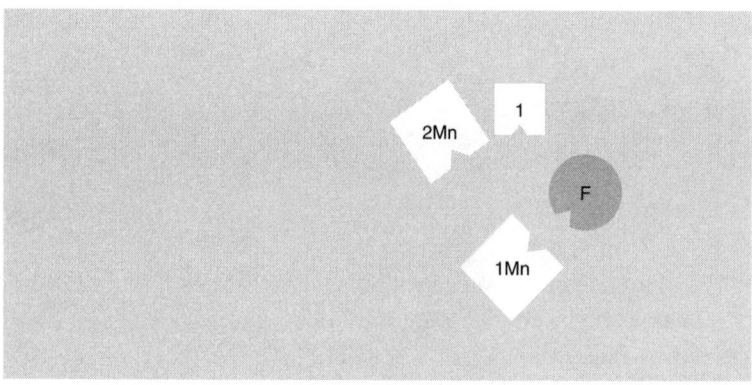

HELLINGER *zu Marisol* Willst du ihm auch etwas sagen? Schau ihn an.
MARISOL Ich habe dich sehr geliebt und ich achte dich. Ich lasse dich in Frieden und mit Liebe gehen.
HELLINGER „Schau freundlich auf mich."
MARISOL Schau freundlich auf mich.

Beide umarmen sich innig. Sie streichelt ihm den Rücken. So verbleiben sie für eine Weile.

HELLINGER *zur Gruppe* Man sieht die große erste Liebe.

Hellinger holt nun auch Tomás in die Aufstellung und stellt das Lösungsbild auf.

200

Bild 16

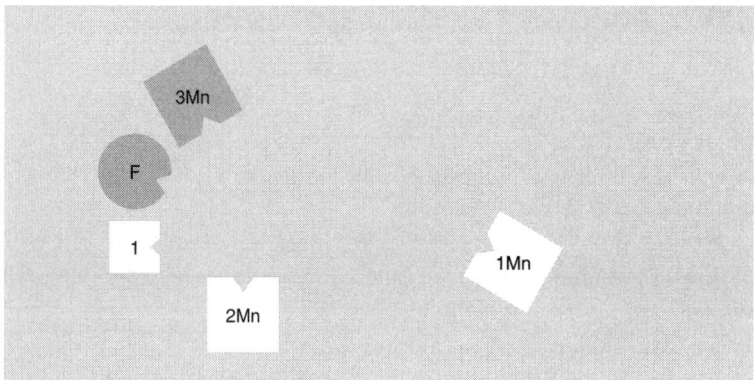

3Mn Dritter Mann (= Tomás)

Marisol lacht alle an.

HELLINGER *zu Tomás* Wie geht es dir?
TOMÁS Ich fühle mich besser, aber da ist auch noch eine persönliche Angst da. Ich bin nicht sicher, ob ich diese Verantwortung übernehmen kann, weil ich mir sehr viel abverlange. Ich würde gerne noch etwas sagen, wenn das möglich ist.

Hellinger wehrt ab.

HELLINGER *zu Marisol* Jetzt schau den Mann an und sag: „Ich übernehme den ganzen Teil meiner Verantwortung."
MARISOL Ich übernehme den ganzen Teil meiner Verantwortung.
HELLINGER „Jetzt bin ich verfügbar."
MARISOL Jetzt bin ich verfügbar.

Sie umarmen sich innig und küssen sich.

HELLINGER Ende gut, alles gut.

Beifall aus der Gruppe

José und Christina
„Wir sorgen für dich gemeinsam"

HELLINGER *zu José und Christina* Jetzt mache ich mit euch weiter.

HELLINGER Um was geht es?

CHRISTINA Ich wüsste nicht wirklich, was ich sagen soll. Wir sind hier, weil wir eine Tochter mit einer Gefäßkrankheit haben, die aufgetreten ist, als sie ungefähr 13 Jahre alt war.

HELLINGER Welche Gefäßkrankheit?

CHRISTINA Eine Gefäßkrankheit, welche die kleinen Blutgefäße betrifft, eine Autoimmunerkrankung.

HELLINGER Es geht also hier nicht um eine Paarbeziehung?

CHRISTINA Doch. Unsere Frage oder unsere Sorge ist, ob wir durch die Art und Weise, wie wir leben und wie wir vorgehen und handeln, diese Krankheit ausgelöst haben.

HELLINGER Okay.

zur Gruppe Wenn so etwas in einer Familie passiert, dass ein Kind eine solche Krankheit entwickelt, oder wenn ein Kind behindert geboren wird, dann suchen die Eltern sehr häufig nach einer Ursache bei sich. Sie fragen sich: Was haben wir falsch gemacht? oder: Was habe ich falsch gemacht? oder: Was hat der andere falsch gemacht? Was ist die Wirkung davon? Was für eine Wirkung hat das auf das Paar? Und was für eine Wirkung hat das für das Kind? Diese Frage trennt das Paar. Sie haben die Phantasie: Hätten wir uns nur anders verhalten, dann wäre das nicht passiert. Sie haben also die Vorstellung, als hätten sie es in der Hand gehabt, hätten sie es nur gewusst. Doch dadurch können sie sich dem Kind nicht mehr voll zuwenden und nicht das, was dem Kind gut tut, mit der vollen Liebe tun.

zu José und Christina Ich mache jetzt eine Übung mit euch, wie man damit umgeht.

Hellinger stellt den Mann und die Frau nebeneinander und stellt eine Stellvertreterin für ihre Tochter vor sie.

Bild 1

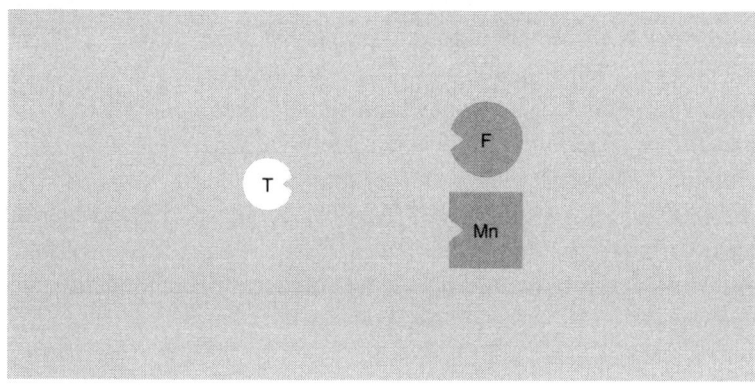

Mn Mann (= José)
F   Frau (= Christina)
T   Tochter; hat eine Autoimmunerkranknung

In dem Augenblick, als die Tochter vor die Eltern gestellt wurde, trat der Mann einen kleinen Schritt zur Seite.

HELLINGER *zur Gruppe* Wir sehen, der Mann ist etwas von der Frau weggerückt.
HELLINGER *zu José* Jetzt schau die Frau und sag ihr: „Es ist unser Kind."
JOSÉ Es ist unser Kind.
HELLINGER „Es ist unser gemeinsames Kind."
JOSÉ Es ist unser gemeinsames Kind.
HELLINGER „Wir sorgen für das Kind gemeinsam."
JOSÉ Wir sorgen für das Kind gemeinsam.
HELLINGER „So gut wir können."
JOSÉ So gut wir können.
HELLINGER „Du kannst dich dabei auf mich verlassen."
JOSÉ Du kannst dich dabei auf mich verlassen.

José ist sehr bewegt.

HELLINGER *zu Christina* Und du sagst ihm das Gleiche.

HELLINGER „Es ist unser Kind."

CHRISTINA Es ist unser Kind.

HELLINGER „Wir sorgen für das Kind gemeinsam."

CHRISTINA Wir sorgen für das Kind gemeinsam.

HELLINGER „Wir tun alles, was wir können."

CHRISTINA Wir tun alles, was wir können.

HELLINGER „Und du kannst dich in der Sorge um dieses Kind auf mich verlassen."

CHRISTINA Und du kannst dich in der Sorge um dieses Kind auf mich verlassen.

José und Christina rücken zusammen und legen von hinten die Arme umeinander.

HELLINGER *zur Gruppe* Jetzt geht es der Tochter gut, habt ihr das gesehen?

TOCHTER Von mir sind viele Kilo Gewicht abgefallen.

HELLINGER *zu José und Christina* Jetzt sagt ihr dem Kind: „Du bist unser Kind."

JOSÉ/CHRISTINA Du bist unser Kind.

HELLINGER „Und wir sind deine Eltern."

JOSÉ/CHRISTINA Und wir sind deine Eltern.

HELLINGER „Wir tun alles, was für dich notwendig ist."

JOSÉ/CHRISTINA Wir tun alles, was für dich notwendig ist.

HELLINGER „Solange wir dürfen und solange du bleibst."

JOSÉ/CHRISTINA Solange wir dürfen und solange du bleibst.

Die Eltern und das Kind gehen aufeinander zu und umarmen sich nnig.

Bild 2

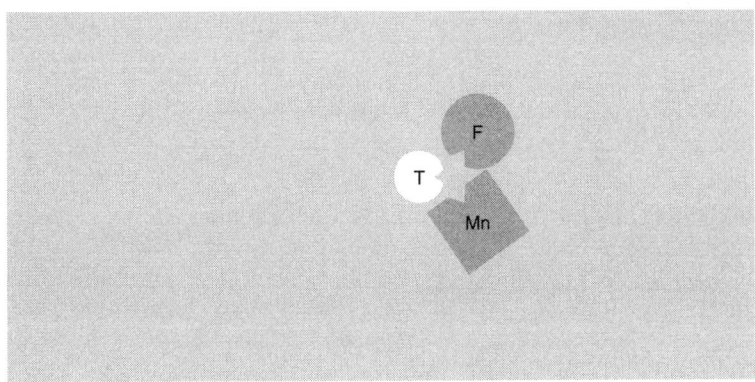

HELLINGER *nach einer Weile* Okay, das war's dann.

HELLINGER *zur Tochter* Was war bei dir?

TOCHTER Ich habe mich in der Umarmung sehr wohl gefühlt, aber gleichzeitig habe ich auch meinen eigenen Raum als Tochter gebraucht.

Hellinger stellt die Tochter wieder in gewissem Abstand den Eltern gegenüber.

Bild 3

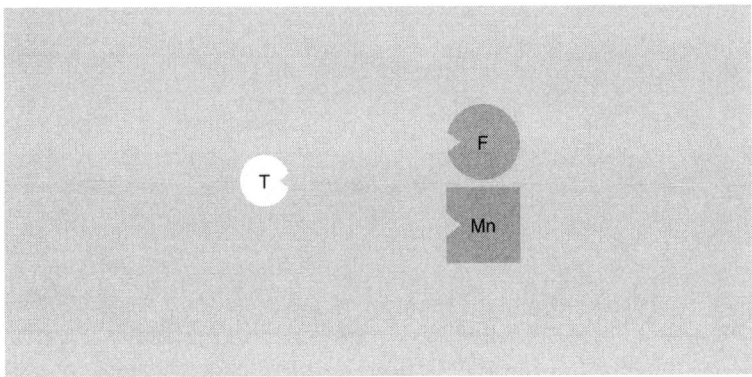

HELLINGER So wäre es das Richtige.

Eduardo und Luisa
Der Schutz

HELLINGER Ist noch ein Paar da, mit dem ich noch nicht gearbeitet habe?

zu Eduardo und Luisa Ihr? Kommt hierher.

HELLINGER Um was geht es?

EDUARDO Ich bin geschieden und habe zwei Kinder aus einer früheren Beziehung. Vor vier Jahren habe ich Luisa geheiratet und wir haben zusammen eine Tochter. Ich bin in Konflikt mit meiner früheren Frau und mit meinen Töchtern, und ich möchte das in Ordnung bringen.

HELLINGER *zu Luisa* Möchtest du auch etwas sagen?

LUISA Ja. Bevor wir das Mädchen bekommen haben, hatte ich eine Fehlgeburt. Andererseits habe ich das Gefühl, dass ich mit der ersten Frau meines Mannes auch etwas in Ordnung bringen muss.

HELLINGER *zu Eduardo* Okay, wir stellen das auf: dich, die erste Frau, die beiden Töchter, die zweite Frau und das gemeinsame Kind.

Bild 1

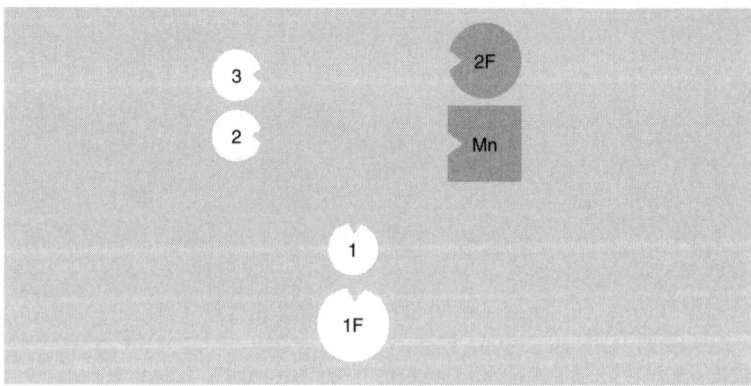

Mn **Mann (= Eduardo)**
1F   Erste Frau, Mutter von 1 und 2
1   Erstes Kind, Tochter
2   Zweites Kind, Tochter
2F   **Zweite Frau (= Luisa)**
3   Drittes Kind, Tochter

*Die älteste Tochter schaut auf den Boden und beugt sich immer mehr
nach vorn, der Mann schaut unentwegt auf sie.*

HELLINGER *zu Eduardo* Wo leben die Kinder aus der ersten Ehe?
EDUARDO Bei ihrer Mutter.
HELLINGER Was ist in der ersten Ehe passiert zwischen dir und der
Frau?
EDUARDO Meine Frau hat einen anderen Mann gefunden und hat
mich verlassen.
HELLINGER Gab es eine Abtreibung oder so etwas Ähnliches?
EDUARDO Nein.
HELLINGER Die älteste Tochter schaut auf den Boden. Das heißt, sie
schaut auf einen Toten.
EDUARDO Ich weiß nicht, wer das sein könnte.
HELLINGER Es kann jemand sein aus der Familie der Frau, es kann
auch jemand aus deiner Familie sein.
EDUARDO Die Mutter meiner ersten Frau hatte, bevor meine Frau ge-
boren wurde, eine Totgeburt.
HELLINGER Das reicht nicht.
HELLINGER Aus deiner Familie?
EDUARDO Es gab Tote, mein Großvater und meine Großmutter, aber
es waren natürliche Todesfälle.
HELLINGER Die anderen Kinder schauen nämlich auch auf den Boden.
EDUARDO Ich weiß nicht, ob das etwas damit zu tun hat: Ein Bruder
von mir ist vor fünf Jahren verschwunden.
HELLINGER Nein.

*Die Mutter hält die ältere Tochter von hinten. Diese dreht sich nach
einer Weile zu ihr und beide umarmen sich.*

Bild 2

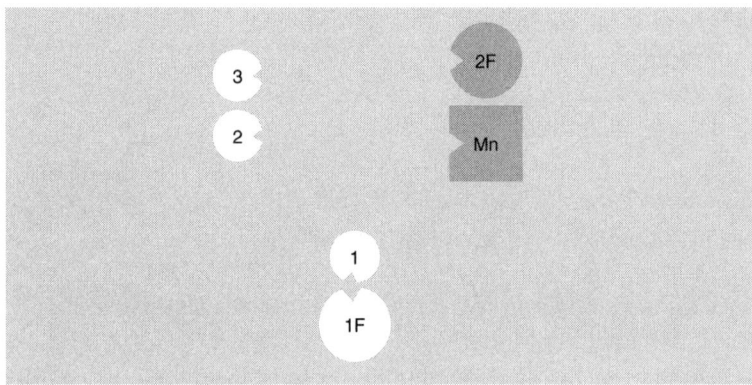

Die jüngste Tochter ist sehr bewegt. Hellinger stellt sie neben die erste Frau.

Bild 3

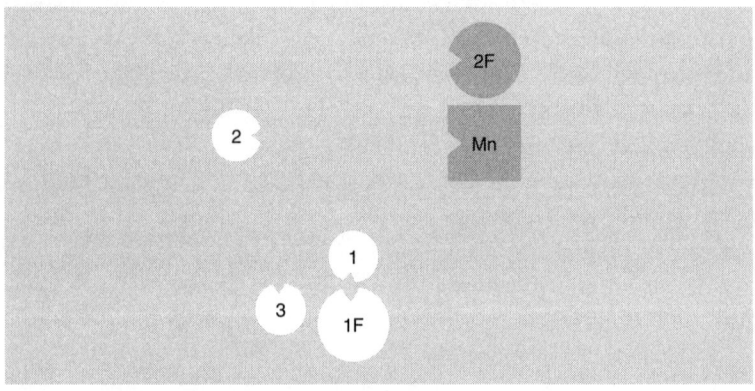

HELLINGER Sie vertritt die erste Frau.

Die zweite Tochter weint und zieht sich rückwärts immer weiter zurück. Auch die Stellvertreterin von Luisa weint. Der Stellvertreter von Eduardo schaut weiterhin unentwegt auf seine erste Frau und die ältere Tochter.

Bild 4

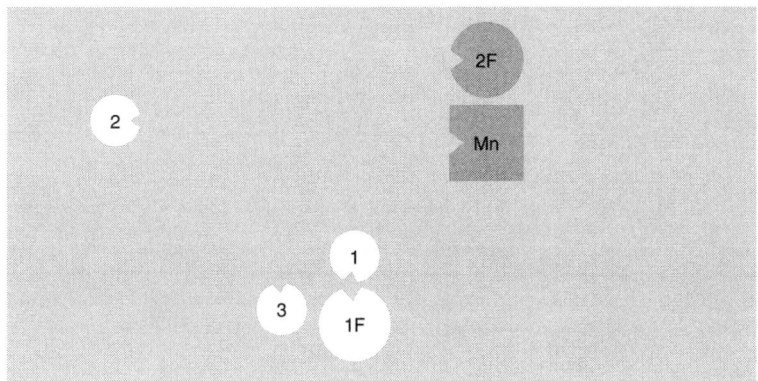

HELLINGER Da muss etwas Schlimmes passiert sein zwischen dir und der ersten Frau.

EDUARDO Es gab sehr viel Streit, sehr viel Kampf in der Scheidung. Der Mann, wegen dem sie mich verlassen hat, ist vor drei Jahren gestorben.

HELLINGER Nein.

zur zweiten Tochter Komm her, dir geht es auch ganz schlecht. Geh mit deiner Bewegung.

Sie geht weinend in Richtung ihrer Mutter. Als sie nahe ist, hindert sie etwas, dass sie weitergeht. Sie geht wieder etwas zurück, kniet sich hin und beugt sich vor. Es schüttelt sie.

Bild 5

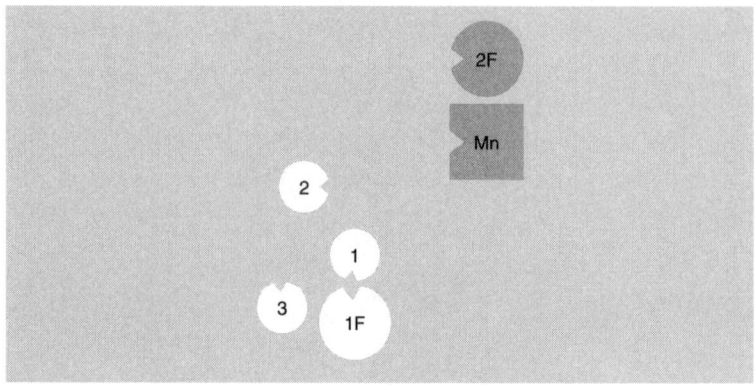

<small>HELLINGER</small> Da gibt es einen Toten! Da ist etwas ganz Schlimmes passiert!

Hellinger wählt eine Stellvertreterin für eine Tote und lässt sie sich hinlegen.

Bild 6

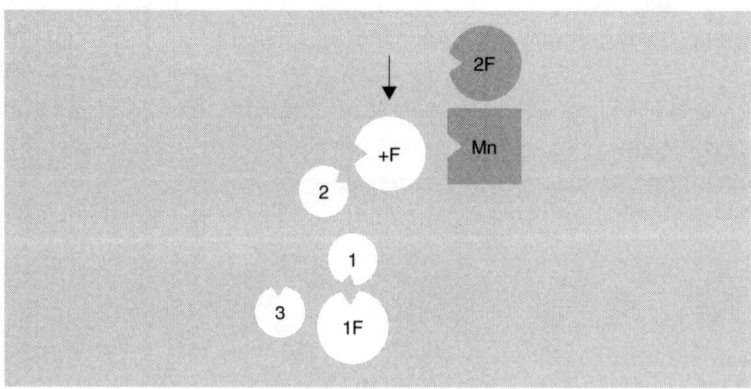

+ F Frau, die eine Tote vertritt.

Die zweite Tochter rückt näher zu der Toten, krümmt sich dabei und schluchzt laut. Auf der Stellvertreter von Eduardo stellt sich nun vor

210

die Tote und schaut zu ihr hinunter. Die erste Frau, die erste und die
dritte Tochter gehen ebenfalls zu Boden. Dabei hält die erste Frau ihre
erste Tochter fest umschlungen. Auch diese Tochter weint.

Nach einer Weile dreht Hellinger die Stellvertreterin von Luisa um und
führt sie weiter weg. Auch ihre Tochter holt er aus dem Bannkreis der
Toten und führt sie weg.

Bild 7

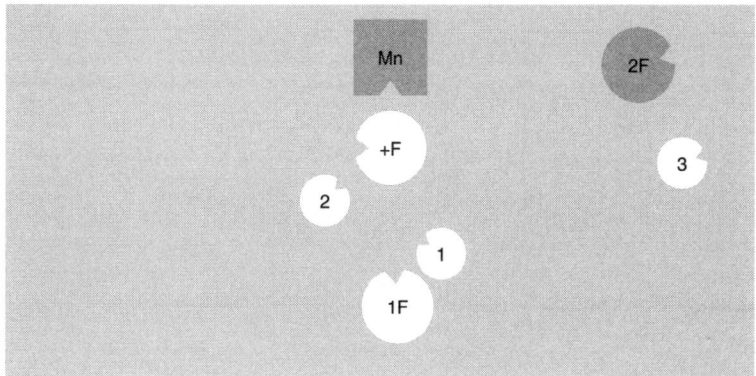

HELLINGER *zu Eduardo* Hier ist nichts zu machen. Da ist etwas ganz
Schlimmes.

EDUARDO Die Eltern meiner ersten Frau sind sehr jung gestorben. Es
überrascht mich total.

HELLINGER Da ist etwas Schlimmes.

HELLINGER Ich kann hier nichts machen, ohne Informationen kann
ich nichts machen. Es kann auch Generationen zurückliegen. Aber
mein Bild ist, es ist eher etwas Nahes.

EDUARDO Im Zusammenhang mit irgendeinem Tod?

HELLINGER Ja oder einem Verbrechen.

EDUARDO Vielleicht etwas aus dem Krieg?

HELLINGER Das könnte sein. Gibt es da etwas?

EDUARDO Mein Vater war im Krieg und ich habe Onkel, die auch an
der Front waren. Meine Großmutter war im Gefängnis.

HELLINGER Wegen was?

EDUARDO Aus politischen Gründen während des Bürgerkriegs.

Inzwischen hat sich die zweite Tochter etwas weiter entfernt auf den Boden gelegt. Auch die erste Tochter liegt nun auf dem Boden.

Bild 8

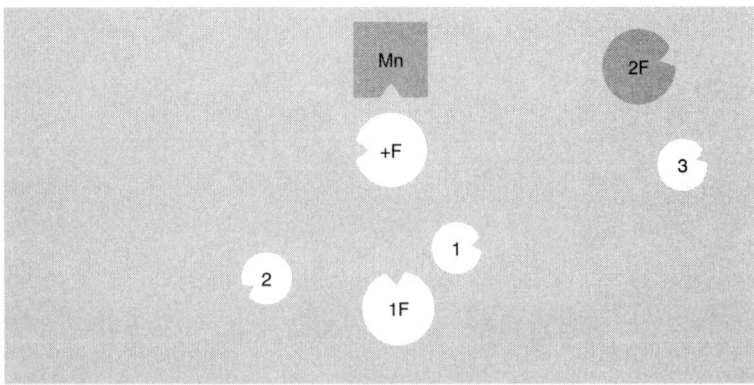

Hellinger wählt nun eine Stellvertreterin für die Großmutter und stellt sie ins Bild.

Bild 9

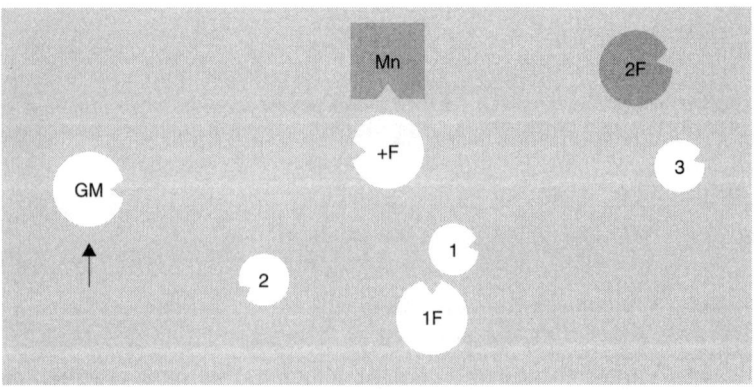

GM   Großmutter

Die zweite Tochter setzt sich auf. Der Mann schaut auf seine Groß-
mutter, auch die erste Frau wendet sich ihr zu.

HELLINGER *zur Gruppe* Es kommt sofort Ruhe herein.

Die Großmutter geht näher zur zweiten Tochter. Diese umfasst ihre
Knie und legt sich zu ihren Füßen. Die Großmutter kniet sich hin. Der
Mann geht zu ihr, kniet sich zu ihr und beide umarmen sich. Die Stell-
vertreterin für die tote Frau hat sich zur Seite gelegt. Die jüngste Toch-
ter geht zu ihr und legt sich auf den Rücken. Die Stellvertreterin von
Luisa schaut zur Großmutter hinüber.

Bild 10

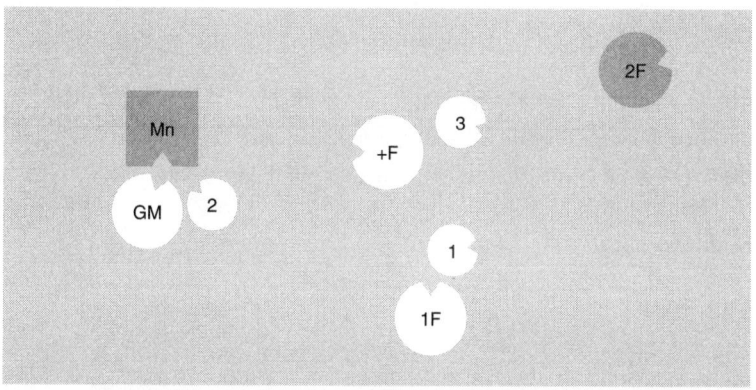

Hellinger fordert die Großmutter auf, sich zu der Toten zu legen. Auch
die zweite Tochter legt sich dazu und schluchzt laut. Der Mann sitzt
hockend gegenüber.

Bild 11

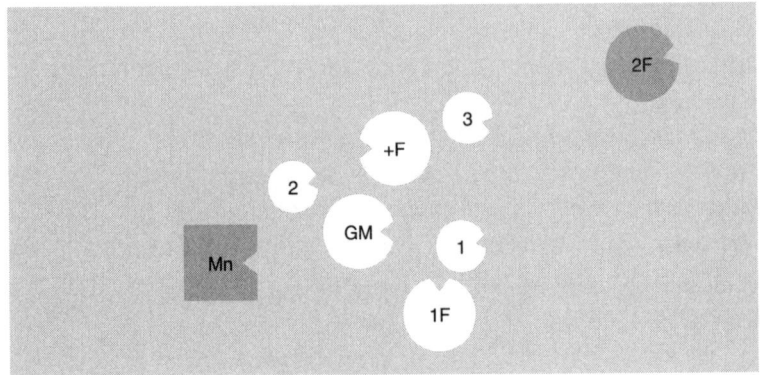

Die Großmutter setzt sich wieder auf, die zweite Tochter liegt schluchzend in ihrem Schoß. Sie schaut sich ratlos um.

HELLINGER *zur Großmutter* Was ist bei dir?
GROSSMUTTER Ich bin total unruhig, ich kann mich nicht hinlegen.
HELLINGER *zu Eduardo* Es ist nicht sie, es ist jemand anders.

Hellinger wählt zwei Männer und stellt sie ins Bild.

Bild 12

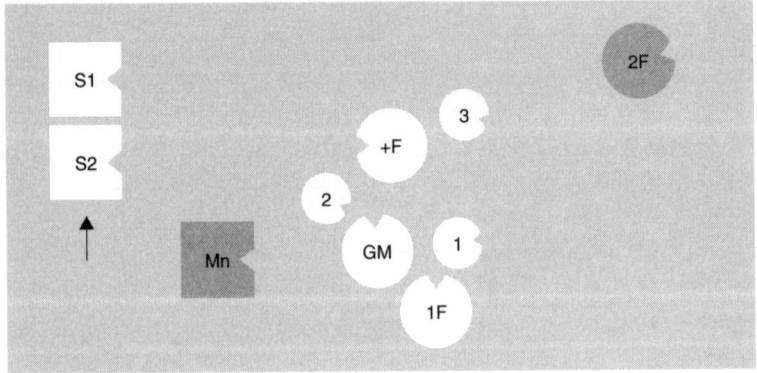

S1 Erster Soldat
S2 Zweiter Soldat

214

HELLINGER *zu diesen Stellvertretern* Ich weiß nicht genau, wer ihr seid, aber mein Bild ist, dass ihr Soldaten seid, irgend so etwas. Geht mal genau mit eurer Bewegung, damit wir sehen können, was los ist. *zur Stellvertreterin von Luisa* Du kannst dich setzen, das ist eine andere Dimension.

Die Großmutter fängt an zu zittern. Die jüngste Tochter wälzt sich schluchzend am Boden und dreht sich dann weg.

HELLINGER zur Gruppe *Jetzt fängt die Großmutter auch an zu zittern.*

Die beiden Männer bewegen sich etwas weg. Der Stellvertreter von Eduardo ist aufgestanden und geht langsam auf sie zu.

Bild 13

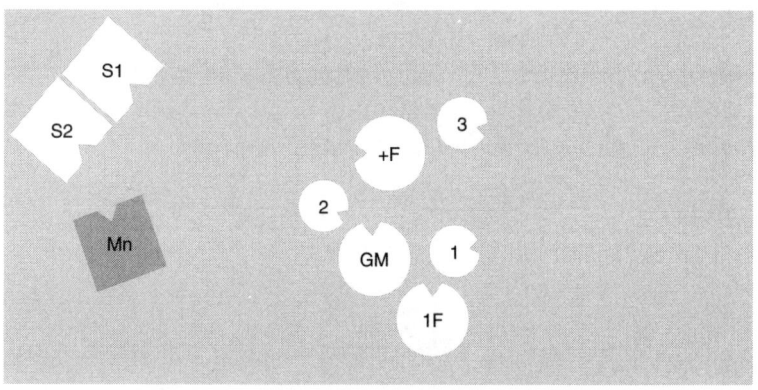

HELLINGER *zum Stellvertreter von Eduardo* Was ist jetzt bei dir?
MANN Ich fühle, dass ich mich dazwischen stellen muss, aber ich zittere.
HELLINGER Stell dich dazwischen.

Er stellt ihn mit dem Rücken zu den Soldaten.

Bild 14

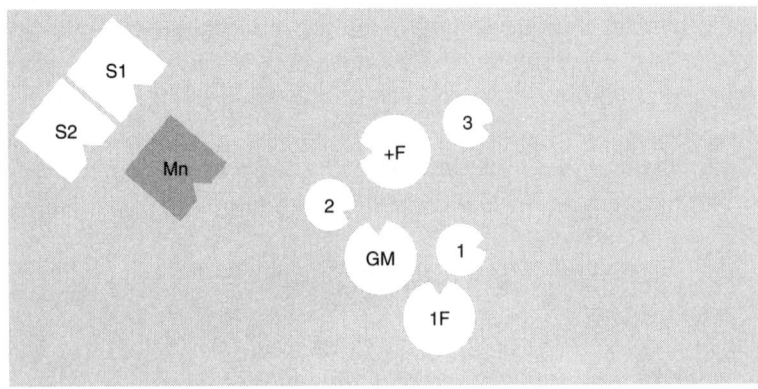

Die zweite Tochter schluchzt weiter. Die Großmutter hält sie. Der Stellvertreter von Eduardo geht einen Schritt nach vorn.

HELLINGER *Die Großmutter muss sich dazwischen stellen.*

Hellinger stellt sie vor die beiden Männer.

Bild 15

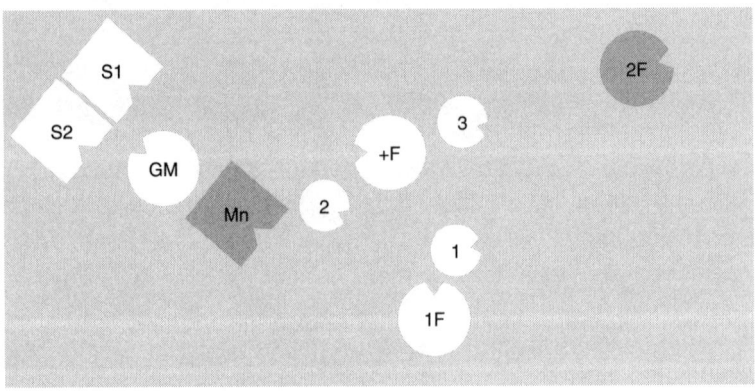

HELLINGER *zur Großmutter* Du schaust sie jetzt mal an.

Die Großmutter schaut die beiden Männer abwechseln an. Dann breitet sie ihre Arme aus, wie um die Personen hinter ihr vor ihnen zu schützen. Nach einer Weile lässt sie die Arme wieder sinken. Der Stellvertreter von Eduardo schwankt und legt sich dann auf den Boden. Die Großmutter breitet wieder ihre Arme aus. Die erste Frau nimmt ihre zweite Tochter in den Arm, die noch am Boden liegt. Die jüngste Tochter und dann auch die erste Tochter setzen sich auf.

Hellinger wendet nun die beiden Männer mit dem Gesicht nach außen.

Bild 16

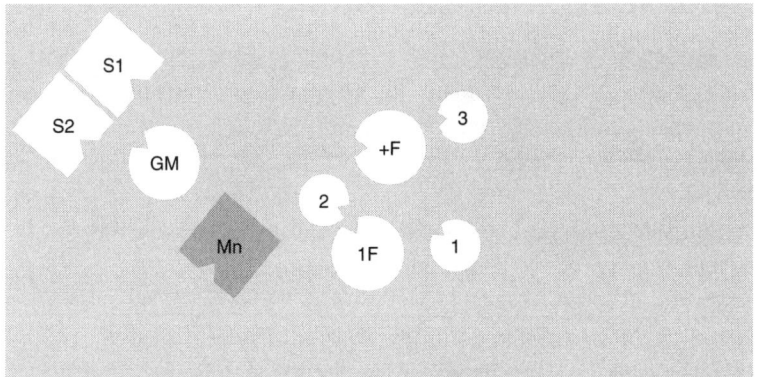

HELLINGER *zur Großmutter* Was ist?
GROSSMUTTER Ich muss meine Familie verteidigen.

Hellinger wendet sie zur Familie. Inzwischen liegen der Stellvertreter von Eduardo und die tote Frau nebeneinander.

Bild 17

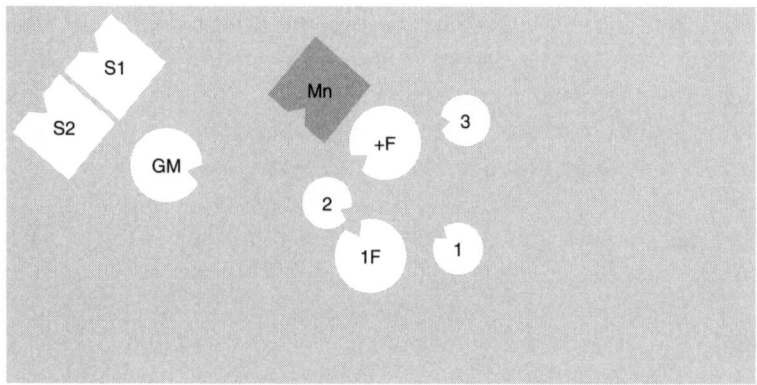

HELLINGER *zur Großmutter* Bleib stehen. So ist es gut.
zur Gruppe Ich glaube, ich kann es hier unterbrechen. Wenn die Männer dorthin gehen, wohin sie gehen müssen, und die Großmutter mit ihrer Kraft vor der Familie steht, können die anderen wieder aufstehen.
zu Eduardo und Luisa Ich gehe nicht weiter, ich lass es da.
zu den Stellvertretern Okay, das war's dann.

HELLINGER *zum zweiten Soldaten* Was ist bei dir gewesen?
ZWEITER SOLDAT Unruhe, vielleicht auch etwas Gewalt und Wahnsinn.
HELLINGER *zum ersten Soldaten* Bei dir?
ERSTER SOLDAT Es war sehr seltsam. In einer gewissen Weise fühlte ich eine Bindung, und gleichzeitig war ich ganz kalt.

Trennung mit Liebe

HELLINGER *nach einer Pause* Ich gebe jetzt erst noch Gelegenheit für Fragen.

TEILNEHMERIN Ich möchte fragen: Was ist die beste oder die heilsamste Art, eine Beziehung zu beenden?

HELLINGER Das ist eine wichtige Frage. Ich habe dazu eine Standard-Vorgehensweise.

Dazu gehört als Erstes, dass man nach keiner Schuld sucht, als würde etwas vom bösen oder guten Willen der Einzelnen abhängen. Hier haben wir ja gesehen, wie viele Einflüsse aus der Vergangenheit hereinwirken und dass die Einzelnen oft gar nicht wissen, was sie antreibt.

Manchmal mache ich mit einem Paar, das sich trennen will oder trennen muss, eine kleine Übung. Ich erzähle ihnen eine Geschichte.

Ein Mann und eine Frau gehen frohgemut ihres Weges. Ihr Rucksack ist vollbepackt mit guten Sachen und sie kommen vorbei an blühenden Gärten, Bäumen voller reifer Früchte, die Sonne scheint – und sie sind glücklich. Dann führt ihr Weg etwas den Berg hinauf, es wird schwieriger für sie und etwas von den Vorräten, die sie mitgenommen haben, wird aufgebraucht. Auf halbem Weg setzt sich einer von den beiden hin und ist erschöpft. Der andere geht noch ein bisschen weiter, dann sind auch seine Vorräte aufgebraucht und er setzt sich hin. Beide schauen nun zurück ins Tal, wo es so schön war – und sie beginnen zu weinen.

Die Trauer ermöglicht die Trennung, einfach der Schmerz, dass es ihnen nicht gelungen ist, ermöglicht die Trennung. Dann gibt es keinen Vorwurf mehr, nur den Schmerz. Durch den Schmerz können sie sich trennen. Aber sie können noch einmal zusammenkommen und sich in die Augen schauen. Dann sagt der Mann der Frau: „Ich habe dich sehr geliebt und du hast mir sehr viel gegeben. Ich behalte es mit Liebe und Achtung. Ich habe dir auch viel gegeben, und du darfst es behalten und achten und dich zurückerinnern mit Liebe." Die Frau sagt dem Mann das Gleiche: „Ich habe dich sehr geliebt und du hast mir sehr viel gegeben. Ich behalte es mit Liebe und Achtung. Ich habe dir auch viel gegeben, und du darfst es behalten und achten und dich zurückerinnern mit Liebe." Danach sagt der Mann der Frau und die Frau dem Mann: „Für das, was zwischen uns schief gelaufen ist, übernehme ich meinen Teil der Verantwortung und ich überlasse dir deinen. Und jetzt lasse ich dich in Frieden." Das ist ein Modell für liebevolle Trennung.

Julio und Graciela
Der Trennungsschmerz

HELLINGER Sind noch Paare da, die arbeiten wollen?

HELLINGER *zu Julio und Graciela* Ich fange mit euch an.

HELLINGER Um was geht es?

JULIO Wir kennen uns jetzt acht Jahre und ich bin viermal ausgezogen. Immer, wenn ein Problem auftaucht, muss ich gehen.

HELLINGER *zu Graciela* Bei dir?

GRACIELA Für mich ist es so, dass bei mir dieses Weggehen unheimliche Ängste auslöst. Ich liebe ihn und ich möchte gerne mit ihm zusammenleben.

HELLINGER *zu Julio* Liebst du sie?

JULIO Ja.

HELLINGER Habt ihr Kinder?

JULIO Nein.

Hellinger wählt Stellvertreter für den Mann und die Frau und stellt sie einander gegenüber.

Bild 1

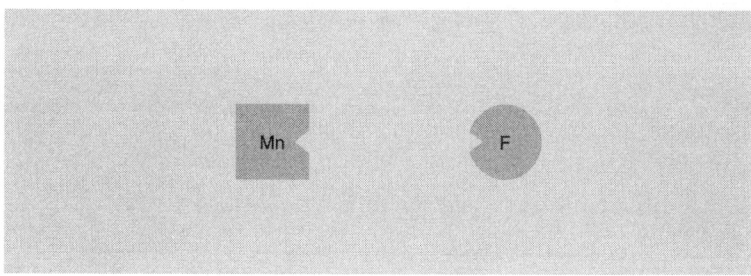

Mn Mann (= Julio)
F Frau (= Graciela)

221

Der Mann und die Frau schauen sich lange an, ohne sich zu bewegen. Dann schaut der Mann auf den Boden, schaut nochmals kurz auf zu seiner Frau und faltet dann die Hände vor sein Gesicht, während er noch auf den Boden schaut. Dann lässt er die Hände sinken und schaut wieder zur Frau. Die Frau wird unruhig, der Mann schaut wieder auf den Boden. Dann macht der Mann einen kleinen Schritt zurück und schaut zur Seite. Danach schauen sie sich wieder an. Der Mann bewegt die Schultern nach rechts und links, als wolle er ansetzen, um sich wegzudrehen. Beide schauen sich immer noch an. Dann hält die Frau sich an ihren Oberarmen fest und krümmt sich, als hätte sie Schmerzen. Sie tritt einen Schritt zurück und schaut zur Seite. Der Mann macht einen Ansatz, auf sie zuzugehen, faltet wieder die Hände vor seinem Gesicht und schaut auf den Boden. Nach einer Weile lässt er die Arme wieder sinken. Der ganze Vorgang hat sieben Minuten gedauert. Nun dreht Hellinger die Frau um, danach auch den Mann.

Bild 2

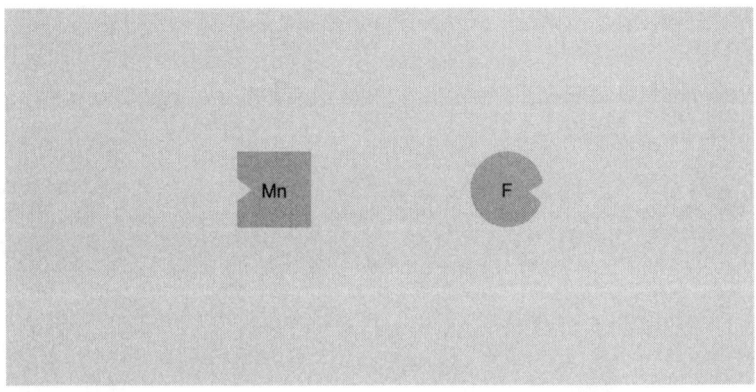

HELLINGER *nach einer Weile zur Frau* Wie geht es dir?
FRAU Besser als vorher.
Hellinger führt sie noch einige Schritte nach vorn.

Bild 3

Die Frau windet sich noch.

HELLINGER *nach einer Weile zur Gruppe* Man sieht, wie viel Schmerz es zu einer Trennung braucht.
HELLINGER *zum Mann* Was ist bei dir?
MANN Auch besser. Ich bin ruhiger.
HELLINGER *nach einer Weile zur Gruppe* Trotz der Liebe gibt es hier nur die Trennung. Doch wenn der Schmerz groß genug war, passiert das: *Er stellt vor den Mann eine andere Frau* und das: *Er stellt vor die Frau einen anderen Mann.*

Bild 4

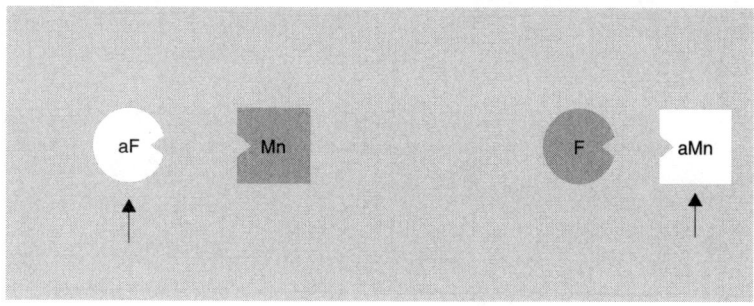

aF   Andere Frau
aMn Anderer Mann

HELLINGER *nach einer Weile zur Gruppe* Es gibt immer noch Zukunft.
zur Frau Wie geht es dir?
FRAU Gut.
HELLINGER *zu den Stellvertretern* Okay, das war's.

HELLINGER *zur Gruppe* Was in Paarbeziehungen auch zu beachten ist: Manche sind an den Partner gebunden, wie ein Kind an seine Mutter gebunden ist oder an seinen Vater. Wenn es dann in einer Beziehung nicht weiter geht und sich die Trennung abzeichnet, bekommen die Partner manchmal ein Gefühl, wie es ein Kind hat, wenn es seine Eltern verliert. Dann hat dieser Schmerz etwas Unwirkliches. Dann wirkt etwas aus der Vergangenheit in die Gegenwart herein. Aber unter Erwachsenen ist die Trennung keine Katastrophe. Das ist sie nur für ein Kind. Denn wenn die Partner klar getrennt sind, haben beide eine neue Zukunft.
zu Julio und Graciela Gut, das war's dann.

STELLVERTRETERIN VON GRACIELA Als ich dort hinüber gegangen bin, war das so, als ob ich Kräfte verlieren würde. Als du dann gesagt hast, die Trennung ist gemäß, oder so etwas Ähnliches, habe ich zu mir gesagt: „Aha, das war's." Dann konnte ich meine Kraft wiedergewinnen. Ich habe diese Schwäche als etwas Schlechtes erlebt. Es war so, als ob ich plötzlich drauf gekommen wäre, dass das normal ist. Dann konnte ich mich wieder erholen.
HELLINGER Okay, danke.

Raúl und Patricia
Das bessere Gefühl

Hellinger schaut Raúl und Patricia, die neben ihm sitzen, lange an.
Patricia beginnt zu weinen und schlägt die Hände vors Gesicht.

HELLINGER *zur Gruppe* Hat das Gefühl, das sie zeigt, etwas mit dem Mann zu tun?

Der Mann schaut zur Frau. Sie hört auf zu weinen.

HELLINGER Es hat nichts mit dem Mann zu tun. Das ist ein Kindergefühl.

Die Frau nickt.

HELLINGER Der arme Mann.

Die Frau nickt.

HELLINGER Er hat mein ganzes Mitgefühl.
zur Gruppe Es ist klar, bei so einer Frau, die so viel weint, hat er mein Mitgefühl.

Die Frau lacht und nickt zustimmend.

HELLINGER *zur Gruppe* Habt ihr jetzt den Unterschied gesehen? Das erste Gefühl, das sie gezeigt hat, war ein Sekundärgefühl. Das ist ein dramatisches Gefühl, das sich nur einstellt, wenn man die Augen zumacht. Sie hat die Augen zugemacht, dann kamen ihr Bilder, und diese Bilder hat sei beweint. Den armen Mann hat sie dabei gar nicht gesehen. Was soll er mit so einer Frau machen? Jetzt hat sie die Augen auf und lacht.

zu Patricia Das ist besser, sehr viel besser.

zu Raúl Hast du die Frau so lieber?

RAÚL Ja, natürlich.

Der Mann und die Gruppe lachen.

HELLINGER *zu Raúl* Ich lasse es da.

Raúl verneigt sich vor Hellinger und beide bedanken sich. Beifall aus der Gruppe.

Alberto und Loreto
Die Lösung

HELLINGER Andere Paare noch?
zu Alberto und Loreto Okay, ihr zwei? Kommt hierher.
HELLINGER Wie lange seid ihr schon verheiratet?
LORETO Wir sind nicht verheiratet.
HELLINGER Wart ihr verheiratet.
LORETO Ich nicht.
HELLINGER Er?
ALBERTO Ja.
HELLINGER Hast du Kinder aus der ersten Ehe?
ALBERTO Zwei.
HELLINGER Wie alt bist du ?
ALBERTO 60.
HELLINGER *zu Loreto* Und du?
LORETO 49.
HELLINGER *zur Gruppe* Ich frage manchmal nach dem Altersunterschied. Bisher war es immer noch innerhalb der erträglichen Grenzen.

Loreto lacht.

HELLINGER Okay, um was geht es denn jetzt?
LORETO Er lebt in Madrid und ich in Murcia. Das ist gut 600 Kilometer entfernt und es geht nicht, dass wir zusammenleben können.
HELLINGER Vielleicht ist das das Beste.
LORETO Nein.
HELLINGER Was hindert euch zusammenzuziehen?
LORETO Ich glaube, wir selbst hindern uns.
HELLINGER Genau. Und deswegen ist es die beste Lösung.

Loreto fängt laut zu lachen an, und die ganze Gruppe lacht mit.

227

HELLINGER Okay?

LORETO Okay.

HELLINGER Gut.

Loreto und Alberto stehen lachend auf und umarmen sich. Sie küsst ihn, während die ganze Gruppe Beifall klatscht.

HELLINGER *nachdem sich das Lachen in der Gruppe beruhigt hat* Um die Geheimnisse einer Paarbeziehung zu ergründen, braucht man ein ganzes Leben. Und das reicht nicht mal.

Noemi
Die Zukunft

HELLINGER Ist noch ein Paar da, von denen, die angemeldet waren? Sind wir schon durch? Gut, dann haben die anderen noch eine Chance. Wer ist alleine da?

zu Noemi Ich nehme dich.

HELLINGER Um was geht es?

NOEMI Ich fühle mich unfähig, eine Partnerschaft zu haben.

HELLINGER Hast du schon welche gehabt?

NOEMI Nein.

HELLINGER Dann schauen wir mal, was wir da machen können. Soll ich was machen? Aber du siehst, Partnerschaften sind auch gefährlich. Sie bringen Glück und Leid. Das eine gibt es nicht ohne das andere.

NOEMI Ich habe sehr viel Angst vor dem Schmerz.

HELLINGER Genau. Was ist denn passiert, als du klein warst?

NOEMI Ich habe schon einmal mit dir gearbeitet. Da ging es um das Thema, dass meine Mutter versucht hat, sich umzubringen.

HELLINGER Du hast mit mir gearbeitet? Wo?

NOEMI Hier.

HELLINGER Also, die Mutter hat versucht, sich umzubringen. Was ist mit dem Vater?

NOEMI Als meine Mutter im psychiatrischen Krankenhaus war, ist ihm Schwefelsäure ins Gesicht gespritzt, es war ein schwerer Unfall. Genau zu dem Zeitpunkt, als die Mutter im psychiatrischen Krankenhaus war, hatte er diesen Unfall.

HELLINGER Hast du Geschwister?

NOEMI Ja, vier.

HELLINGER Und du bist die wievielte?

NOEMI Ich bin die vierte, das einzige Mädchen.

Hellinger wählt Stellvertreter für den Vater und die Mutter und stellt sie auf. Dann stellt er Noemi dazu.

Bild 1

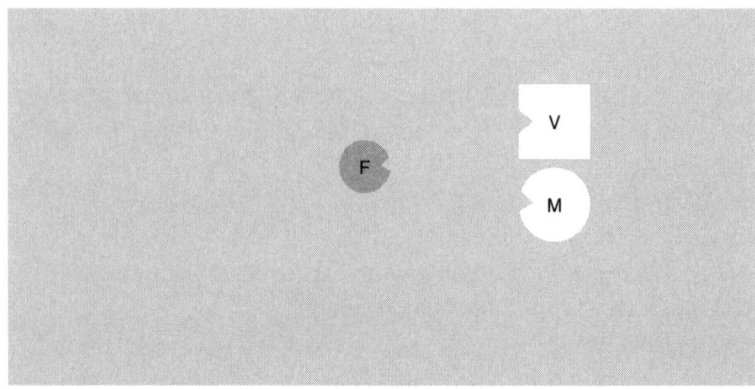

V Vater
M Mutter
T Tochter (= Noemi)

Sobald Noemi in die Aufstellung kommt, verschränkt sie ihre Arme, geht schnell zurück und dreht sich weg.

Bild 2

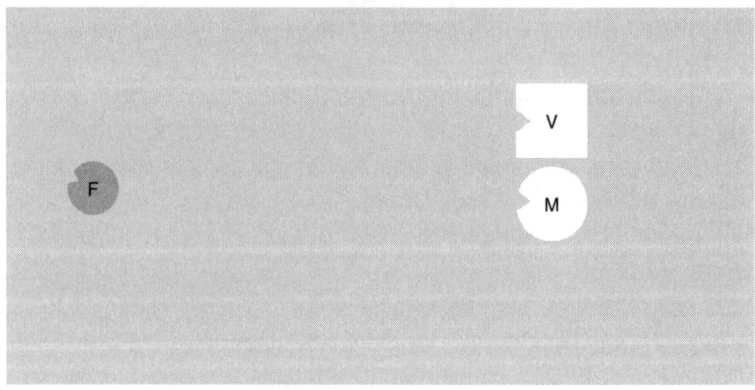

Hellinger führt sie wieder vor die Eltern und hält sie, damit sie nicht zurückweichen kann. Die Eltern schauen sich an.

Bild 3

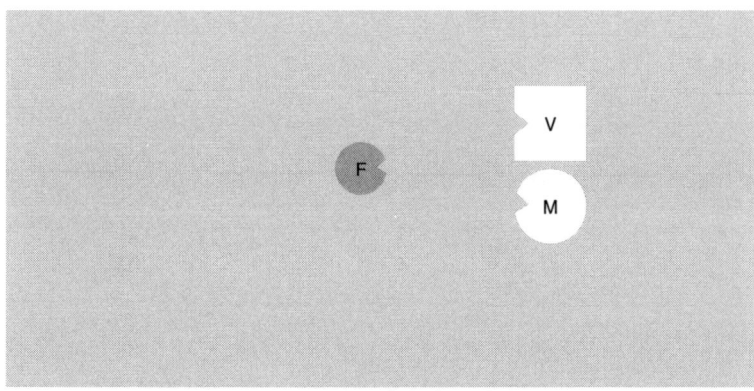

Der Vater hebt die rechte Hand, als wolle er schlagen. Die Mutter weicht zurück und weint. Hellinger stellt Noemi vor ihren Vater. Sie hält die Fäuste vor ihr Gesicht. Die Mutter hält sich den Mund zu und weint.

Bild 4

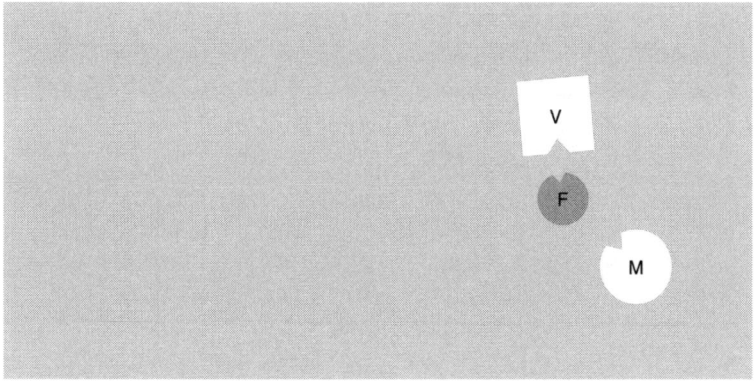

Als der Vater näher auf die Tochter zugeht, wobei nicht klar ist, ob er die Tochter bedroht oder ihr nur die Hand auf die Schulter legen will, weicht sie zurück und lehnt sich an ihre Mutter an. Diese hält sie von hinten fest und dreht sich mit ihr weg. Noemi hält sich den Mund zu.

Bild 5

Der Vater hat die Hand sinken lassen. Nach einer Weile hebt er wieder die Hand, diesmal aber freundlich. Hellinger führt Noemi zu ihrem Vater. Sie legt den Kopf an seine Brust. Er nimmt ihren Kopf zart in seine Hände, hebt ihn, damit sie ihn anschaut, und schaut freundlich auf sie. Die Mutter geht einen Schritt zurück. Der Vater berührt mit seiner Stirn die Stirn von Noemi. Er nimmt ihre Hände und legt sie an seine Brust. Beide schauen sich liebevoll an. Noemi wischt ihre Tränen weg. Dann schaut der Vater auf die Mutter.

Bild 6

Hellinger dreht nun den Vater etwas weg, stellt Noemi mit dem Rücken vor ihn. Sie lehnt sich an ihn an und wischt sich die Tränen ab. Dann nimmt sie die Hände ihres Vaters von hinten und legt sie um ihren Bauch.
Hellinger stellt einen jungen Mann vor Noemi. Sie kämpft zwischen
– Sich-an-den-Vater-Anlehnen und Sich-von-ihm-Befreien.

Bild 7

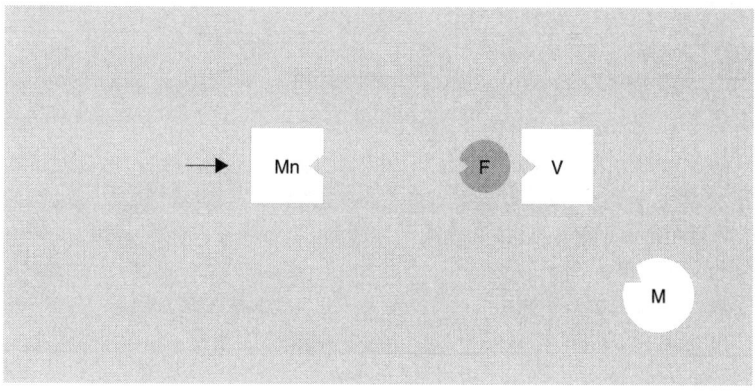

Mn   Mann, möglicher Partner

Noemi will zurückweichen, aber der Vater hält sie. Dazwischen strei-
chelt er ihr über den Kopf. So kämpft sie lange. Nach einer Weile stellt
sie sich gerade hin. Der Vater lässt die Hände sinken. als sie sich wie-
der an ihn anlehnt, hält er sie bei der Schulter. Die ganze Zeit hält
Noemi ihre Arme vor ihrem Bauch verschränkt. Dann tritt der Vater
einen kleinen Schritt zurück, hält seine Hände nur noch leicht auf ih-
rer Schulter und lässt die eine Hand sinken. Noemi steht nun vor dem
jungen Mann, hält ihre Hände aber noch vor ihren Schoß, während
der Vater seine rechte Hand noch leicht auf ihrer Schulter ruhen lässt.
Nach einer Weile geht er noch weiter zurück, berührt sie nur noch
leicht am Rücken und lässt auch diese Hand sinken. Inzwischen ist
die Mutter wieder näher gekommen.

Bild 8

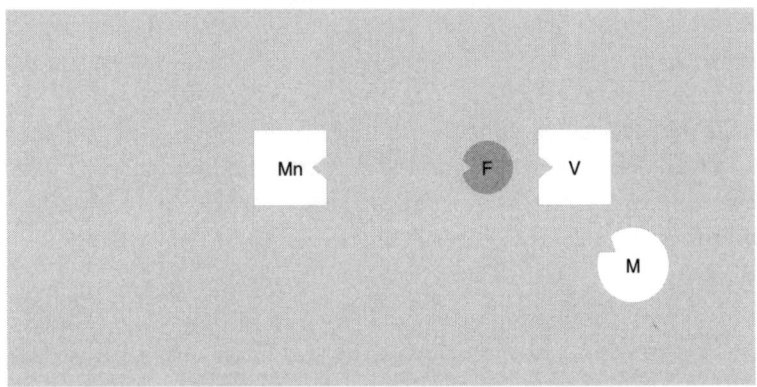

Noemi geht mit minimalen Schritten auf den jungen Mann zu, macht
dazwischen auch wieder einen kleinen Schritt zurück. Dann lässt sie
ihre Arme sinken, geht auf den jungen Mann zu und nimmt seine
Hände. Er legt ihre Hände an seine Brust. Sie tritt nun ganz nahe.
Dann legt sie ihren Kopf an seine Brust, und er legt seinen Kopf auf
ihren. Danach schauen sie sich lange an. Inzwischen hat sich der Vater
weggedreht und schaut auf die Mutter.

Bild 9

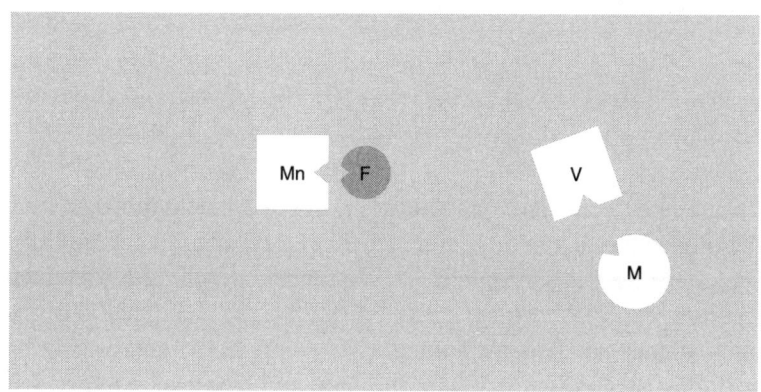

HELLINGER *nach einer Weile zu Noemi* Okay?

Noemi nickt.

HELLINGER Gut, das war's.

Noemi und der junge Mann umarmen sich innig und lange. Die Gruppe klatscht Beifall.

Schlusswort

HELLINGER *zur Gruppe* Ich glaube, schöner können wir diesen Kurs nicht beenden. Ich habe ja ziemlich viel Erfahrung mit solchen Kursen. Der hier war besonders. Er war rund und voll, alle wichtigen Themen der Paarbeziehung kamen zur Sprache und wurden uns auch vorgestellt. Was für mich zurückbleibt, ist die große Achtung vor dem, was zwischen Mann und Frau an Liebe sich ereignet, mit allem, was dazu gehört: der Verliebtheit, der Angst, der Schuld, der Krise und den schönen Kindern, alles das ist Fülle des Lebens. Das durften wir hier miterleben.

Ich danke allen Paaren, die den Mut hatten, hier mit mir zu arbeiten und sich nicht nur dem Glück zu stellen, sondern auch dem Leid, das damit oft verbunden ist. Wo wir das Leid gesehen haben, ist die Beziehung dadurch kleiner? Oft ist sie größer, näher am Wesentlichen des Lebens. So können wir dem Eigentlichen, das hinter der Paarbeziehung wirkt, nämlich dem Leben, uns anvertrauen: ohne Illusionen nah am Wesentlichen, nah am Sein, nah am Kind der künftigen Generation und in Verbindung mit all denen, die hinter uns sind, von denen wir das Leben erhalten haben und deren Kraft in uns noch weiter wirkt. Alles Gute euch.

Nachwort

Die Abwesenheit

Wir sind abwesend, wenn wir irgendwo anders anwesend sind. Daher gewinnt unsere Abwesenheit ihre Bedeutung und ihren Wert oder Unwert von der Bedeutung und vom Wert oder Unwert unserer Anwesenheit her. Diese Abwesenheit oder Anwesenheit kann räumlich und sie kann geistig und innerlich sein. Der sprichwörtliche zerstreute Professor ist deswegen abwesend, weil er irgendwo anders gesammelt anwesend ist.

Der Mann, der am Morgen sein Zuhause verlässt und zur Arbeit geht, wird sowohl räumlich als auch geistig und innerlich von seinem Zuhause und seiner Familie abwesend. Zugleich wird er an seinem Arbeitsplatz und bei seiner Arbeit und seiner Aufgabe anwesend. Er ist aber nicht ganz von seiner Familie abwesend, besonders wenn er seine Arbeit oder Aufgabe auch im Dienst seiner Familie sieht. Dann ist seine Familie auch bei seiner Arbeit anwesend, aber mehr im Hintergrund, ohne dass seine Arbeit oder Aufgabe darunter leidet. Sie beflügelt vielleicht sogar durch ihre latente Anwesenheit diese Arbeit und hilft ihm, umso mehr bei der Sache und bei seiner Arbeit anwesend zu sein.

Anders ist es, wenn bei seiner Arbeit die Familie so sehr anwesend ist, dass seine Anwesenheit bei der Arbeit darunter leidet, er also durch diese Anwesenheit geistig abwesend wird, zum Beispiel, wenn er sich Sorgen um seine Familie macht. Dann kann die Anwesenheit der Familie nicht nur seine Arbeit beeinträchtigen, sondern nach einiger Zeit auch seine Familie, weil er vielleicht in seiner Leistung nachlässt und das auch für seine Familie schlimme Folgen haben kann, zum Beispiel, wenn er seine Arbeit verliert.

Umgekehrt kann jemand, der von seiner Arbeit nach Hause kommt, vielleicht noch so sehr mit seiner Arbeit beschäftigt sein, dass er zu Hause, obwohl er räumlich anwesend ist, dennoch geistig abwesend ist. Manchmal kann der Partner, wenn er liebevoll die Anwesenheit auch der Arbeit anerkennt, langsam dem anderen zur geistigen Anwesenheit zu Hause verhelfen, sodass er die Arbeit und die mit ihr verbundenen Sorgen zurücklassen und abwesend sein lassen kann und er auch geistig und innerlich in der Beziehung und in der Familie anwesend wird.

Anders ist es allerdings, wenn die Arbeit oder Aufgabe von solcher Art ist, dass sie die Abwesenheit nicht zulässt, sodass die Anwesenheit zu Hause sie beeinträchtigen würde, zum Beispiel bei einem Arzt oder bei einem Politiker oder bei sonst einer Person, die für viele andere, auch für viele andere Familien, Verantwortung trägt. Hier kann der Partner, indem er die Verantwortung mitträgt, dem anderen in seiner Abwesenheit beistehen und trotz eigener Abwesenheit bei ihm anwesend sein.

Das Ideal der dauernden Anwesenheit des Partners und die Erwartung, dass er dauernd anwesend sein muss, dass also seine Anwesenheit Vorrang vor allem anderen hat, hängt vielleicht damit zusammen, dass in früherer Zeit die Arbeit nur eine andere Form der Anwesenheit auch zu Hause war, zum Beispiel auf einem Bauernhof, aber auch bei vielen Handwerkern. Diese Form der dauernden Anwesenheit ist heutzutage die Ausnahme. Wenn dieses Ideal auf die jetzigen so unterschiedlichen Verhältnisse übertragen wird, führt es bei beiden Partnern zu Erwartungen, die nicht erfüllt werden können, und bringt ihnen entsprechende Enttäuschungen und Leid.

Das Problem wird verschärft, wenn beide Partner außerhalb der Familie eine Arbeit und eine Aufgabe übernehmen. Beide sind dann nicht nur für einen großen Teil ihrer Zeit, sondern auch geistig und innerlich vom anderen und von der Familie abwesend. Die Familie rückt dann weitgehend aus dem Zentrum der Aufmerksamkeit, zumal der Beruf für beide Partner oft höhere Anforderungen stellt als die Beziehung und die Familie. Höher heißt hier aber nicht im Sinne des Wertes, sondern im Sinne von geistiger Vorbereitung, Konzentration, Risiko und Verantwortung. Während in der Familie und in der Beziehung die Anforderungen mehr im Bereich des Gewöhnlichen liegen und im Bereich des allen Menschen Verfügbaren bleiben, fordern die Arbeit und die Aufgaben oft eine besondere, nicht allen in gleicher Weise zugängliche Ausbildung und Erfahrung. Daher unterscheiden und trennen sie die Einzelnen von anderen oft mehr, als dass sie sie mit diesen verbinden. Das zeigt sich besonders bei Partnern, die neben ihrer Beziehung und neben ihrer Verantwortung als Eltern in unterschiedlichen Berufen mit unterschiedlichen Aufgaben tätig sind. Ihre Abwesenheit voneinander wird von der Zeit her und nach dem Gefühl oft größer und tiefer als ihre Anwesenheit.

Die Frage ist nun: Wie kann die Anwesenheit für beide sowohl in der Beziehung als auch im Beruf und in der jeweiligen Aufgabe bewahrt und vertieft werden, ohne dass das eine oder andere darunter leidet? Wie werden beide sowohl durch das eine wie das andere miteinander auf eine Weise verbunden, die sowohl in der Beziehung und in der Familie als auch im jeweiligen Beruf und der je persönlichen größeren Aufgabe und Verantwortung ihre Anwesenheit erhöht? Indem beide in einem größeren Ganzen anwesend werden.

Veröffentlichungen von und mit Bert Hellinger

Weitere ausführliche Informationen über Bert Hellinger und seine Arbeit, Adressen von Aufstellern, Informationen über Aus- und Weiterbildung etc. finden Sie im Internet unter: www.hellinger.com

Ordnungen der Liebe

Die Veröffentlichungen unter dieser Überschrift führen in das Familien-Stellen ein, fassen Hellingers Einsichten zusammen und wenden sich an ein breiteres Publikum.

Zweierlei Glück. Die systemische Psychotherapie Bert Hellingers
Herausgegeben von Gunthard Weber 1993
14., überarb. Auflage 2001. 338 Seiten. ISBN 3-89670-005-7. Carl-Auer-Systeme Verlag
In lebendigem Wechsel von Vorträgen, Fallbeispielen und Geschichten führt Gunthard Weber umfassend in die Denk- und Vorgehensweisen Bert Hellingers ein. Das übersichtlich gegliederte Buch beschäftigt sich ausführlich mit den verschiedenen Aspekten von Beziehungen, mit den »Bedingungen für das Gelingen«, dem »Gewissen als Gleichgewichtssinn in Beziehungen«, den Beziehungen zwischen Eltern und Kindern« sowie den Paarbeziehungen, den systemischen Verstrickungen und ihren Lösungen und abschließend mit der Praxis systembezogener Psychotherapie.

Ordnungen der Liebe. Ein Kursbuch 1994 (Gebundene Ausgabe)
7. Auflage 2001. 516 Seiten. ISBN 3-89670-000-6, Carl-Auer-Systeme Verlag
Dies ist ein Kursbuch in mehrfachem Sinn. Erstens werden ausgewählte therapeutische Kurse wortgetreu wiedergegeben. So kann der Leser am Ringen um Lösungen teilnehmen, als wäre er selbst mit dabei. Zweitens werden Hellingers therapeutische Vorgehensweisen ausführlich dargestellt und erläutert, vor allem seine besondere Art, Familien zu stellen. Drittens nimmt Hellinger den Leser auf den Erkenntnisweg mit, der zum Erfassen der hier beschriebenen Ordnungen führt. Abschließend erläutert Hellinger in einem längeren Interview seine Einsichten und Vorgehensweisen.

Ordnungen der Liebe. Ein Kursbuch 2001 (Taschenbuch-Ausgabe)
1. Auflage 2001. 530 Seiten. ISBN 3-426-77563-8 Knaur-Taschenbuchverlag
Mit der im Spätherbst erschienenen Taschenbuchausgabe werden die „Ordnungen der Liebe" einer breiteren Öffentlichkeit zugänglich. (s.o.)

Die Quelle braucht nicht nach dem Weg zu fragen. Ein Nachlesebuch 2001
1. Auflage 2001. 388 Seiten. ISBN 3-89670-183-5, Carl-Auer-Systeme Verlag
Die in diesem Buch gesammelten Aussagen wurden ursprünglich in Kursen über das Familien-Stellen als Einleitungen gesprochen oder als Zwischenerklärungen oder als Zusammenfassungen zu dem, was vorangegangen war, oder auch als Antworten auf Fragen und einige als Interviews. Alle diese Aussagen haben ein Umfeld. Der Kontext färbt auf sie ab und macht sie lebendig. Sie behandeln ein Thema nicht vollständig, sondern bringen es auf den Punkt, der es dem Leser ermöglicht, entsprechend zu handeln. In diesem Buch wurden sie übersichtlich nach Themen geordnet

Entlassen werden wir vollendet. Späte Texte 2001
2. Auflage 2001. *194 Seiten. ISBN 3-466-30558-6. Kösel Verlag*
„Erst wenn die reife Frucht zur Erde fällt, entlässt sie, was der Zukunft dient." Mit diesen Worten führt Bert Hellinger in diese Texte ein. Sie enthalten Antworten auf wesentliche Fragen und Einsichten in mögliches und fälliges menschliches Tun. Dazwischen stehen hintersinnige Aphorismen.

Dies ist ein Weisheitsbuch und ein Vermächtnis, das um die Themen Abschied und Versöhnung kreist und oft an Letztes rührt.

Anerkennen, was ist. Gespräche über Verstrickung und Lösung
Zusammen mit Gabriele ten Hövel 1996
11. Auflage 2001. *198 Seiten. ISBN 3-466-30400-8. Kösel Verlag*
In dichten Gesprächen mit der Journalistin Gabriele ten Hövel gibt Hellinger Einblick in die Hintergründe seines Denkens und Tuns. Und er zeigt, wie über die Anerkennung der Wirklichkeit auch in schwierigen Fragen die Verständigung gefunden und ein Ausgleich erreicht werden kann. Ein Glossar macht den Inhalt über zahlreiche Stichworte zugänglich.

Mit der Seele gehen
Herausgegeben von Bertold Ulsamer und Harald Hohnen.
1.Auflage 2001. *ca 192 Seiten. ISBN 3-451-27579-1. Herder Verlag*
Im Gespräch mit Ulsamer und Hohnen erzählt Hellinger von seiner Methode. Er macht deutlich: Es gibt Ordnungen, die man nicht verletzen darf, die aber wieder ins Gleichgewicht kommen können, wenn man sie erkennt. Ein Buch das einführt in die größeren Zusammenhänge seines Denkens, in seine „Philosophie" und in seine spirituellen Grundeinsichten. Die Einführung für Neugierige – aber auch für diejenigen, die wissen wollen, was hinter dem Familien-Stellen steckt.

Die Mitte fühlt sich leicht an. Vorträge und Geschichten 1996
8., erweiterte Auflage 2001. *248 Seiten. ISBN 3-466-30460-1. Kösel Verlag*
Hellingers grundlegende Vorträge und Geschichten sind hier gesammelt vorgestellt. Sie kreisen um die gleiche Mitte, eine verborgene Ordnung, nach der Beziehungen gelingen oder scheitern.

Die Mitte fühlt sich leicht an. Vorträge und Geschichten
(Begleitende Ausgabe auf Video/Audio-CD)
Die unter obenstehendem Titel zusammengefassten Vorträge und Geschichten sind auch auf CD und Video erhältlich, ebenso wie die folgenden Videos, CDs und Audiokassetten.

Bezugsadresse: Carl-Auer-Systeme Verlag, Weberstr. 2, 69120 Heidelberg
Fax: 06221/64 38 22, Email: info@carl-auer.de

CD-Paket 1 (2 CDs) bzw. Video 1
Schuld und Unschuld in Beziehungen (Vortrag)
Geschichten, die zu denken geben
41 Minuten. ISBN 3-931574-48-2 (CD). ISBN 3-931574-54-7 (Video)

CD-Paket 2 (2 CDs) bzw. Video 2
Die Grenzen des Gewissens (Vortrag)
Geschichten, die wenden
135 Minuten. ISBN 3-931574-49-0 (CD.)ISBN 3-931574-55-5 (Video)

CD-Paket 3 (3 CDs) bzw. Video 3
Ordnungen der Liebe (Vortrag)
Geschichten vom Glück
206 Minuten. ISBN 3-931574-50-4 (CD). ISBN 3-931574-56-3 (Video)

CD-Paket 4 (2 CDs) bzw. Video 4
Leib und Seele, Leben und Tod (Vortrag)

Psychotherapie und Religion (Vortrag)
120 Minuten. ISBN 3-89670-066-9 (CD). ISBN 3-89670-067-7 (Video)

CD-5 bzw. Video
Das Judentum in unserer Seele (Vortrag)
52 Minuten. ISBN 3-89670-217-3 (CD). ISBN 3-89670-216-5 (Video)

Finden, was wirkt. Therapeutische Briefe 1993
erweit. Neuauflage. 10. Auflage 2001. 191 Seiten. ISBN 3-466-30389-3. Kösel Verlag
Diese Briefe geben knapp und verdichtet – meist unter 20 Zeilen! – Antwort auf Fragen von Menschen in Not und zeigen, oft überraschend und einfach, die heilende Lösung. Sie lesen sich wie kleine Geschichten, denn jeder Brief erzählt verschlüsselt ein Schicksal. Es geht um die Themen: »Mann und Frau«, »Eltern und Kinder«, »Leib und Seele«, den »tragenden Grund« und »Abschied und Ende«.

Religion, Psychotherapie, Seelsorge 2000
2. Auflage 2001. 232 Seiten. ISBN 3-466-30526-8. Kösel Verlag
Dass eine Familie durch eine gemeinsame Seele verbunden, aber auch gesteuert wird, hat Bert Hellinger schon in vielen Publikationen dokumentiert. Seine Methode des Familien-Stellens hat gezeigt, dass wir in größere Zusammenhänge eingebunden sind, die unser Leben unabhängig von unseren Ängsten und Wünschen beeinflussen. Die tiefgreifenden Auswirkungen des Holocaust in den nachfolgenden Generationen sind nur ein Beleg dafür.

Diese Erfahrungen gehen weit über unsere traditionellen Gottesbilder und religiösen Haltungen hinaus. Auch die bisherige Seelsorge wird solchen Erkenntnissen nicht mehr gerecht. Bert Hellinger nähert sich diesen religiösen Fragen deshalb auf eine neue Weise.

Der andere Glaube. Bert Hellinger in Sevilla 2000
Deutsch mit spanischer Übersetzung. 1 VHS Kassette, 40 min. Im Direktversand erhältlich bei: MOVEMENTS OF THE SOUL – VIDEO PRODUCTION c/o Harald Hohnen, Uhlandstr. 161, D-10719 Berlin.
Die Aufstellung zeigt die Beziehung zwischen einem Vater und seinen Söhnen, von denen einer bei einem Unfall ums Leben kam und der andere selbstmordgefährdet ist. Der Vater, ein ehemaliger Priester, meint offensichtlich unbewusst, dass er seine Kinder Gott opfern muss, wie Abraham einst den Isaak. In Anlehnung an diese Geschichte stellt Bert Hellinger die Frage nach dem größeren Glauben.

Eine sehr eindrucksvolle, tief gehende Aufstellung mit ausführlichen Erläuterungen zu dem im Hintergrund wirkenden Bedürfnis nach Ausgleich und seinen verheerenden Folgen, wenn es auf Gott übertragen wird.

Verdichtetes. Sinnsprüche – Kleine Geschichten – Sätze der Kraft 1995
5. Auflage 2000. 109 Seiten. ISBN 3-89670-001-4. Carl-Auer-Systeme Verlag
Die hier gesammelten Sprüche und kleinen Geschichten sind während der therapeutischen Arbeit entstanden. Sie sind nach Themen geordnet: »Wahrnehmen, was ist«, »Die größere Kraft«, »Gut und Böse«, »Mann und Frau«, »Helfen und Heilen«, »Leben und Tod«. Ihr ursprünglicher Anlass scheint manchmal noch durch, doch reichen sie weit darüber hinaus. Gewohntes Denken wird erschüttert, verborgene Ordnungen kommen ans Licht.

In den Sätzen der Kraft verdichtet sich heilendes Sagen und Tun. Sie bringen eine Lösung in Gang, wenn jemand in ein fremdes Schicksal verstrickt ist oder in persönliche Schuld, und machen für Kommendes frei.

Einsicht durch Verzicht. Der phänomenologische Erkenntnisweg in der Psychotherapie am Beispiel des Familien-Stellens (Vortrag)
Audio-Cassette 1999. 57 min. ISBN 3-89670-164-9. Carl-Auer-Systeme Verlag
Auf dem phänomenologischen Erkenntnisweg setzt man sich der Vielfalt von Erscheinungen aus, ohne zwischen ihnen zu wählen oder zu werten. Die Aufmerksamkeit ist dabei zugleich gerichtet und ungerichtet, gesammelt und leer. Auf diese Weise gewinnt

der Therapeut beim Familien-Stellen die Einsichten über das bisher Verborgene und findet die Wege, die aus Verstrickungen lösen. Worauf er dabei zu achten hat, zeigt dieser Vortrag.

Vom Himmel, der krank macht, und der Erde, die heilt *(Vortrag)*
Leiden ist leichter als lösen (Vortrag)
2 Audio-Cassetten. 1995/1993. Je 60 min. ISBN 3-89670-047-2.
Carl-Auer-Systeme Verlag
»Vom Himmel, der krank macht, und der Erde, die heilt« beschreibt die grundlegenden Dynamiken, die in Familien zu schweren Krankheiten führen, oder zu Unfällen und Selbstmord, und zeigt, was solche Schicksale manchmal noch wendet (ähnlich dem Vortrag »Ordnung und Krankheit«). Auch im Buch »Ordnungen der Liebe«.
»Leiden ist leichter als lösen« ist ein Radiointerview mit Gabriele ten Hövel. Der Text findet sich auch im Buch »Anerkennen, was ist«.

Kurztherapien

Mitte und Maß. Kurztherapien 1999
2. Auflage 2001. 288 Seiten. ISBN 3-89670-130-4. Carl-Auer-Systeme Verlag
Den in diesem Buch erstmals dokumentierten 63 Kurztherapien ist gemeinsam, dass sich die Lösungen unmittelbar aus dem Geschehen ergeben und daher jedesmal anders und einmalig sind. Dazwischen gibt Hellinger weiterführende Hinweise, zum Beispiel über die Trauer, die Toten, die Hintergründe von schwerer Krankheit oder von Selbstmord, und er beschreibt den Erkenntnisweg, der zur Vielfalt der hier dokumentierten Lösungen führt.

Man kann diese Kurztherapien lesen wie Kurzgeschichten, manchmal aufwühlend, manchmal erheiternd, manchmal voller Dramatik und dann wieder besinnlich und still.

Paartherapie

Wie Liebe gelingt. Die Paartherapie Bert Hellingers
Herausgegeben von Johannes Neuhauser 1999
2. Auflage 2000. 360 Seiten. ISBN 3-89670-105-3. Carl-Auer-Systeme Verlag
Dieses Buch dokumentiert Bert Hellingers zwanzigjährige Erfahrung in der Arbeit mit Paaren. Die vielen Beispiele aus Hellingers Gruppen- bzw. Rundenarbeit und seinen Paar- bzw. Familienaufstellungen sind lebensnah und lösungsorientiert.

Im Zentrum der ausführlichen Erläuterungen und der Gespräche mit Hellinger steht der Lebenszyklus in Paarbeziehungen: das erste Verliebtsein, die Bindung, gemeinsame Elternschaft oder Kinderlosigkeit, schmerzhafte Paarkrisen, das Scheitern der Beziehung und die klare Trennung, das gemeinsame Altwerden und der Tod. Der Herausgeber Johannes Neuhauser hat für dieses Buch seit 1995 Hunderte von Paartherapien Hellingers aufgezeichnet und ausgewertet.

Wie Liebe gelingt. Die Paartherapie Bert Hellingers
5 VHS-Cassetten. 1999. 12 ? Stunden. ISBN 3-89670-087-1. Carl-Auer-Systeme Verlag
Dieses Video dokumentiert Bert Hellingers Rundenarbeit und das Familien-Stellen mit 15 Paaren in einer Kleingruppe. Es zeigt zum ersten Mal, wie Bert Hellinger vor und nach dem Familien-Stellen mit den Paaren arbeitet, zum ersten Mal kann man ihm sozusagen über die Schulter schauen und die vielschichtigen Interventionen beobachten.

Wir gehen nach vorne. Ein Kurs für Paare in Krisen 2000
2. Auflage 2001. 285 Seiten. ISBN 3-89670-230-0. Carl-Auer-Systeme Verlag
Wenn Partner in ihrer Beziehung leiden, obwohl sie einander lieben, dann bleiben ihre Appelle an den gegenseitigen guten Willen und ihre Anstrengungen oft vergebens. Denn Krisen in Paarbeziehungen haben oft haben mit Verstrickungen in der Herkunftsfamilie zu tun. Dieses Buch zeigt, wie man die eigentlichen Hintergründe ans Licht bringt und wie überraschend leicht die Lösungen fallen, wenn sie bewusst sind.

Wir gehen nach vorne. Ein Kurs für Paare in Krisen
Video Edition. 3 Videos 8 1/4 Stunden. ISBN 3-89670-175-4. Carl-Auer-Systeme Verlag
Das Video zum gleichnamigen Buch. Es lässt die Liebe zwischen Mann und Frau in ihrer Tiefe erleben. Und vielleicht begegnen sich die Partner danach mit neuer Achtung vor dem, was sie innig verbindet.

Liebe auf den zweiten Blick. *Lösungen für Paare 2002*
Erscheint im März 2002. ca. 240 Seiten. ISBN 3-451-277798-0. Herder Verlag, Freiburg.
Die Liebe auf den ersten Blick kann nur dauern, wenn ihr die Liebe auf den zweiten Blick folgt. Dann sagen die Partner einander nicht nur „Ich liebe dich", sondern darüber hinaus „Ich liebe dich und das, was mich und dich führt. IN diesem Buch werden wir Zeugen, was Liebe auf den zweiten Blick beinhaltet und bewirkt.

Liebe auf den zweiten Blick. *Lösungen für Paare 2001*
*Das Video zum gleichnamigen Buch. 5 VHS Cassetten 2001. 9 1/2 Stunden. Im Direkt-*versand erhältlich bei: MOVEMENTS OF THE SOUL – VIDEO PRODUCTION c/o Harald Hohnen, Uhlandstr. 161, D-10719 Berlin.
Die Liebe auf den zweiten Blick stimmt dem anderen zu, wie er ist, auch mit seinen Verstrickungen und seinem besonderen Schicksal.

In diesem fünfteiligen Video werden wir Zeugen solcher Liebe. Es dokumentiert einen dreitägigen Kurs für Paare im März 2001 in Barcelona. Da uns diese Paare die wesentlichen Ordnungen für das Gelingen menschlicher Beziehungen vor Augen führen, können wir, wenn wir uns darauf einlassen, Einsichten und Erfahrungen gewinnen, die auch uns helfen, die Liebe auf den ersten Blick durch die Liebe auf den zweiten Blick zu erweitern und zu vertiefen.

Eltern und Lehrer

Wenn Ihr wüsstet, wie ich euch liebe
Von Jirina Prekop und Bert Hellinger 1998
2. Auflage 1998. 276 Seiten. ISBN 3-466-30470-9. Kösel Verlag
Wie schwierigen Kindern durch Familien-Stellen und Festhalten geholfen werden kann. Manche Kinder fordern ihre Umwelt in besonderem Maße heraus. Jirina Prekop und Bert Hellinger erkannten, dass die Gründe oftmals im verborgenen liegen und Ergebnis einer gestörten Ordnung des familiären Systems sind. Anhand von neun Fallgeschichten zeigen sie, wie Betroffene ihre Familien aufgestellt haben, um mögliche systemische Verstrickungen aufzudecken. Man nimmt daran teil, wie ihnen die Festhaltetherapie ermöglichte, das Erlebte emotional nachzuvollziehen. Eindrucksvoll erfährt der Leser, wie beide Methoden helfen, die Liebe zwischen Eltern und Kindern zu erneuern.

Kindliche Not und kindliche Liebe. *Familien-Stellen*
und systemische *Lösungen in Schule und Familie*
Von Sylvia Gomez Pedra (Hrsg.) unter Mitwirkung von Bert Hellinger , Sieglinde Schneider und Marianne Franke-Gricksch 2000
2.Auflage 2001. 224 Seiten. ISBN 3-89670-149-5. Carl-Auer-Systeme Verlag
Gestörtes und auffälliges Verhalten von Kindern bringt Eltern und andere erwachsene Begleiter oft an den Rand ihrer Kräfte, löst Aggressionen und Unverständnis aus und endet nicht selten in einem Ausschluss des schwierigen Kindes aus dem normalen Umfeld. Dieses Buch bietet hier konkrete Hilfe an. Die Autoren bringen ihre vielfältigen Erfahrungen als Therapeuten, Lehrer und Eltern ein, um zusammen mit den Betroffenen hinter Verhaltensstörungen und Krankheiten bei Kindern zu schauen. Werden einmal jene Beweggründe erkannt, die Kinder tatsächlich in auffälliges Verhalten treiben, so lassen sich auch die Kraftquellen in der Familie erschließen, aus denen ihnen Ruhe und Sicherheit zukommt. (Das Video dazu ist im Direktversand erhältlich bei: MOVEMENTS OF THE SOUL – VIDEO PRODUCTION c/o Harald Hohnen, Uhlandstr. 161, D-10719 Berlin.)

Adoption und Behinderte

Haltet mich, dass ich am Leben bleibe. *Lösungen für Adoptierte 1998*
2. Auflage 2001. 216 Seiten. ISBN 3-89670-092-8. Carl-Auer-Systeme Verlag
Der hier dokumentierte Kurs für erwachsene Adoptierte zeigt, wie die Bindung des Kindes
an seine leiblichen Eltern weiterwirkt. Es zeigt aber auch, wie diese Bindung auf eine
Weise gelöst werden kann, die es dem Adoptivkind ermöglicht, sich seinen neuen Eltern
zuzuwenden und von ihnen den Halt und die Liebe zu nehmen, die sie ihm schenken.

Haltet mich, daß ich am Leben bleibe. *Lösungen für Adoptierte*
2 VHS-Cassetten. 1997. 7 Stunden. ISBN 3-89679-061-8. Carl-Auer-Systeme Verlag
Das Video zum gleichnamigen Buch. Jedes der hier dokumentierten Schicksale ist ein-
zigartig. Jedes bewegt auf eine besondere und oft auch erschütternde Weise. Doch in
der Zusammenschau werden wichtige Ordnungen sichtbar, die allen Beteiligten helfen,
umsichtiger und einfühlsamer miteinander umzugehen.

In der Seele an die Liebe rühren. *Familien-Stellen mit Eltern und*
Pflegeeltern von behinderten Kindern 1998
120 Seiten. ISBN 3-89670-093-6. Carl-Auer-Systeme Verlag
Eltern, die ein behindertes Kind haben, und Pflegeeltern, die ein solches Kind aufnehmen,
werden vom Schicksal dieser Kinder auf eine besondere Weise in Dienst genommen.
Wie ihre Liebe an diesem Schicksal und dieser Aufgabe wächst, wird uns in diesem Buch
bewegend vor Augen geführt.

In der Seele an die Liebe rühren. *Familien-Stellen mit Eltern*
und Pflegeeltern behinderter Kinder
1 VHS-Cassette. 1998. 2 ? Stunden. ISBN 3-89670-064-2. Carl-Auer-Systeme Verlag
Das Video zum gleichnamigen Buch. Es zeigt, wie entlastend es für die Eltern behinderter
Kinder ist, wenn sie dieses Schicksal gemeinsam in gegenseitiger Achtung und Liebe tragen.

Was in Familien krank macht und heilt

Was in Familien krank macht und heilt. *Ein Kurs für Betroffene 2000*
2. Auflage 2001. 288 Seiten. ISBN 3-89670-123-1. Carl-Auer-Systeme Verlag
Dieses Buch führt die bereits veröffentlichten Dokumentationen über das Familien-Stellen mit Kranken in wesentlichen Punkten weiter. Es vermittelt vertiefte Einsichten in die
familiengeschichtlichen Hintergründe von schwerer Krankheit und Selbstmordgefährdung und dokumentiert das Familien-Stellen in neuen Zusammenhängen, wie Sucht, re-
ligiöser Verstrickung, Trauma und tragischen Schicksalsschlägen.

Was in Familien krank macht und heilt. *Ein Kurs für Betroffene*
3 VHS-Cassetten. 1999. 9 ? Stunden. ISBN 3-89670-160-6. Carl-Auer-Systeme Verlag
Das Video zum gleichnamigen Buch. Bert Hellinger erläutert ausführlich die einzelnen
Schritte während des Familien-Stellens und die Überlegungen, die dazu führen.

Wo Schicksal wirkt und Demut heilt. *Ein Kurs für Kranke 1998*
2. Auflage 2001. 322 Seiten. ISBN 3-89670-195-9 Carl-Auer-Systeme Verlag
Dieses Buch dokumentiert das Familien-Stellen mit Kranken und die familiengeschichtlichen Hintergründe von schwerer Krankheit, von Unfällen und Selbstmord. Bert Hellinger erklärt ausführlich die einzelnen Schritte und vermittelt dadurch auch eine umfassende
Einführung in das Familien-Stellen. Darüber hinaus enthält dieses Buch zahlreiche Beispiele von Kurztherapien.

Wo Schicksal wirkt und Demut heilt. *Familien-Stellen mit Kranken*
3 VHS-Cassetten. 1998. 8 ? Stunden. ISBN 3-89670-060-X. Carl-Auer-Systeme Verlag
Das Video zum gleichnamigen Buch. Bert Hellinger arbeitet mit 19 Männern, Frauen
und Kindern, die an schweren chronischen Krankheiten leiden. Er zeigt, wie über das

Familien-Stellen die familiengeschichtlichen Hintergründe von schweren Krankheiten oder von Selbstmordgefährdung ans Licht gebracht werden und welche Lösungen sich daraus für die Patienten ergeben. Darüber hinaus dokumentiert dieses Video mehrere Beispiele von verdichteten Lösungen auch ohne das Familien-Stellen.

Schicksalsbindungen bei Krebs. Ein Kurs für Betroffene, ihre Angehörigen und Therapeuten 1997
3. *Auflage 2001. 202 Seiten. ISBN 3-89670-008-1. Carl-Auer-Systeme Verlag*
Dieses Buch dokumentiert am Beispiel von Krebs, wie Schicksalsbindungen in der Familie schwere Krankheiten mitbedingen und aufrechterhalten. Und es zeigt, wie die Liebe, die krank macht, sich löst in Liebe, die heilt.

Bert Hellinger arbeitet mit Krebskranken. Ein Kurs für Betroffene, ihre Angehörigen und Therapeuten
2 VHS-Cassetten. 7 ? Stunden. ISBN 3-89670-007-3
Das Video zum Buch:»Schicksalsbindungen bei Krebs«. Es führt an die Grenzen von Schicksal, Liebe und Schuld. Wer mit an diese Grenzen geht, erfährt, was schlimme Schicksale manchmal noch wendet.

Die größere Kraft. Bewegungen der Seele bei Krebs
Herausgegeben von Michaela Kaden 2001
1. *Auflage 2001. 194 Seiten. ISBN 3-89670-181-9. Carl-Auer-Systeme Verlag*
Dieses Buch dokumentiert einen Kurs für Krebskranke in Salzburg. Es führt die Einsichten über die familiengeschichtlichen Hintergründe bei Krebs weiter. Es achtet noch genauer auf die Bewegungen der Seele, die auf der einen Seite die Krankheit aufrechterhalten und auf der anderen Seite die Hinwendung zum Leben ermöglichen.

Familien-Stellen mit Kranken. Dokumentation eines Kurses für Kranke, begleitende Psychotherapeuten und Ärzte 1995
3. *erweiterte u. überarbeitete Auflage 1998. 339 Seiten. ISBN 3-89670-018-9. Carl-Auer-Systeme Verlag*
Ein praxisnaher Einführungskurs in das Familien-Stellen mit Kranken und in die familiengeschichtlichen Hintergründe von chronischer und lebensbedrohender Krankheit. Im Anhang finden sich Rückmeldungen und Ergänzungen ein Jahr nach dem Kurs.

Familien-Stellen mit Kranken. Ein Kurs für Kranke, begleitende Psychotherapeuten und Ärzte
3 VHS-Cassetten. 1995. 10 Stunden. ISBN 3-927809-55-1. Carl-Auer-Systeme Verlag
Das Video zum gleichnamigen Buch. Anhand von 27 Familienaufstellungen mit oft chronisch oder lebensbedrohlich Kranken kann Bert Hellingers systemorientierte Psychotherapie genau verfolgt werden. Zudem beantwortet Hellinger Fragen zu seiner Arbeitsweise und erzählt einige seiner bekannten psychotherapeutischen Geschichten.

Liebe am Abgrund. Ein Kurs für Psychose-Patienten
Herausgegeben von Michaela Kaden 2001
1.*Auflage 2001. 272 Seiten. ISBN 3-89670-205-X. Carl-Auer-Systeme Verlag*
Grundlage dieses Buches ist ein Kurs Bert Hellingers über die „Familiendynamik bei Psychosen". Neu und in Ergänzung zum Familien-Stellen finden vor allem Aufstellungen mit der freien Bewegung der Stellvertreter Anwendung. Bert Hellinger nennt dieses Vorgehen „Arbeit mit den Bewegungen der Seele" Besonderes Augenmerk liegt hier auf der schuldhaften Verstrickung von Vorfahren im Kontext des Dritten Reiches, aber auch im Rahmen persönlicher Schuld bei abgetriebenen oder verleugneten toten Kindern. Viele dieser Ereignisse gelten in der Familie als Geheimnis; in der Aufstellung kommen sie manchmal ans Licht. Dabei fließen vor allem die Erfahrungen Hellingers zur Dynamik zwischen Opfern und Tätern ein, die er während der beiden letzten Jahre sammeln konnte. Sie ermöglichen Lösungen, die auf dieser Ebene durch das Familien-Stellen alleine bisher noch nicht sichtbar werden konnten.

*Liebe am Abgrund. **Ein Kurs für Psychose-Patienten***
3 VHS-Cassetten. 10 Stunden. ISBN 3-809670-178-9. Carl-Auer-Systeme Verlag
Das Video zum gleichnamigen Buch. Es dokumentiert die Arbeit mit 17 Psychose-Patienten und bringt die familiengeschichtlichen Hintergründe ans Licht, die zur Entstehung von Psychosen beitragen oder sie mitbedingen.

*Familienstellen mit Psychosekranken. **Ein Kurs mit Bert Hellinger***
Herausgegeben von Robert Langlotz 1998
232 Seiten. ISBN 3-89670-101-0. Carl-Auer-Systeme Verlag
Dieses Buch dokumentiert Bert Hellingers therapeutische Arbeit – vor allem das Familien-Stellen – in einem Kurs mit 25 Psychosekranken. Robert Langlotz hat viele Patienten nachbefragt und die Ergebnisse kommentiert in diesen Band aufgenommen. Er fasst die Verstrickungen, Verwirrungen und Loyalitätskonflikte zusammen, die durch die Aufstellungen der Psychosekranken sichtbar werden. Dieser erste Erfahrungsbericht lässt neue Sichtweisen, psychotisches Verhalten zu verstehen, aufleuchten und macht Mut, das Familien-Stellen als diagnostisches und therapeutisches Instrument in der stationären und ambulanten Psychotherapie anzuwenden.

*Leiden ist leichter als lösen. **Ein Praxiskurs mit Bert Hellinger.***
Familienaufstellungen mit Suchtkranken
Herausgegeben von Heribert Döring-Meijer 2000
229 Seiten. ISBN 3-87387-444-X. Jungfermann Verlag
Dieses Buch dokumentiert das Familien-Stellen mit Suchtkranken. Es zeigt, dass die Sucht in vielfältiger Weise mit Verstrickungen in die Geschichte und Schicksale der Herkunftsfamilie zusammenhängt. Abgesehen von jenen Fällen, in denen die Sucht auch als Sühne für persönliche Schuld gesehen werden muss, ist es meistens das Kind in den Süchtigen, das mit der Sucht etwas Gutes für andere erreichen will. Diese Einsicht ermöglicht es den Helfern, die Süchtigen zu achten und vor allem für das Kind in ihnen die Lösung zu suchen.

*Ordnung und Krankheit. **Vortrag und therapeutisches***
Werkstattgespräch 1994 (Video)
130 min. ISBN 931574-74-1. Carl-Auer-Systeme Verlag
Der Vortrag»Ordnung und Krankheit« beschreibt, was in Familien zu schweren Krankheiten, Unfällen und Selbstmord führt und was solche Schicksale wendet.
Im therapeutischen Werkstattgespräch erläutert Hellinger anhand von dreißig Fragen seine Psychotherapie und erzählt aus der Praxis seiner Arbeit. Die Fragen stellt Johannes Neuhauser.

Trauma

*Wo Ohnmacht Frieden stiftet. **Familien-Stellen mit Opfern von***
Trauma, Schicksal und Schuld 2000
270 Seiten. ISBN 3-89670-111-8. Carl-Auer-Systeme Verlag
In diesem Buch wird an vielen Beispielen beschrieben, wie Opfern von Trauma, Schicksal und Schuld geholfen werden kann, sich ihrem Schicksal zu stellen und aus der Zustimmung zu ihren Grenzen ihre Würde zu wahren und Frieden zu finden. Dabei werden auch Vorgehensweisen dokumentiert, die über die bisherigen Methoden des Familien-Stellens hinausführen.

*Wo Ohnmacht Frieden stiftet. **Familien-Stellen mit Opfern von***
Trauma und Schicksal
3 VHS-Cassetten. 2000. 6 ? Stunden. ISBN 3-89670-082-0. Carl-Auer-Systeme Verlag
Das Video zum gleichnamigen Buch. Es dokumentiert dreierlei:
Das Familien-Stellen mit Menschen, die Opfer von traumatischen Ereignissen waren, wie zum Beispiel Inzest, Vergewaltigung, Mordversuchen, schweren Unfällen, oder von schweren medizinischen Eingriffen, wie zum Beispiel einer Organtransplantation.

Das Familien-Stellen mit Angehörigen oder Nachkommen von Traumaopfern, wenn das Trauma auch sie beeinflusst, zum Beispiel wenn eine Großmutter vergewaltigt wurde, Tanten im Krieg verbrannt sind, ein Vater tödlich abgestürzt oder ein Kind an Aids erkrankt ist.

Verdichtete Therapien im Umgang mit schwerem Schicksal, zum Beispiel wenn die Erblindung droht oder man dem nahen Tod ins Auge blicken muss.

Holocaust

Der Abschied. Nachkommen von Tätern und Opfern
stellen ihre Familie 1998
2. *erweiterte und korr. Auflage* 2001. *370 Seiten. ISBN* 3-89670-202-5. *Carl-Auer-Systeme Verlag*
Wie Schuld und Schicksal von Tätern und Opfern des Nationalsozialismus auf deren Nachkommen wirken, dem ist Hellinger seit Jahren in seinen Kursen für Kranke begegnet. Mit den Kranken musste er sich den Tätern und Opfern in ihren Familien stellen und versuchen, im Einklang mit ihnen das Leid für ihre Nachkommen zu mildern und vielleicht zu beenden. Dieses Buch dokumentiert diese Versuche. Dabei kommen sowohl die Überlebenden und die Nachkommen zu Wort als auch die Schuldigen und die Toten. Wenn sie geachtet sind, ziehen sie sich still zurück, und die Lebenden ziehen frei über die Grenze, die sie von den Toten noch trennt.

Das Überleben überleben. Nachkommen von Überlebenden
des Holocaust stellen ihre Familie
VHS-Cassette 1998. 2 ? Stunden. ISBN 3-89670-074-X *Carl-Auer-Systeme Verlag*
Dieses Video ergänzt das Buch „Der Abschied". Hier kommen in drei Aufstellungen sowohl die Überlebenden und Nachkommen zu Wort, als auch die Toten. Diese Begegnungen werden hier nicht nur erzählt, sondern durch das Familien-Stellen wie in einem Drama auch dargestellt.

Die Toten. Was Opfer und Täter versöhnt
1 VHS-Cassette. 1999. 60 min. ISBN 3-89670-163-0. *Carl-Auer-Systeme Verlag*
Dieses Video dokumentiert die wohl bewegendste Aufstellung Bert Hellingers mit einem Überlebenden des Holocaust. Sie bringt auf erschütternde Weise ans Licht, dass die Opfer und ihre Mörder ihr Sterben erst vollenden, wenn sie beide einander als Tote begegnen. Und wenn sich beide im Zustand, der alle Unterschiede aufhebt, einem gemeinsamen übermächtigen Schicksal ausgeliefert erfahren, das jenseits aller menschlicher Unschuld und Schuld über sie verfügt und sie jetzt im Tod geläutert in Liebe eint und versöhnt.

Frieden und Versöhnung

Bewegungen der Seele
3 VHS-Cassetten. 2001. 9 ? Stunden. ISBN 3-89670-179-7. *Carl-Auer-Systeme Verlag*
Das Achten auf die Bewegungen der Seele und das Sich-ihnen-Anvertrauen hat sich im Lauf der Zeit aus dem Familien-Stellen entwickelt. Das Familien-Stellen wurde durch sie verdichtet und vertieft. Die Arbeit mit den Bewegungen der Seele verlangt hohe, gesammelte Aufmerksamkeit, den Abschied von gewohnten Vorstellungen, den Verzicht auf Steuerung von außen, die Bereitschaft, sich von dem im Augenblick Sichtbaren leiten zu lassen und sich Unbekanntem anzuvertrauen. Das heißt, vom Therapeuten und von den Stellvertretern wird eine noch viel größere Zurückhaltung verlangt als beim Familien-Stellen. Dieses Video dokumentiert diese Vorgehensweise aus der Nähe.

Bewegungen auf Frieden hin. Lösungsperspektiven durch das Familien-Stellen
bei ethnischen Konflikten
Deutsch mit englischer Übersetzung

2 VHS-Cassetten. 2001. 4 1/4 Stunden. ISBN PAL 3-89670-222-X. NTSC 3-89670-221-1. Carl-Auer-Systeme Verlag oder MOVEMENTS OF THE SOUL Video Productions
Dieses Video dokumentiert den ersten Tag der Internationalen Arbeitstagung „Konfliktfelder-Wissende Felder" in Würzburg. Bert Hellinger, begleitet von Hunter Beaumont, demonstrierte vor 1600 Teilnehmern, wie die ungelösten Konflikte zwischen Völkern und Gruppen die Beziehungen in Familien beeinflussen. Zugleich wurde dabei deutlich, wie im engeren Bereich der Familie sich Bewegungen zeigen, die auch ein Licht auf die Beziehungen zwischen diesen Völkern und Gruppen werfen und welche Bewegungen der Seele dem Frieden und der Versöhnung zwischen Völkern und Gruppen dienen können.

Familien-Stellen in Israel 2002
ca.350 Seiten. erscheint 2002 im Carl-Auer-Systeme Verlag.
Dieses Buch dokumentiert zwei dreitägige Kurse in Israel. Dabei zeigt sich, wie sehr die Überlebenden und ihre nachkommen noch in die Schicksale der Opfer des Holocaust verstrickt sind und welche Lö.sungen möglich sind, wenn die Toten angeschaut und geachtet werden.
Dieses Buch ergänzt und erweitert das Buch „Der Abschied".

Organisationen

Organisationsberatung und Organisationsaufstellungen.
Werkstattgespräch über die Beratung von (Familien-)Unternehmen, Institutionen und Organisationen. *26 Fragen an Bert Hellinger*
Interview: Johannes Neuhauser.
1 VHS-Cassette. 1998. 35 min. ISBN 3-89670-077-4. Carl-Auer-Systeme Verlag

Rilke

Rainer Maria Rilke: Duineser Elegien
Eingeführt und gelesen von Bert Hellinger
Doppel-CD. 2000. 135 min. ISBN 3-89670-169-X. Carl-Auer-Systeme Verlag
Rilkes Duineser Elegien und seine Sonette an Orpheus haben Bert Hellinger lange begleitet. Hellinger führt die Hörer in diese Dichtungen ein und liest Rilkes Werke einfühlsam und gesammelt, so dass ihr Sinn sich der Seele erschließt.
   Die Duineser Elegien sind Klagelieder, und zwar von jener seltsamen Art, die den Verlust, den sie beklagen, am Ende als Fortschritt und Vollendung erscheinen lassen. In den Duineser Elegien stellt sich Rilke den letzten Wirklichkeiten: dem Tod, der Verwandlung und dem Sinn – und fügt sich ihnen; doch so, dass er dennoch das uns verbleibende Hiesige feiert und preist.

Rainer Maria Rilke: Sonette an Orpheus
Eingeführt und gelesen von Bert Hellinger
Doppel-CD. 2000. 90 min. ISBN 3-89670-168-1. Carl-Auer-Systeme Verlag
Die Sonette an Orpheus atmen die gelöste Klarheit der Vollendung. Was Rilke in den Duineser Elegien erst nach langem inneren Ringen gelang, wird hier ohne Bedauern bejaht und gefeiert: das Ganze des Daseins, wie es sich wandelt im Entstehen wie im Vergehen und Lebende wie Tote gleichermaßen umfasst. Als Sinnbild für dieses Ganze dient Rilke die Figur Orpheus. In ihm verdichten sich beide Bereiche zu Musik und Gesang.

Der späte Rilke. Der Weg zu den Elegien und Sonetten
Von Dieter Bassermann. Mit einem Vorwort von Bert Hellinger 2000
268 Seiten. ISBN 3-89670-134-7. Carl-Auer-Systeme Verlag
Die großartigen Visionen in Rilkes Duineser Elegien und den Sonetten an Orpheus haben sich in der intensiven Begegnung mit menschlichen Schicksalen als wegweisend und hilfreich erwiesen. Vielen gewagten Schritten, die Hellinger beim Familien-Stellen

geht, liegen Einsichten zugrunde, die sich ihm aus diesem Buch eröffneten. Sie lösten am Ende in den Beteiligten Erfahrungen aus, die weit über den unmittelbaren Anlass und die naheliegende Lösung hinauswiesen. Andererseits hat das Familien-Stellen viele der gewagten Aussagen Rilkes als gültige Erfahrungen und Einsichten bestätigt.

Stiller Freund der vielen Fernen. Bert Hellinger liest eine Auswahl aus den Sonetten an Orpheus
1 VHS Kassette, Dauer 60 min.
Im Direktversand erhältlich bei: MOVEMENTS OF THE SOUL – VIDEO PRODUCTION c/o Harald Hohnen, Uhlandstr. 161, D-10719 Berlin.

Zeitschrift

Praxis der Systemaufstellung. Beiträge zu Lösungen in Familien und Organisationen
Diese Zeitschrift erscheint zweimal im Jahr (Juni und Dezember), der Jahresbezugspreis beträgt für Deutschland DM 36.50, für Österreich und die Schweiz DM 38.50, für alle übrigen Länder DM 48.50

Abonnement, Versand und Information:
Internationale Arbeitsgemeinschaft Systemische Lösungen nach Bert Hellinger e.V., c/o Germaniastr. 12, D-80802 München
Tel. 089-38102710, Fax 089-38102712

Anschrift der Redaktion:
RAG, c/o W. De Philipp, Ainmiller Str.37, 80801 München.
Tel: (089) 347820, Fax: (089) 347868
E-mail: wdphilipp@okay.net

Movements of the Soul – Video Productions

Diese Video-Edition wird herausgegeben von Harald Hohnen, Thomas Münzer und Gunthard Weber.

Die Movements of the Soul – Video Productions hat sich zum Ziel gesetzt, die stetig wachsenden internationalen Aktivitäten Bert Hellingers zu dokumentieren und, in Form von Videos, einem breiteren Publikum zugänglich zu machen. Die bisherigen Seminarreisen außerhalb des deutschsprachigen Raumes führten Bert Hellinger in die USA, nach Kanada, Mexiko, Chile, Brasilien, Argentinien, Spanien, Italien, Polen, Tschechien, Griechenland, Frankreich, Holland, Großbritannien und Israel, wo seine Arbeit als innovativer Beitrag im therapeutischen Feld gesehen und gewürdigt wird.

Harald Hohnen, ein Berliner Psychotherapeut, hat die meisten dieser Reisen und Kurse auf Digital-Videokamera aufgezeichnet. Zu Beginn erfolgten diese Aufnahmen nur im Rahmen der persönlichen Dokumentation für Bert Hellinger. Es zeigte sich jedoch schnell, dass neue interessante und tiefgreifende Bewegungen in den Aufstellungen sichtbar wurden, die einen wesentlichen Impuls für die weitere Entwicklung des »Familien-Stellens« gaben. Auf der Grundlage der »Ordnungen der Liebe« und den Einsichten zur Dynamik des Familiengewissen gewannen die »Bewegungen der Seele« zunehmend mehr Raum und führten zu Lösungen, die in ihrem versöhnenden Charakter weit über die Schicksalsgemeinschaft Familie hinausführten.

Mit Unterstützung von Bert Hellinger und gemeinsam mit Thomas Münzer und Gunthard Weber veröffentlicht Harald Hohnen nun einige dieser Aufnahmen und stellt sie damit nicht nur den Teilnehmern der Kurse von Bert Hellinger in den jeweiligen Seminarorten zur Verfügung, sondern auch den deutschen und internationalen Interessenten.

Die Videoproduktion »Movements of the Soul« versteht sich damit als Ergänzung zu den von Johannes Neuhauser hervorragend gestalteten Videos, erschienen im Carl Auer-Systeme Verlag, die die Grundlagen der Arbeit Bert Hellingers darstellen.

Naturgemäß sind die hier zugänglich gemachten Aufnahmen eher als »Werkstatt-Videos« zu bezeichnen, da die Erstellung sich den jeweils örtlich gegebenen Bedingungen anpassen musste. Sie sind dadurch nicht immer von ausgezeichneter Qualität, haben jedoch gerade dadurch ihren eigenen Charakter.

Diese Edition wird laufend erweitert. Den neuesten Prospekt erhalten sie von MOVEMENTS OF THE SOUL – VIDEO PRODUCTION c/o Harald Hohnen, Uhlandstr. 161, D-10719 Berlin.

Edition »Die besondere Aufstellung« (=BA)

BA 001 »Der andere Glaube / La otra fe«
Bert Hellinger
Deutsch/Spanisch – Sevilla, März 2000, ca. 40 min, PAL/NTSC
Die Aufstellung zeigt die Beziehung zwischen einem Vater und seinen Söhnen, von denen einer bei einem Unfall ums Leben kam und der andere selbstmordgefährdet ist. Der Vater, ein ehemaliger Priester, meint offensichtlich unbewusst, dass er seine Kinder Gott opfern muss, wie Abraham einst den Isaak. In Anlehnung an die Geschichte »Die Liebe« stellt Bert Hellinger dem Vater die Frage nach dem größeren Glauben.

Eine sehr eindrucksvolle, tiefgehende Aufstellung mit ausführlichen Erläuterungen zu dem im Hintergrund wirkenden Bedürfnis nach Ausgleich und seine verheerenden Folgen, wenn es auf Gott übertragen wird. Dieses Video kann als ideale Ergänzung zu dem Buch von Bert Hellinger »Religion, Psychotherapie, Seelsorge« (Kösel-Verlag) betrachtet werden.

BA 003 »Die Mütter und ihre verschwundenen Kinder in Buenos Aires / Las madres y sus hijos desaparecidos en Buenos Aires«
Bert Hellinger
Deutsch/Spanisch – Buenos Aires, September 1999, ca. 45 min, PAL/NTSC
Bei seinem Besuch in Argentinien war Bert Hellinger mit dem Schicksal der »Mütter der Verschwundenen« des »Plaza del Mayo« konfrontiert. In dieser Aufstellung lässt er drei Mütter und ihre verschwundenen Kinder ihren eigenen Bewegungen folgen. Es zeigt sich das Bedürfnis der Geborgenheit der Kinder bei den Eltern und das größere Bedürfnis nach der Ruhe bei den Toten.

BA 004 »Der Krieg«
Bert Hellinger
Deutsch – Berlin, Juni 2000, ca. 55 min, PAL
In der Aufstellung zum 2. Weltkrieg stehen sich deutsche und russische Soldaten und ihre Offiziere gegenüber. Eine intensive Begegnung beginnt, in der, ohne Worte, die Stellvertreter ausschließlich dem inneren Impuls des Feldes folgen. Die entstehende Bewegung verläuft über verschiedene Stadien und zeigt den Hass, die Verblendung, den Tod, den Schmerz, die Trauer, und endet dann würde- und kraftvoll mit dem Blick der Überlebenden auf das Schlachtfeld und die Opfer auf beiden Seiten.

BA 005 »Die unterbrochene Hinbewegung / Il movimento interrotto verso la persona amata«
Bert Hellinger
Deutsch/Italienisch – Verona, Mai 2000, ca. 75 min, PAL
Selten hat Bert Hellinger in den letzten Jahren während eines Kurses die therapeutische Arbeit mit der unterbrochenen Hinbewegung so ausführlich wie hier demonstriert. In einem Kurs in Italien wird aus einer Aufstellung heraus das »Nehmen der Eltern« problematisiert. Hellingers Erfahrung führt gleich anfangs zur Frage nach Schwierigkeiten

bei der Geburt der Klientin. Er setzt die Arbeit mit der Technik der »Vollendung der Hinbewegung« fort. Oft wird dieser Prozess als zweite Geburt erlebt. Nach dieser eindrucksvollen Demonstration können wir am »Gebet am Morgen des Lebens« zu Mutter und Vater teilhaben. Die Arbeit wird weitergeführt, indem Bert Hellinger den NLP-»Ankerausgleich« anwendet und hiermit die Arbeit mit der Klientin abrundet. Mit Fragen und Antworten zu dieser Arbeit werden Bert Hellingers Aussagen zur unterbrochenen Hinbewegung erweitert. (Ergänzung zu K 002)

BA 006 »Die Anhaftung der Toten / L´ attaccamento dei morti«
Bert Hellinger
Deutsch/Italienisch – Verona, Mai 2000, ca. 45 min, PAL
Die Aufstellung zeigt eine neue Dynamik in den Bewegungen zwischen Lebenden und Toten. Bert Hellinger beschreibt sie als »Anhaftungsbewegung« der Toten an die Lebenden, die unter bestimmten Umständen an den Nachkommen haften und versuchen sie zu sich in den Tod zu ziehen. Damit zeigt sich ein neues Phänomen, das im Unterschied zur »Nachfolge« der Lebenden zu den Toten Fragen zu einem neuen Aspekt dieser Bewegungen aufwirft. (Ergänzung zu K 002)

BA 010 »Wege zur Mutter und zum Vater"
Bert Hellinger
Deutsch/Spanisch - Mexiko-Stadt, Mai 2000, 85 Minuten, PAL/NTSC
Immer wieder beeindruckend sind die Arbeiten von Hellinger mit der Bewegung zur Mutter oder zum Vater. Auch hier in Mexiko-Stadt ergaben sich ganz besonders tiefe Aufstellungen und „Welturaufführung". Hellinger arbeitet mit einer Klientin, die Rückenschmerzen hat, anschließend mit einer Klientin, deren Mutter früh verstarb. Er referiert über die unterbrochene Hinbewegung, sowie allgemein zur Beziehung zwischen Kindern und Eltern. Zum Abschluss zeigt er „den Strom des Lebens" mit einem Klienten, der die Verbindung zu den Ahnen verloren hat und mit einem aufsässigen Sohn konfrontiert ist.

BA 011 »Der Blick zum Tod«
Bert Hellinger
Deutsch/Spanisch - Mexiko-Stadt, Mai 2000, 90 Minuten, PAL/NTSC
Bei seinem ersten Besuch in Mexiko zeigte Bert Hellinger eindrucksvoll, dass insbesondere in der Arbeit mit schweren Schicksalen von Klienten eine Lösung nur möglich ist, wenn auf dieses schwere Schicksal geschaut wird – und sei es auch der Tod. Er arbeitet mit einer Klientin, die Krebs hat, und einem Mann, der HIV positiv ist. Hellinger entwickelt in diesen beiden Arbeiten sehr eindrucksvoll „die Bewegungen der Seele"-Elemente. Zum Abschluss führt Hellinger eine Klientin, die nach der 14. Operation seelische Unterstützung sucht, in eine äußerst tiefe Meditation.

Edition »Der Vortrag« (=V)

V 001 »Was Eltern und Kinder und Männer und Frauen verbindet und trennt / Lo que une y separa a padres e hijos, a hombres y mujeres«
Bert Hellinger
Deutsch/Spanisch – Sevilla, März 2000, ca. 60 min, PAL/NTSC
Bert Hellinger referiert sehr eindrucksvoll über das Gewissen, den Ausgleich und über die Ordnungen der Liebe, die hinter der Verbindung von Mann und Frau stehen und die zwischen Eltern und Kindern wirken. Beeindruckend sind die vielen Beispiele aus der Praxis seiner Aufstellungsarbeit. Der Vortrag ist »state of the art«.

V 002 »Das Gewissen und die Seele / L´ anima e la coscienza«
Bert Hellinger
Deutsch/Italienisch – Verona, Mai 2000, ca. 45 min, PAL
Bert Hellinger berichtet in äußerst dichter Form über die Bewegungen der Seele, die über

die Grenzen des Gewissens hinausgehen. Hier gibt er eine zusammenfassende Darstellung seiner bisherigen neuen Erkenntnisse. (Ergänzung zu K 002)

V 003 »Stiller Freund der vielen Fernen«
1 VHS Kassette, Dauer 60 min.
Bert Hellinger liest eine Auswahl aus den Sonetten an Orpheus und führt in sie ein.

Edition »Der Kurs« (=K)

K 002 »Liebe die krank macht, Liebe die heilt / L´ amore che fa ammalare, l´ amore che guarisce«
Bert Hellinger
Deutsch/Italienisch – Verona, Mai 2000, PAL
Dokumentiert wird Bert Hellingers erster Kurs in Italien. Die getroffene Auswahl eignet sich besonders als Einführung in das Familien-Stellen, gibt jedoch auch einen Überblick über die gegenwärtige Schaffensphase von Bert Hellinger und seinem derzeitigen Erkenntnisstand des phänomenologisch-systemischen Hintergrundes des Familienstellens. Diese Entwicklung führt ihn über die »Ordnungen der Liebe« hin zu den »Bewegungen der Seele«.
Zusätzlich ergänzend zu diesem Kurs empfehlen wir die ebenfalls in Italien aufgenommenen Videobänder BA 005- Die unterbrochene Hinbewegung, BA 006 – Die Anfhaftung der Toten und V 002, den Vortrag – Das Gewissen und die Seele.

Teil 1, ca. 80 min
In diesem Teil geht es intensiv um die familiären Hintergründe einer Drogensucht. Bert Hellinger referiert dabei über das Familien-Stellen allgemein und das persönliche bewusste Gewissen.

Teil 2, ca. 130 min
Teil 2 zeigt Bert Hellingers Arbeit mit der problematischen Beziehung von Nachkommen zu ihren idealisierten Vorfahren, die Loslösung von den Eltern und den Toten. Darüber hinaus berichtet er über seine Erfahrungen zur Familiendynamik bei Selbstmord.

Teil 3, ca. 55 min
Bert Hellinger spricht in Teil 3 über die »Nacht des Geistes« . Er schlägt in seinen Aussagen einen weiten Bogen von den christlichen Mystikern am Beispiel von Johannes vom Kreuz bis zu den Taoisten und Lao Tses »Wirken ohne zu handeln«. Die wesentlichen Einsichten zur Haltung des Therapeuten werden in der Arbeit mit einer Frau, deren Mutter bei der Geburt des Bruders gestorben ist, demonstriert.

Teil 4, ca. 80 min
Teil 4 nimmt Bezug auf die Wirkungen von Abtreibungen und zeigt eine Aufstellung einer Mutter mit einem behinderten Kind. Bert Hellingers allgemeine Kommentare runden die Dokumentation des Kurses in Verona ab.

K 003 „Zu den tiefen Bewegungen der Seele"
Bert Hellinger
Deutsch - Zug, Oktober 2000, PAL
Die 4-teilige Auswahl dieses Kurses zeigt Hellinger immer deutlicher mit den Bewegungen der Seele arbeitend. Neben vielen tiefer gehenden Erläuterungen zum Hintergrund dieser Arbeit und einigen sehr eindrucksvollen Aufstellungen, runden Geschichten und Kurz-Therapien diesen besonderen Kurs ab.

Teil 1, ca. 90 Minuten
Hellinger erläutert die Bewegungen der Seele im Zusammenhang mit dem individuellen und dem kollektiven Gewissen. Er demonstriert diesen Zusammenhang in einer Arbeit mit einer Frau und ihren beiden Söhnen, die den Mann bzw. ihren Vater vor einem Jahr durch Krebs verloren haben. Zum anderen mit einer Frau, die wegen ihrer depressiven und

magersüchtigen Tochter besorgt ist. Hellinger weist auf die Notwendigkeit der „Sammlung" hin und führt eine Arbeit mit inneren Bildern mit einem Mann mit Diabetes durch.

Teil 2, ca. 90 Minuten
Bei der Aufstellung einer Gegenwartsfamilie in der Sorge um den schwerhörigen, verhaltensauffälligen und manchmal gewalttätigen Sohn zeigt sich, dass der Großvater bei der Waffenb-SS war, und die Identifikation der Klientin bzw. des Sohnes mit dem mörderischen Impuls eines der toten Opfer. Hellinger führt anschließend zum „leeren Horizont" und zur Verneigung vor den Opfern und ihren Eltern bzw. den Tätern und ihren Eltern. Er referiert in diesem Zusammenhang über die Dimensionen der Seele, und unterscheidet zum ersten Mal zwischen Bewegungen des Gewissens sowie den tiefergehenden Bewegungen der großen Seele.

Teil 3, ca. 90 Minuten
In dieser Auswahl zeigen wir eine Aufstellung einer Frau, deren Eltern schon sehr frühzeitig Nazis waren. Hellinger stellt neben der Mutter, dem Vater und einem versteckten Juden, sowie anderen auch Adolf Hitler auf. Fragen und Antworten über den gegenwärtigen Stand der Arbeit runden diesen herausragenden Teil des Schweizer Kurses ab.

Teil 4, ca. 90 Minuten
Hier zeigt Hellinger vier eindrucksvolle Kurz-Therapien in der besonders verdichteten Form, wie sie z.B. in „Mitte und Maß" beschrieben werden. Er beginnt außerdem mit einer Betrachtung „über das Weite" und endet den Kurs mit einer Geschichte zu den Bewegungen der Seele.

K 004 „Kindliche Not und kindliche Liebe"
Bert Hellinger
Deutsch - Wien, November 1999, PAL
In dieser 3-teiligen Auswahl zeigt Hellinger Familienaufstellungen im klassischen Sinne. In insgesamt 11 Arbeiten wird immer ausgehend vom Kind auf die Dynamiken, die im Familiensystem wirken, geschaut bzw. werden Lösungsansätze oder Wege dargelegt. Dieses Video dokumentiert den Kurs zum obigen Thema mit betroffenen Eltern, Kindern und deren Lehrern. Sylvia Gòmez Pedra hat das gleichnamige Buch dazu im Car-Auer-Systeme Verlag herausgegeben. Hellinger zeigt die Beweggründe, die Kinder tatsächlich in auffälliges Verhalten treiben. Er erschließt durch die Aufstellungen die Kraftquellen in der Familie, aus denen ihnen Ruhe und Sicherheit zukommen. Die Entlastung für alle Betroffenen – Kinder wie Erwachsene – ist unmittelbar spürbar. Hellinger referiert darüber hinaus über Eltern, Kinder und Lehrer, sowie über die Lösung von Identifikationen, sowie über Anerkennung von Wirklichkeiten. Mit einigen pointierten Bemerkungen, sowie unterstützt von einigen seiner therapeutischen Geschichten ist dieser Kurs ein wesentliches Video-Dokument zur Arbeit mit den Ordnungen der Liebe.

Teil 1, ca. 90 Minuten
Über Eltern, Kinder und Lehrer / „Der Sohn hält es bei der Mutter, die an Leukämie erkrankt war nicht aus" / Mutter mit drei Kindern, die ihren Mann verlassen hat / Mutter lehnt inzwischen ihr „Wunschkind" ab / der Vater will das Kind nicht / die Tochter hat noch keine Menstruation.

Teil 2, ca. 90 Minuten
Eltern, deren Sohn einnässt / wie man Kindern mit Geschichten hilft / Eltern, die getrennt leben, ihr Kind hat Probleme in der Schule / die Mutter kommt aus Argentinien und hat dort ein Kind mit Down-Syndrom / Vater mit Sohn, der an Krebs erkrankt ist.

Teil 3, ca. 90 Minuten
Der Sohn geht über seine Grenzen / Eltern mit drei Söhnen, einer sagt, er will nicht am Leben bleiben / die Tochter hatte einen schweren Verkehrsunfall / über die Lösung von Identifikation / Besessenheit / über die Anerkennung der Wirklichkeit.

K 005 „ in der Zeit bewirken, was sich uns mit ihr entzieht"
Bert Hellinger
Deutsch - Berlin, Juni 2000, PAL
Dokumentiert wird eine 3-teilige Auswahl des ersten großen deutschen Kurses, seitdem Bert Hellinger im Frühjahr 2000 in Israel war und dort seine Arbeitsweise entscheidend durch die „Bewegungen der Seele" erweiterte. Wie für Berlin nicht anders zu erwarten, spielen die Nachwirkungen des 2. Weltkrieges sowie die aktuelle Einwanderungsgesellschaft eine wesentliche Rolle.

Teil 1, ca. 90 Minuten
Bert Hellinger erläutert die Grundlagen und die aktuelle Entwicklung seiner Arbeit von den Grenzen des Gewissens zu den Ordnungen der Liebe und zu den Bewegungen der Seele. Drehschwindelattacken einer Frau führen in der Aufstellung nach Polen, und Bert Hellinger erläutert anschließend ausführlich die dadurch aufgeworfene Täter-/ Opfer-Problematik.

Teil 2, ca. 90 Minuten
In dieser Auswahl geht es um Adoption, einen abgetriebenen Bruder, um Bulimie und Magersucht, sowie um die voraussehbaren Folgen einer Trennung für die Tochter.

Teil 3, ca. 90 Minuten
Bert Hellinger referiert über das Helfen, stellt Honkong, China, Berlin, den Iran und Deutschland auf. In einer weiteren Aufstellung können wir den Nationalsozialismus in Polen betrachten. Auch hier wirkt das Prinzip „Einsicht durch Verzicht". Zum Abschluss schauen wir auf den Tod und auf das Leben in einer bewegenden Übung mit einer jungen Frau mit Krebs, sowie dem ganzen Publikum.

K 009 „Vom Wasser des Lebens"
Bert Hellinger
Deutsch/Spanisch - Mexiko-Stadt, Mai 2000, PAL/NTSC
In Mexiko-Stadt zeigte Bert Hellinger in einem herausragenden Kurs die Grundlagen des Familien-Stellens bis hin zu den neu entwickelten „Bewegungen der Seele"-Elementen. Er referiert sehr ausführlich über den Zusammenhang zwischen Gewissen und Familie, sowie über das Bedürfnis nach Ausgleich im Zusammenhang von Geben und Nehmen, sowie insbesondere über die Beziehung zwischen Eltern und Kindern und Tätern und Opfern.

Teil 1, ca.125 Minuten
Bert Hellinger geht von der Erläuterung des Gewissens zu einer ausführlichen Aufstellung mit einer Klientin mit Schlafkrankheit, referiert dann über die therapeutische Haltung und die Bewegungen der Seele.

Teil 2, ca. 135 Minuten
Hier erleben wir das Thema der Zustimmung zu den Ahnen in einer Aufstellung eines kurzsichtigen Mannes, welcher diese Krankheit über Generationen vererbt bekommen hat. Weiter geht es um die Auswirkungen von Grundbesitz und das dazugehörige Schicksal der Ausgebeuteten und der Ausbeuter. Wir erleben die Multiple Sklerose sowie die Wirkung von Abtreibung. Bert Hellinger hält außerdem einen kurzen Vortrag über das „therapeutische Vergessen".

Teil 3, ca. 125 Minuten
In diesem Band erleben wir eine äußerst lange Aufstellung mit einem Mann, bei dem Bert Hellinger die „unterbrochene Hinbewegung" sehr ausführlich incl. der dazugehörigen NLP-Ankerausgleichtechnik demonstriert. Im Anschluss daran arbeitet Bert Hellinger mit dem gleichen Klienten zu einem tödlichen Unfall zwischen ihm und seinem Kameraden. Zum Abschluss wird noch mal die besondere Form der Psychotherapie, das Familien-Stellen, erläutert. Bert Hellinger nimmt sehr eindrucksvoll Bezug zum Thema „Wasser des Lebens".

Edition »Das Gespräch« (=G)

G 002 *»Die Bewegungen der Seele«*
Bert Hellinger im Interview mit Harald Hohnen
Deutsch – Washington D.C., Juni 2000, ca. 55 min, PAL
Bert Hellinger fasst in diesem Interview seine gegenwärtigen Einsichten zur Wirkung des Gewissens in unserem Handeln und als Hintergrund von Verstrickungen zusammen. In der ihm eigenen konzentrierten und dichten Weise spricht er über die Besonderheiten des fühlbaren persönlichen Gewissens und des unbewussten kollektiven Gewissens und trägt so zu einem tieferen Verständnis und einer Entmythologisierung dieser archaischen Triebkräfte bei. Wenn es dem Therapeuten gelingt, die Gewissensbewegungen in ihren Wirkungen auf kollektiver und persönlicher Ebene klar von den Bewegungen der Seele zu trennen, ist es ihm möglich, mit dem Klienten über die Forderungen des Gewissens hinaus in die Bewegungen der Seele hinein zu wachsen.

Im Gespräch mit Harald Hohnen berichtet Bert Hellinger von seinen Beobachtungen der Kraft, der Haltung und Bewegung, die helfen, diese Unterscheidung zu treffen.

Bezugsadresse für alle Videos dieser Edition::
MOVEMENTS OF THE SOUL – VIDEO PRODUCTION c/o Harald Hohnen, Uhlandstr. 161, D-10719 Berlin.